大数据与
国内航班延误
预测研究

ANALYSIS ON BIG DATA AND
FLIGHT DELAY PREDICTION IN CHINA

刘 潇◎著

经济管理出版社
ECONOMY & MANAGEMENT PUBLISHING HOUSE

图书在版编目（CIP）数据

大数据与国内航班延误预测研究 / 刘潇著. -- 北京：经济管理出版社，2024. -- ISBN 978-7-5243-0063-2

Ⅰ. F561

中国国家版本馆 CIP 数据核字第 2024WY2919 号

组稿编辑：赵亚荣

责任编辑：赵亚荣

责任印制：张莉琼

责任校对：陈　颖

出版发行：经济管理出版社

（北京市海淀区北蜂窝 8 号中雅大厦 A 座 11 层　100038）

网　　址：www. E-mp. com. cn

电　　话：(010) 51915602

印　　刷：唐山玺诚印务有限公司

经　　销：新华书店

开　　本：720mm×1000mm/16

印　　张：16. 25

字　　数：298 千字

版　　次：2025 年 1 月第 1 版　　2025 年 1 月第 1 次印刷

书　　号：ISBN 978-7-5243-0063-2

定　　价：89. 00 元

前　言

随着航空运输业的快速发展，航班延误现象日益频繁，航班延误给机场、航空公司、旅客都带来了极大不便。延误不仅会大大增加机场和航空公司的成本，也会影响旅客出行和航空公司的信誉。如果能从历史数据中学习得到航班延误的规律，建立航班延误模型，就可以提前辅助机场做出相应决策，从而尽可能地降低机场运营成本，提高民航信誉。因此，航班延误预测具有重要的现实意义。

针对航班延误预测的国内外研究现状以及现存问题，本书主要展开两方面的研究：国内航班延误的特征分析以及航班延误的预测模型构建。通过分析国内航班延误大数据的延误特征，从而构建航班延误的预测模型。本书主要包括以下五个方面的内容：

（1）国内航班延误大数据的获取和基本特征分析。本书收集了 2017 年和 2018 年两年共 6724664 条数据，通过对机场航班的延误特征分析、航空公司航班的延误特征分析、整体航班的延误特征分析以及气候性等外部变量的航班延误特征分析研究了国内航班延误的基本特征和分布特征。

（2）基于拥堵内部化的国内航班延误特征分析。首先介绍了机场拥堵内部化假设，并依据该假设分析了相关特征，给出了针对中国航班延误情况的枢纽机场、枢纽航空公司、机场集中度的定义。其次，基于航空公司和旅客双重视角，采用额外旅行时间和出发延误两个因变量测量拥堵；采用枢纽机场、枢纽航空公司、机场集中度三个自变量以及出发和到达区域、天气、节假日、出发时间和到达时间、季节等控制变量建立了基于 OLS 的两个模型。

（3）基于决策树的国内航班延误特征的对比和交互作用研究。通过建立基于决策树的航班延误模型，对单个因素影响延误的能力进行对比，探讨交叉因素对延误的交互影响作用。针对延误，分析不同特征之间的差别，以及哪些交互影响作用下更易引发延误等。本部分先介绍了决策树模型，对数据进行预处理后，分别建立了单变量的航班延误决策树模型和交叉变量的航班延误决策树模型。

（4）建立了基于多项式回归和改进深度神经网络的机场航班延误预测模型，预测机场内单个航班的延误。首先采用多项式回归对机场航班延误的分布进行估计和模拟，其次建立了改进的 DBN-SVR 神经网络模型，构建基于多项式回归和改进深度神经网络的机场航班延误预测组合模型框架，最后对模型参数进行设置。

（5）建立了基于平滑样条和 LSTM 神经网络的航线航班延误预测模型，预测航线内单个航班延误。首先采用平滑样条对航线航班延误的分布进行估计和模拟，其次建立了 LSTM 神经网络模型，构建基于平滑样条和 LSTM 神经网络的航线航班延误预测组合模型框架，最后针对国内十大主要航线进行了实证分析，并采用不同的分类器对预测结果进行了对比分析。

综上所述，本书系统分析了国内航班延误的特征，构建了基于多种模型的延误预测框架，不仅从机场和航线的视角深入探讨延误规律，还结合现代机器学习方法提升预测精度，为机场优化运营管理、航空公司提升服务质量提供了重要参考。

在此，我要特别感谢所有为本书付出努力的人。这本书从选题、资料收集到写作和出版，过程中得到了师长、朋友、家人和同仁的无私支持。同时，感谢前人在相关领域的研究成果和开拓精神，他们的智慧为本书提供了坚实的基础。

在写作过程中，由于笔者时间和精力的有限性，书中难免存在不足之处，还望读者批评指正。希望本书能为您的学习、研究和工作提供一些启发，也期待您的建议能为未来的研究和实践指明方向。

刘潇

2025 年 1 月

目　录

1 绪论

1.1 研究背景

随着航空运输业的快速发展，商业航空公司的数量不断增加，机场航班数量直线上升，世界航空业正在经历一个高速发展的时期。我国民航局公布的《2019年民航行业发展统计公报》显示，2019年全行业完成运输总周转量1293.25亿吨千米，比上年增长7.2%。其中，全行业完成旅客周转量11705.30亿人千米，比上年增长9.3%；全行业完成旅客运输量65993.42万人次，比上年增长7.9%；全行业运输航空公司完成运输起飞架次496.62万架次，比上年增长5.8%[1]。表1.1为2015~2019年民航机场运输的各项指标，从中可以看出，运输周转量、旅客周转量、旅客吞吐量等各项指标都在稳步增加。运输周转量2015年为851.7亿吨千米，2019年增加到1293.3亿吨千米。旅客周转量2015年为7282.6亿人千米，2019年增加到11705.3亿人千米。旅客吞吐量2015年为9.15亿人次，2019年增加到13.52亿人次。机场起降架次2015年为856.6万架次，2019年增加到1166万架次。

表1.1 2015~2019年民航机场运输指标

年份	运输周转量 （亿吨千米）	旅客周转量 （亿人千米）	旅客吞吐量 （亿人次）	机场起降架次 （万架次）
2015	851.7	7282.6	9.15	856.6
2016	962.5	8378.1	10.16	923.8
2017	1083.1	9513	11.48	1024.9
2018	1206.5	10712.3	12.65	1108.8
2019	1293.3	11705.3	13.52	1166.0

与此同时，不断增长的航空业务以及日益繁忙的空中交通造成了频繁的航班延误现象。根据 Airbus 的一份报告，到 2030 年美国的商业航班数量将从26000000 架次增加到 48700000 架次。航班数量的快速增长以及航空能力的限制，使航班延误在美国成为了一个严重问题。2012 年美国航班的准点率为 82.32%，但到 2014 年时美国航班的准点率下降到了 76.34%[2]。根据交通运输统计局（BTS）的报告，美国将近 1/4 的航班都存在超过 15 分钟的到达延误，每年因航班延误造成的损失高达 300 亿美元。2000 年，美国有将近 30% 的喷气机运营航班发生了延误，其中将近 3.5% 的航班都被取消了。2013 年，欧洲有 36% 的航班延误超过 5 分钟，美国有 31.1% 的航班延误超过 15 分钟，巴西有 16.3% 的航班被取消或延误超过 30 分钟。2014 年，欧洲和美国分别有 16.6% 和 24.7% 的航班延误超过了 15 分钟，巴西有 19.1% 的国内航班被取消或者延误超过 30 分钟。

我国的航班延误现象也比较严重。根据中国民航局发布的《民航航班正常统计方法（征求意见稿）》，正常航班是指不晚于计划到港时间后 15 分钟（含）到港的航班。表 1.2 为主要航空公司的航班正常率，从中可以看出，2015~2019年主要航空公司航班数量在不断增加，从 2015 年的 270.7 万架次增加到 2019 年的 330.47 万架次。与此同时，航班平均正常率也在不断增加，从 2015 年的68.9% 增加到 81.43%。尽管如此，航班的平均正常率还有待进一步提升，特别是因航空公司原因引起延误的比例比较大。2015 年由航空公司引起延误所占比例为 18.05%，2016 年和 2017 年该比例逐年下降。但是到了 2018 年，由航空公司造成延误的比例增加到 21%，比上年增加了 11.74%。2019 年由航空公司引起延误比例仍然高达 18.36%，这些指标表明，机场和航空公司的运营水平还有待提升，中国航班延误情况有待改善。

表 1.2　2015~2019 年主要航空公司延误情况

年份	全部航班（万架次）	正常航班（万架次）	航班平均正常率（%）	航空公司原因引起延误所占比例（%）	同比上年增减（%）
2015	270.7	186.5	68.90	18.05	—
2016	284.6	217.8	76.54	9.63	-8.42
2017	298.8	212.9	71.25	9.26	-0.37
2018	316.43	252.98	79.95	21.00	11.74
2019	330.47	269.11	81.43	18.36	-2.64

图 1.1 是 2017 年我国全国航班延误按月分布情况（以 15 分钟为阈值），可以看出航班整体延误偏高，其中 6 月、7 月、8 月的航班延误数量较多，10 月、11 月、12 月的航班延误数量较少。

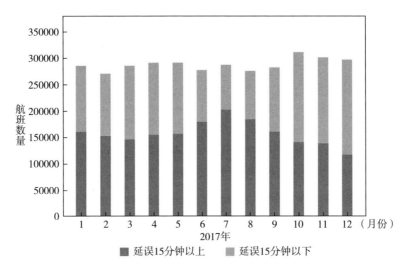

图 1.1 2017 年我国航班延误按月分布情况（以 15 分钟为阈值）

航班延误不仅会打乱日常的航班计划，大大增加航空公司的运营成本，而且会造成机场旅客积压，严重影响机场运行秩序。此外，频繁的航班延误不仅会给机场带来巨大损失，也会影响航空公司的信誉。航空公司会因为延误而遭受处罚，增加罚款和额外的运营成本，机组人员的重新安排和飞机保留等也会增加额外运营成本[3,4]。综上所述，航班延误已经成为机场和航空公司运营管理的一大难题。

航班延误同样也给乘客出行带来了不便。乘客通常提前数小时前往目的机场，但由于延误，部分乘客不得不改变行程，造成经济、时间的损失，从而增加了对机场和航空公司的抱怨。由于航班延误而导致的一些负面事件，不仅使民航服务形象受损，而且严重影响了机场安全运行秩序。减少航班延误并降低其造成的负面影响成为各航空公司亟待解决的问题，这激发了对航班延误进行准确预测的需求。

航班延误的建模和预测一直也是工业界和学术界的重要研究课题。由于航班延误，美国商业航空公司花费大约 200 亿美元进行了各种尝试来降低损失。例如，Kaggle 举办了 GE Flight Quest，有超过 155 支团队使用它们的算法来改进航班延误的预测效果。目前，国内各民航单位按照民航总局的《民航航班正常统计办法》来衡量航班状态，具体为用正常航班的数目除以这个月内所有航班的数目，从而得到航班的正常率。该统计方法较为单一，只得到了航班起飞的准点率，并不能预测未来航班的延误情况[5]。近几年，随着信息技术的发展，民航信息系统以及经营航空业务的企业数据库中积累了大量数据，这些数据对航班延误的预测分析具有重要价值。如果能从历史数据中学习得到航班延误的规律，归纳出有用的知识，从而建立航班延误模型，能够对未来航班的延误情况进行预测，就可以辅助机场提前做出相应决策，从而尽可能地降低损失，提高民航信誉。因此，航班延误预测分析具有重要的现实意义。

1.2　国内外研究现状

1.2.1　现状概述

导致航班延误的原因很多。宏观方面，机场和空域的容量不能满足日益增长的空中交通需求是造成航班延误的主要因素[6-8]；微观方面，机场调度、天气原因、航空公司计划、飞机设备、旅客原因等都可能导致航班的延误[9-12]。除了上述提到的宏观和微观的特征外，航班延误还受到另外一个关键因子——前序航班的影响。如果一趟航班的前序航班发生了延误，晚点到达，那么这趟航班的后续一系列航班也极有可能发生延误。例如，如果前序航班在起飞机场航班延误了一个小时，那么在它后续的飞行计划中，很可能到达下一个机场也会延误，则又会引发新的出发延误，接着影响后面的到达延误，从而导致一系列由前序航班引发的次序延误[13]。航班飞行计划的中断或改变也会影响到正常飞行，航空公司系统中的航班按照飞行计划重复飞行，但是飞行员、乘务员等都可能由于环境改变等因素导致飞行计划出现不确定性，因此，系统中的任何中断都会影响到同家航空公司后续航班的飞行，从而导致延误的发生[14-15]。上述现状导致航班延误预测问题成为一个棘手且极其复杂的研究问题。

航班延误预测模型分析是工业界和学术界的一个重要研究课题，大多数航班延误研究主要从所用数据和采用的预测模型两方面展开。随着计算机和机器学习理论的快速发展，通过数据分析航空公司运营、航班的延误正受到越来越多学者的关注。航空业的高速发展，使航空系统中积累了大量的知识。这些知识可能是系统中的数据，也可能是实验报告、维护报告等[16]。分析大数据是为了获得有价值的知识，从而帮助决策者制定有效决策[17]。近年来，数据挖掘、机器学习等方法开始用于揭示隐藏在数据中的信息和知识[18]。基于数据驱动的研究方法逐渐得到重视，越来越多学者开始使用数据分析、机器学习等方法研究航班延误问题[13,19-23]。

Rodríguez-Sanz 等（2019）考虑了机场基础设施、航空公司、飞机类型、出发时间、天气因素等特征，采用贝叶斯网络模型，创建了一个机场到达延误预测模型。该模型可以预测航班的到达延误，但是准确率有待提高[24]。

Güvercin 等（2020）采用集群机场建模（CAM）方法构建了机场延误预测模型，将模型应用到美国单独的机场数据上，结果表明，CAM 方法可以准确预测航班延误[25]，但是该模型只在单独的机场数据上做了验证。

Li 和 Jing（2021）提出了考虑局部效应和网络效应的单个机场的航班延误预测模型。他们认为，在网络效应中，机场和空中交通系统的拥挤程度、需求容量不平衡等因素将比天气状况、时间等因素更重要。他们采用随机森林算法，用2018 年 7 月的美国机场数据做测试，结果表明，延误 15 分钟内的准确率在 90%以上[26]。该模型准确率较高，但是采用的数据较少，准确率有待进一步验证。

Qu 等（2020）提出了基于气象融合的深度卷积神经网络预测模型，模型中融合了飞行数据和气象数据，最后采用 softmax 分类器预测飞行延迟水平。研究结果表明，在考虑气象信息特征后，模型预测精度比只考虑飞行数据提高了 1%，模型最后预测准确率高达 93.19%[27]。但是该模型并不能预测具体的延误分钟数，只能预测延误类别。

Kim 等（2016）采用神经网络和循环神经网络（RNN），提出了一个航班延误预测的两阶段模型。第一阶段采用 RNN 预测每日延迟状态，第二阶段采用分层神经元网络模型预测延迟。该模型在亚特兰大杰克逊国际机场（ATL）和菲尼克斯天港国际机场（PHX）分别达到了 91.81%和 71.34%的准确率。但是该模型并不能即时预测延误，模型中采用的一些宏观层面的指标需要长时间观察，而且模型中相关特征与延误的直接关系还有待进一步考察[28]。

通过采用随机森林回归模型和分类模型，Rebollo 和 Balakrishnan（2014）捕获了空中交通系统网络内的机场延迟模式和依赖关系[29]。模型能够预测未来 2～24 小时的出发延误，对于 2 小时内的延误，分为 60 分钟以上和以内两类。然而，他们预测的是机场的平均延误，并不预测单个航班的延误，文中也表明，预测单个航班的延误比预测机场和航线等的整体延误要困难很多。

Choi 等（2016）依据天气情况，提出了预测单个航班的机器学习模型[30]。通过结合天气数据和空中交通数据，该模型提高了从特定的单个始发地到目的地的二分类预测准确率。但是，该模型受限于仅研究延误的二分类问题，即预测延误或者不延误，并不能预测单个航班延误的具体值。

1.2.2　现存问题

基于上述研究，可知目前的航班延误预测研究还存在着以下问题：

1.2.2.1　数据收集

现有文献中，航班延误预测存在数据量偏少、数据不够精确的问题。在 Santos 和 Robin（2010）的研究中，数据并不是单个航班的数据，而是季度数据[31]。数据集包含了航空公司每个季节从给定始发机场飞往给定目的地机场的航班延误总和，出发延误并不是单个航班延误，而是机场季度数据的平均延误。有的文献只有单个大型枢纽机场的数据，只考虑了大型枢纽机场的延误（陈昱君等，2022）[32]。有的文献只分析一个行程或仅分析一组机场内的航班。还有的文献只有某个航段的数据，而且只建立了单个航段的延误预测模型。

1.2.2.2　航班延误特征

根据上述文献，航班延误特征主要有机场、航空公司、气候性等外部因素以及航空管制等随机因素。机场容量会随着天气、航空公司、机场所处的地理位置和气象条件等因素而变化。航空公司的延误情况也随机场而异，有些航空公司在某些机场准时，而在其他机场不准时。

大部分的出发延误都发生在机场和航空公司内部，但大部分的文献在预测航班延误时，都缺乏对上述特征之间关系的研究。不同机场的航班延误是否有差异、不同航空公司的航班延误是否有差异，以及对于延误而言，机场和航空公司之间是否存在任何关系，有关这些问题的研究还比较少。

有学者相继研究了美国、欧洲等的机场和航空公司对延误的影响。Mayer 和 Sinai（2003）提出了航空公司造成机场拥堵内部化的假设[33]，他们认为机场内部的枢纽航空公司为了获得航空网络中的收益，会倾向于选择对航班进行聚类，以创建更多的旅客目的地，而且枢纽航空公司还会缩短航班之间的连接时间。这样一来，枢纽机场就会常常发生拥堵和延误。如果假设成立，那么由一家航空公司运营大部分航班的机场将会比相同航班量但是由多家航空公司运营的机场产生的延误少。

Brueckner（2002）使用高度聚合的数据获得了相似的结果[34]。Rupp（2009）扩展了 Mayer 和 Sinai 的方法，发现了一些有争议的结论：从航空公司的角度来看，航空公司倾向于造成机场拥堵内部化，但从乘客的角度来看，航空公司并没有将旅客延误成本内部化[35]。Santos 和 Robin 将 Mayer 和 Sinai 的方法扩展到欧洲案例中，进一步提供了有争议的证据，使内部化假设的部分结果得到证实[31]。

此外，大多数文献只列举出了延误与哪些特征有关，缺乏对特征的重要性以及特征与延误发生之间关系的更深入的研究。除了要挖掘国内航班延误的主要特征，更重要的是发现这些特征如何影响延误，如航空公司、机场、天气、出发时间等特征是如何影响延误的，出发延误时间长短是否与机场和航空公司的枢纽规模有关，航班延误特征引发延误的能力是否有差别，哪些情况下更容易引发延误等，对上述问题的解决与是否能构建有效的延误预测系统息息相关。但是以往大多数文献只呈现出对延误特征的堆列，缺乏对特征引发延误的内在机制的深入研究。

1.2.2.3 延误预测模型

目前研究中的航班延误预测模型主要存在以下问题：

（1）预测不够精确。Rebollo 和 Balakrishnan 依据天气情况，提出了预测单个航班的机器学习模型[29]。但是，该模型仅研究延误的二分类问题，即预测航班延误或不延误。有的文献只计算每日或每小时的宏观延误，并不能预测单个航班延误。陈海燕等（2009）[36] 和徐涛等（2009）[37] 使用支持向量机对机场航班进行延误预警，但并没有预测单个航班的延误。

（2）不能够即时预测。好的预测模型不仅能够匹配现有信息，也应该能够预测短时间内的延误情况。Newell（1979）认为，出发延误最重要的指标是该航班的最近一次延误，所以其构建的模型只能在飞机起飞前的很短时间内才能预测准确，并不能提前以及即时预测[38]。

1.3　主要研究内容和创新点

1.3.1　主要研究内容

针对上述研究现状和现有研究存在的问题，本书试图回答以下四个航班延误研究中的重要问题：①影响国内航班延误的主要特征有哪些？②这些特征与延误发生的关系是什么？航空公司、机场、天气、出发时间等特征是如何影响延误的？③航班延误特征引发延误的能力是否有差别？哪些情况下更容易引发延误？不同特征的交互作用会引起延误的哪些变化？④如何构建预测模型能够更准确、更及时地预测国内航班延误，特别是主要机场和航线的航班延误？

针对上述问题，本书主要展开两大方面的研究，即航班延误的特征分析以及航班延误的预测模型构建，具体包含以下五个方面的研究内容：

1.3.1.1 国内航班延误大数据的获取和基本特征分析

获取国内航班延误大数据以及分析延误的主要特征，主要解决上述研究问题①。本书利用 2017 年和 2018 年两年共 6724664 条数据（不包括港澳台地区和取消航班），通过对机场航班的延误特征、航空公司航班的延误特征、整体航班的延误特征以及气候性等外部变量的航班延误特征的分析，研究了国内航班延误的基本特征和分布特征。机场航班延误特征包括机场航班延误的基本特征、机场航班延误的分布特征；航空公司航班延误特征包括航空公司航班延误的基本特征、航空公司航班延误的分布特征；整体航班的延误特征包括出发时间、到达时间以及飞行时间的延误特征；气候性等外部因素的航班延误特征包括天气因素的航班延误特征、航班延误分布的季节性特征。

1.3.1.2 基于拥堵内部化的国内航班延误特征分析

采用拥堵内部化假设分析航班延误的特征，主要解决研究问题②。首先，介绍了机场拥堵内部化假设，并依据该假设分析了相关特征，给出了针对中国航班延误情况的枢纽机场、枢纽航空公司、机场集中度的定义。其次，基于航空公司和旅客双重视角，采用额外旅行时间（Excess Travel Time）和出发延误（Departure Delay）两个因变量测量拥堵；采用枢纽机场、枢纽航空公司、机场集中度三个自变量以及出发区域、天气、节假日、出发时间和到达时间、季节等控制变量建立了基于 OLS 的两个模型：基础模型以及加入枢纽航空公司效应后的模型。通过对模型结果进行分析，得到了拥堵内部化、机场枢纽规模、航空公司枢纽规模等方面的重要结论。

1.3.1.3 基于决策树的国内航班延误特征的对比和交互作用分析

通过建立基于决策树的航班延误模型，对单个因素影响延误的能力进行对比，探讨交叉因素对延误的交互影响作用。针对延误，分析不同特征之间的差别、哪些交互影响作用下更易引发延误等，主要解决研究问题③。

首先，介绍了决策树模型，对数据进行预处理后，分别建立了单变量的航班延误决策树模型和交叉变量的航班延误决策树模型。其次，通过对单变量航班延误决策树模型的分析，对比研究了机场变量、航班变量、季节性等外部变量引发延误的能力。最后，通过对交叉变量航班延误决策树模型的分析，研究了机场变量与季节性等外部变量对延误的交互影响、航班变量与季节性等外部变量对延误的交互影响以及机场变量和航班变量对延误的交互影响。

1.3.1.4 基于多项式回归和改进深度神经网络的机场航班延误预测模型构建

通过建立基于多项式回归和改进深度神经网络的组合航班延误预测模型，对国内机场单个航班延误进行预测，主要解决研究问题④。首先，采用多项式回归对机场航班延误的分布进行估计和模拟。其次，建立了改进的 DBN-SVR 神经网络模型，构建了基于多项式回归和改进深度神经网络的机场航班延误预测组合模型框架，并对模型参数进行了设置。模型能够及时、准确地预测机场内单个航班延误，深度神经网络的强大预测功能也能够保证预测效果。最后，针对国内十大枢纽机场进行了实证分析，并采用不同的分类器对预测结果进行了对比分析。

1.3.1.5 基于平滑样条和 LSTM 神经网络的航线航班延误预测模型构建

通过建立基于平滑样条和 LSTM 神经网络的组合航班延误预测模型，对国内航线的单个航班的延误进行预测，主要解决研究问题④。首先，采用平滑样条对航线航班延误的分布进行估计和拟合。其次，建立了 LSTM 神经网络模型，构建了基于平滑样条和 LSTM 神经网络的航线航班延误预测组合模型框架。建立模型前，先对数据进行预处理，对连续变量采用 Min-Max 归一化方法编码，对离散变量采用 One-Hot 编码，之后构造时间序列函数，并对模型参数进行设置。最后，针对国内十大主要航线进行了实证分析，并采用不同的分类器对预测结果进行了对比分析。

1.3.2 主要创新点

根据上述内容，本书的主要创新点表现在以下三个方面：

（1）从机场、航空公司、航班、气候性等外部因素多个维度挖掘了全国航班延误的基本特征和分布特征。以往研究大多采用美国公开数据，只分析 1 个或若干个国际机场延误，预测结论存在一定局限性。本书收集了国内 2017 年、

2018 年两年 213 个机场共计超过 670 万条航班数据，以期更充分地刻画国内航班延误特征，挖掘延误发生规律，建立适用于中国情境的延误预测模型。

（2）采用拥堵内部化理论和决策树模型分析了特征引发延误的内在机制，对比了单个特征引发延误的能力以及交叉特征对延误发生的交互影响作用。另外，除了以往研究中探讨较多的天气、机场等特征之外，本书还在预测模型中新增了机场集中度、机场枢纽规模、航空公司枢纽规模、机场所在区域、机场所在省份的经济规模等重要特征。

本书基于航空公司和旅客双视角，采用额外旅行时间（Excess Travel Time）和出发延误（Departure Delay）两个指标测量拥堵，丰富了 Mayer 和 Sinai（2003）[33] 的理论，并将其扩展到中国案例，对有争议的拥堵内部化假设提供了进一步的证据。另外，采用超过 670 万条单个航班数据，相比 Rupp（2009）[35] 的研究结果，可以更好地估计机场集中度对延误的影响。

（3）针对航班延误分布的季节性特征，构建了基于延误分布和深度学习的组合预测模型。本书以机场和航空公司为研究对象，从机场和航线两个维度，分别建立了机场航班延误预测模型和航线航班延误预测模型。根据机场数据和航线数据延误分布的不同形态，分别采用多项式回归和平滑样条对延误分布进行估计和拟合，去除数据中的时间趋势；在机场延误预测模型中，结合关键特征——机场枢纽规模，建立了改进的 DBN-SVR 神经网络模型；在航线延误预测模型中，结合关键特征——航班出发时间，构造了时间序列函数，建立了基于 LSTM 神经网络的航线航班延误预测模型。

建立模型前，先对航班延误分布进行估计和拟合，处理数据中的时间趋势，之后再作为输入变量输入深度学习延误预测系统，避免季节性特征带来的波动，提高模型的预测效果。目前能够准确预测单个航班延误的文献还比较少，有的文献预测季度延误或者平均延误，有的文献只解决二分类问题，即延误或不延误。本书构建的组合预测模型能够精准地预测全国机场和航线内的单个航班延误，通过对十大枢纽机场和航线的实证分析，验证了提出的预测模型在时空范围内的准确性和稳健性。

根据上述研究内容，建立本书的研究框架，如图 1.2 所示。

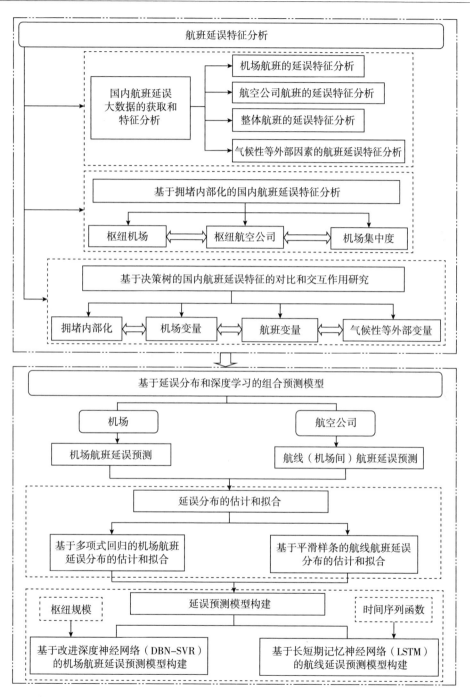

图 1.2　本书研究框架

2 文献综述

2.1 航班延误的定义

航班延误包含出发延误（Departure Delay）和到达延误（Arrival Delay）（Ng 等，2017）[39]，有的文献中也称为进港延误和离港延误（张玉州等，2020）[40]。航班延误通常指机场内航班实际出发时间或实际到达时间晚于计划出发时间或计划到达时间。李雄等（2007）认为，进港延误指航班延迟进港的时间，为实际进港时间与计划进港时间之差；离港延误指航班延迟离港的时间，为实际离港时间与计划离港时间之差[41]。

美国联邦航空管理局（FAA）对航班延误相关概念做了规定，定义航班延误为航班实际进离场时刻比计划时刻晚 15 分钟（含）以上（李鹏，2016）[42]。也就是说，如果航班实际出发或到达时间晚于计划时间超过 15 分钟，就被定义为延误。

根据中国民航局发布的《民航航班正常统计方法（征求意见稿）》，正常航班指不晚于计划到港时间后 15 分钟（含）到港的航班。航班延误时间为航班实际到港时间晚于计划到港时间 15 分钟（含）之后的时间长度，以分钟为单位（吴薇薇等，2016）[43]。

本书主要分析航班的出发延误以及影响航班出发延误的特征，并建立了出发延误的预测模型。

2.2 航班延误的研究范围

航班延误的研究涉及不同的方面，包括机场、航线、出发城市等。现有研究中，有的文献选择其中一个因素来研究，有的选择多个因素做组合研究（Xu 等，2008）[44]。

一些学者在研究航班延误时，选择以机场为研究对象，考虑该机场所有航空公司在不同航线下的出发延误。也有学者研究在相同的条件下，不同航空公司的延误情况，以及由于航空公司导致的延误对机场效率的影响（Kim，2016）[45]。还有学者通过研究机场和空域情况来分析拥堵和延误的关系（Pyrgiotis 等，2013）[46]。

一些文献从地理维度、时间维度和天气维度等角度来展开研究。地理维度中，研究主要集中在出发机场、到达机场、出发区域、到达区域、出发城市、到达城市、出发国家、到达国家等（Cai 等，2021）[47]。时间维度中，研究主要集中在出发季节、到达季节、出发日（星期几）、出发时间、到达时间等。天气维度中，研究主要集中在特定时刻的外部环境条件，根据数据的多样性，主要包括天气的好坏、能见度、风力等。

有的文献中还加入了其他一些特征，比如航空公司的类别、是否是低成本航空公司、航空公司是否是主要承运公司、飞机的大小、座位数量、机场中跑道数量、登机口的设置等（Ateş S 等，2018）[48]。

2.3 航班延误的特征分析

造成航班延误的特征众多，国内外研究学者对相关特征进行了探讨和总结。Alipio 等（2003）认为，延误和其特征之间的关系是高度非线性的，航班延误不能归因于单个特征。相反，它是许多因素复杂交互的结果[49]。石丽娜（2006）认为，按照特征的属性，航班延误的特征可以分为四大类[50]：航空公司方面因素、机场管理方面因素、航空管制方面因素以及旅客方面因素。王时敏（2017）认为，飞机晚点是多种可控因素和随机因素共同作用的结果，包括天气、航空公司、军事活动、航班时刻安排、航空管制等，其中由于随机因素的影响难以量化，因此航班延误预测的研究难度进一步加大[51]。

杨新湦等（2016）采用最小二乘法对参数进行分析，得到每个航班对应影响因子的权值，分析了因子的重要度，从而建立了组合预测模型来预测航班延误率[52]。Ballesteros 和 Hitchens（2018）重点研究了美国冬天的天气对航班的影响，认为能见度是影响美国中西部机场的主要气象原因，云层低的影响次之，暴风雪是航班取消的主要原因[53]。

有学者认为，天气不仅是延误的主要原因之一，它也与其他特征密切相关。例如，航空系统中的飞机可能由于恶劣天气而改航，从而导致延误的发生，天气占总延迟分钟数的百分比约为 40%。吕晓杰和王红（2009）用马尔可夫链模型对恶劣天气特征建模，提出多个航空器在恶劣天气条件下的改航方案和动态转移概率矩阵，以求使航空器延误最小[54]。Mukherjee 等（2011）提出了在恶劣天气影响下，航班出发时间和航线选择优化模型[55]。Schaefer 和 Millner（2001）考虑了仪器和视觉气象条件下的机场容量，通过模拟模型研究了天气对航班延误的影响[56]。

Abdel-Aty 等（2007）通过每日延误平均值的频率分析以及基于回归和相关性的统计分析，研究了奥兰多国际机场的到达延误模式，以确定哪些特征与特定航班或机场每天所经历的到达延误相关[57]。结果显示，到达延误与时间、气象和调度属性相关，发现了季节、星期几、到达时间、降水量、两次连续到达之间的时间等重要因素。

Xiong 和 Hansen（2013）采用考虑延误因素的计量经济模型研究航班的取消问题，这些因素包括潜在的延迟节省、飞行特性和航段特征等。结果显示，航班取消与飞机尺寸、载荷系数和飞行距离有关。作者在五家航空公司中应用了该模型并讨论了它们不同的航班取消策略[58]。

Hao 等（2014）研究了延误与空间位置的关系，例如起飞和到达机场以及出发地所在城市、所在区域和国家等[59]。时间维度也是预测延误的重要特征，可以捕获季节性或周期性数据模式。这些元素包含日期特征和时间特征，例如出发时间所在的季节、月份、星期几等。天气维度通常包含特定时刻的外部环境条件，例如飞行高度和出发日机场的能见度等（Ballesteros 和 Hitchens，2018）[60]。

程俊（2020）建立了航班延误预测控制模型，并分析了特征的重要性以及特征的交互作用。在天气特征分析中，能见度对航班延误影响较弱，降水对航班延误影响最大，大雨、雷阵雨、大雾对延误的影响最明显。在特征交互研究中，FSC 份额对航班延误的负向影响程度随着国内乘客的增加而减少。在其他的天气特征模型中，起最大交互作用的是人均行李与 FSC 份额[61]。

2.4　机场航班延误

张兆宁和王晶华（2018）认为，延误在机场内部的传播程度大于延误在到达机场和枢纽机场之间的传播程度，前序和后序航班的延误传播对延误的影响大于前行和后行航班的延误传播对延误的影响[62]。欧尚恒（2020）建立了基于 ELM 的延误状况时间序列混沌预测模型和延误预警模型。预测模型对航班延误架次、延误率和平均延误时长分别进行了预测。结果表明，预测的平均绝对误差为 3.5 架次，预测效果较好。在航班等级预警模型中，作者构建了一个集成模型，集成了随机森林、支持向量机、神经网络和 XGBoost，航班等级预测准确率达到 81.82%[63]。

王春政等（2021）提出了一个基于 Agent 的机场网络延误模型，模型选取机场节点容量、预计出发时间、最小飞行与周转时间等特征，采用贝叶斯、模糊 K 紧邻等数据挖掘算法，选用 2015~2017 年美国数据，得出 4 小时预测区间延误最大误差不超过 27.9 分钟，约 80% 的节点误差小于 5 分钟[64]。

屈景怡等（2019）建立了基于区域残差和长短时神经网络的机场延误预测模型，将机场属性、气象属性等数据进行融合，对机场的延误状态进行分类，分类准确率达到 95%[65]。

Zeng 等（2021）从机场网络的角度研究延误预测，提出了一种基于深度学习模型的机场延误预测模型。他们将机场视为图的节点网络并使用有向图网络构建机场关系，通过相邻机场的球面距离测量边的权重，构建了一个扩散卷积核捕捉机场间延误传播的特征，并进一步集成到神经网络中，建立基于延误的深度学习框架。他们利用 2015~2018 年美国机场的历史延误数据作为模型训练集和测试集，结果表明该方法在准确性方面优于现有的主流方法[66]。

Henriques 和 Feiteira（2018）针对 Hartsfield-Jackson 国际机场的延误预测问题，使用采样技术解决数据集的不平衡问题，并评估和比较了决策树、随机森林和多层感知器等多种方法的性能[67]。

Yu 等（2019）提出了采用深度置信网络来挖掘航班延误的内部模式的方法，并将支持向量机与模型集成在一起，以在预测架构内实现有监督的微调[68]，文章将模型应用在了首都国际机场的数据上。

Zhang 等（2021）提出了一种基于动态空中交通延误网络的 APR-LSTM 模型来预测机场延误，该模型将机场延误向量的输入序列通过空间相关性进行加权，可以实现多步预测。模型还引入了时间注意力机制和辅助特征，通过探索不同时间步长的相关性来获得长期时间依赖性，提高预测模型的准确性。对比实验的结果表明，与其他基准模型相比，Zhang 等（2021）提出的模型实现了最佳性能[69]。

McWillian de Oliveira 等（2021）调查了机场地面天气条件对巴西航班延误可能性的影响，他们使用历史航班时刻表、准点率和天气数据等特征估计了一个 Logit 模型，从而分析目的地机场的不同气象变量如何影响到达延误的概率，具体分析了能见度、降水和阵风等气象条件对巴西机场抵达延误的影响[70]。

Borsky 和 Unterberger（2019）评估了美国 10 个最繁忙机场的起飞时段的延误天气对机场延误的影响，结果表明，延误程度取决于天气模式和气象事件的强度，恶劣天气下机场平均增加了 23 分钟的延误[71]。

2.5 航线航班延误

由延误导致的飞行计划的不确定性给航空公司带来了极高成本，航线航班延误的准确预测对于航空公司快速改善规划、防止延误传播具有重要意义。Khaksar 和 Sheikholeslami（2019）应用贝叶斯建模、决策树、聚类分类、随机森林的混合方法估计航空网络中延误的发生和幅度，模型在美国和伊朗航空公司数据上进行了测试。结果表明，影响美国航空网络延误的参数是能见度、风和起飞时间，影响伊朗航空公司延误的参数是机龄和飞机类型，所提出的方法有超过 70% 的准确率[72]。

Aydemir 等（2017）研究了土耳其国际和国内航线延误的决定因素。他们重点关注机场内各航空公司的市场份额和机场市场集中度对延误的影响，用市场集中度来测试航空公司是否内部化乘客延误的成本。他们在国内航线上发现与内部化一致的结果假设，在国际航线上，他们的估计与内部化假设出现了不一致的结果[73]。

航班延误是许多航空公司面临的常见问题之一，航班延误不仅给乘客出行带来不便，航空公司也付出了极大代价。近年来，航空公司一直在利用数据分析来预测航班延误。Wu 和 Law（2019）使用贝叶斯网络开发了航空公司网络延迟传播模型，作者加入了航空公司网络中的飞机、机组人员和乘客等特征，采用案例研究了网络中的异构延迟传播效应。结果表明，该模型能够根据过去的运营数据识别飞行网络中的薄弱环节。之后，作者开发了两个新的延迟乘数指标，测试结果表明，预期延迟乘数可以更好地解释历史航班延误情况[74]。

程俊（2020）分析了航空公司产生的航班延误，选取的指标为航空公司的市场份额、低成本航空公司的市场份额、机场集中度、降落航班的平均延误时间、每日的航班量。天气也会对航班的飞行线路造成影响，在能见度较低和低云层的天气情况下，飞机间隔被迫扩大，机场容量紧张，影响航班的正点率。另外，如果飞行途中遭遇大雨、雷阵雨等天气，飞行员被迫采取绕路或者迫降措施，也会影响航班的正点率[61]。

Hansen 和 Hsiao（2005）采用计量经济学模型分析了美国 32 个繁忙机场的到达延误，分析了气象因素包括对流天气、进港天气、季节等如何影响到达延误，结果证明，航线中的天气对航班延误的影响程度和航班数量有很大关系[75]。

2.6 航班延误的预测模型

目前，航班延误预测问题已经引起了国内外学者的广泛关注。造成航班延误的特征很多，研究人员提出了大量的航班延误预测模型。

数据预处理是建立模型前必不可少的一个步骤，预处理通常包括数据清理、数据转换、聚类等。删除离群值是数据清理的主要任务之一，极端值通常出现在非常规现象里，如果考虑常规条件建模，极端值的存在可能影响模型的效果（Tu

等，2008)[76]。此外，建立模型前还常常需要特征的选择。特征选择是识别相关性较低属性的过程，这些属性可能会导致模型过拟合或降低模型的预测性能(Wong 和 Tsai，2012)[77]。

数据转换也是增强预测模型效果的重要工具，通常包括归一化和离散化。归一化能减小特定范围内可能值的范围，它能使不同变量有相同的量纲，使预测模型确定哪些变量是最有效相关的。离散化包括用代表性标签替换数值、将时间段分箱[78,79]、将数值归类[80] 等，通常在模型建立前使用，能更好地训练预测模型(徐盈盈和钟才明，2014；Beatty 等，1999)[81,82]。聚类也是一项重要的数据预处理技术，许多文献采用聚类技术（例如 K 均值或层次聚类）作为预测模型的初始步骤(Rebollo 和 Balakrishnan，2014)[83]。延误预测模型通常包含三个方面，即统计分析模型、概率模型和机器学习模型，下面将针对这三部分进行文献综述。

2.6.1　统计分析模型

统计分析通常采用回归模型、相关性分析、经济模型、因子分析、多变量分析等方法[84-88]。回归分析是常用的分析延误的方法，能够帮助航空公司在整个航空网络中分析延误传播的作用，而且也能估计延误的成本。

Tu 等（2008）使用统计方法分析了空中交通的长期和短期模式，研究了影响航班离港延误的主要因素，并创建了一个离港延误预测模型。该模型采用非参数方法并使用混合分布来估计残留误差，以 2000~2001 年美国丹佛机场的联合航空数据进行验证和分析[76]。Eufrásio 等（2021）构建了一个高维稀疏（HDS）回归的计量经济学模型，估计了额外时间对航班延误的影响，考虑了跑道拥堵、时段和传播延误的缓和效应[88]。

Pathomsiri 等（2008）使用非参数函数方法评估了 2000~2003 年美国 56 个机场的航班延误效率。结果表明，如果从模型中排除延迟航班，则发现许多大型、拥挤的机场是有效的；如果考虑了延误航班，则在高效边界上会发现一些小型、拥挤程度较小的机场[89]。

Reynolds 和 Button（1999）计算了欧洲机场的延误水平与通行能力之间的相关性，提出了解决拥塞问题的不同方法，并分析了各个方法的优缺点[90]。Sternberg 等（2016）将数据索引技术与关联规则结合起来，揭示航班延误的隐藏模式，并对巴西航班数据进行了分析[91]。Kim（2016）对丹佛国际机场数据进行分析，将 2010 年从美国各个城市抵达丹佛国际机场的数据建立预测模型，将 2011

年数据作为测试集进行预测。文章采用了非参数方法建立预测模型，并与基准模型进行了比较[92]。Qin 和 Yu（2015）使用 FFT 模型分析了航班延误率的变化，指出了与延误相关的时间变量之间的关系，提出了从每个时间段去预测延误的解决方案[93]。

2.6.2　概率模型

在航班延误预测研究中，有部分文献采用贝叶斯方法构建预测模型。曹卫东和林翔宇（2011）从航班延误链式波及的角度出发，分析了影响航班过站时间的多种因素，提出了基于贝叶斯网络参数估计的航班延误预测算法。当航班发生起飞延误时能够预测下游航班的起飞时间和延误状况，并利用实际航班数据进行仿真，结果表明该算法有比较高的预测准确率[94]。Xu 等（2005）提出使用贝叶斯网络研究机场之间的延误传播，使用经验贝叶斯方法估计参数，使用回归估计值构造 Dirichlet 先验分布，之后对多项式样本进行更新。结果表明，与没有先验分布的线性回归或贝叶斯相比，使用经验贝叶斯方法的预测准确性更高[95]。

刘玉洁（2009）将枢纽机场作为研究对象，对其中的进、离港延误与延误波及进行建模和预测。文章将贝叶斯网络参数学习算法应用到航班延误的预测领域，提出了一种带有自反馈的航班预测集成学习系统，对其中一定时间段内的延误航班数量进行预测和预警[96]。曹卫东和贺国光（2009）借助 Netica 软件包建立了贝叶斯网络模型，通过贝叶斯网络推理进行航班延误波及分析，并用实际航班数据进行测试。结果表明，概率统计意义下，模型能够清晰反映连续航班延误原因分布、过站时间差分布和按时间段的延误波及情况[97]。

李俊生和丁建立（2008）提出了基于贝叶斯网络的航班延误传播模型，结合某航空公司实际数据，通过最大期望值算法对模型进行训练，并给出了测试结果。实验表明，所提出的方法能有效地分析航班延误从局部到全局的传播[98]。邵荃等（2012）建立了机场航班延误的贝叶斯网络分析模型，通过机场航班数据网络学习和测试，得到了不同因素对机场航班延误的影响程度、不同时间段的延误情况，为机场解决大面积航班延误提供了决策依据[99]。

Li 和 Jing（2021）构建了一个基于贝叶斯网络方法的延迟传播网络，研究美国最繁忙的机场组成的大型网络中的延迟传播问题。结果表明，延误传播网络的累积度分布遵循指数函数，对于每个单独的机场，延误传播的影响与机场规模相关，小型机场更容易受到其他机场的影响，大型机场对下游机场的影响更大[100]。

Boswell 和 Evans（1997）通过概率质量函数表示延误等级，并使用了转换矩阵验证前序航班对后续航班的延迟传播，通过前序航班的延误情况计算取消航班的条件概率，做航班取消分析[101]。Mueller 和 Chatterji（2002）通过密度函数对出发延误和到达延误建模，验证了正态分布对出发延误拟合得更好，泊松分布对到达延误拟合得更好[102]。Cao 和 Fang（2012）结合遗传算法（GA）和模拟退火算法（SAA），提出了高分数先验遗传模拟退火贝叶斯网络结构学习算法（HSPGSA），并将新算法应用在了大型枢纽机场，从而分析航班的出发延误[103]。

丁建立等（2010）提出了基于动态克隆选择算法和动态指数平滑法组合的机场航班延误的组合预测方法，并对这两种方法进行了实验，实验结果表明，该方法能较准确地预测下一时段航班的延误数量，且实时性较好[104]。丁建立等（2011）提出了模糊免疫预测方法，并对国内某大型机场做仿真实验，实验结果表明，该方法比生物免疫方法更具适应性，能较准确地预测全天各个时段航班的延误数量[105]。吕晓杰和王红（2009）将大型枢纽机场作为研究对象，提出了带有权值调整的马尔可夫模型，针对首都机场航班延误给出了 4 个预警等级，以一小时为预警间隔预测了离港航班的延误率，仿真实验结果表明，在出现大面积航班延误的情况下，航班延误预测平均准确率在 90% 以上[106]。

2.6.3　机器学习模型

从 2000 年以后，有关航班延误的文献就开始增多，统计模型、运筹学模型等方法是过去预测模型中的常用方法，但在近十年中，有关机器学习、数据挖掘方法的研究显著增多，成为了新的研究趋势（Alonso 和 Loureiro，2015）[107]。

2.6.3.1　传统机器学习模型

Lu 等（2021）提出了一种泛化能力更强的机器学习分类算法，该模型充分利用了更高维度的时空特征，例如前序航班的影响、出发和降落机场的情况以及同一航线上航班的整体情况[108]，结果表明，模型准确率达到了 80% 以上。Khaksar 和 Sheikholeslami（2019）使用贝叶斯、决策树、聚类、随机森林以及混合方法来估计航空网络中延误的发生以及延误程度。这些方法在美国的飞行数据集上进行了测试，结果表明，影响美国航空网络延误的参数是能见度、风和起飞时间，所提出的方法达到了 70% 的精度[109]。

Balakrishna 等使用强化学习算法预测滑行延误，通过马尔可夫决策过程对问题进行建模，采用机器学习方法建立模型，模型在纽约肯尼迪国际机场得到了验证[110,111]。Choi 等（2016）提出了一种结合天气数据的机器学习模型，采用 2005~2015 年的美国国内航班数据和天气数据用于模型训练和评估，模型评估结果为二分类，即预测预定航班将会延迟还是按时飞行[30]。Khan 等（2021）采用一种分层集成机器学习模型，分析了中国香港某国际航空公司提供的高噪声、不平衡、分散、偏斜的历史高维数据。结果表明，对于 4 小时的预测范围，算法能够实现更高的准确率[112]。

Tan 等（2018）针对航班数据中的不平衡问题，建立了新的分类模型，提高了模型的分类准确率，并在公开的航班数据集中进行了验证[113]。Welch 和 Ahmed（2003）结合机场容量，建立了延误预测模型[114]。Campanelli 等（2016）比较了美国和欧洲的空中交通网络，使用了两种不同模型模拟延迟传播。结果表明，与 ATFM（空中交通流量管理）系统相比，管理航班的"先到先得协议"会产生更大的拥堵[115]。

Belcastro 等（2016）分析了由于天气状况而导致的预定航班出现到达延误的情形，使用并行算法分析和挖掘了航空公司的飞行和天气观测数据集。结果表明，预测高于给定阈值的延迟具有很高的准确性。在 15 分钟的延迟阈值下，延迟航班的预测准确率达到 74.2%，在 60 分钟的阈值条件下，预测准确率达到 85.8%[116]。

支持向量机是一种功能强大的机器学习方法，对于线性相关的分类数据，SVM 能找到最大化分开两个类别的平面，从而达到很好的分类效果[117-118]。罗赟骞等（2015）采用支持向量回归方法建立航班到港延误预测模型，将航班到港延误时间序列进行空间重构，重新设计模型输入变量，通过比较几种算法确定最优参数[119]。何洋等（2018）采用支持向量回归方法建立航班进离港延误预测模型，利用向后逐步选择算法挖掘出航班延误影响因素，采用 Grid-Search 和交叉检验法选择最优模型参数，最后采用洛杉矶机场与浦东机场航班数据来训练和验证模型，结果表明 SVM 模型能够很好地预测航班延误[120]。

在 SVM 模型中，所有的样本都具有相同的权重，模糊支持向量机（FSVM）的提出使分类方法更为有效[121-123]。Chen 等（2008）提出了基于加权模糊支持向量机（WMSVM）的航班延误预警模型，将传统的 FSVM 模型扩展为能解决多分类问题的新模型，实验结果表明，该预警模型可以有效地预测延误等级，并且优于传统模型[124]。刘雄（2012）采用 5 个一级评价指标和 17 个二级评价指标构建了枢纽机场航班延误预警指标体系，并采用灰色评判模型对枢纽机场的航班延误预警级别进行评价。文章对国内某大型枢纽机场某段时间内可能出现的航班延误进行了实例仿真[125]。王红等（2009）通过仿真实验给出了一种航班延误预警管理模型，采用层次分析方法建立了以航班延误率、平均延误时间及延误损失为评价指标的航班延误状态描述方法，之后运用马尔可夫链对评价指标进行预测[126]。Lu 等（2008）提出了一种基于机器学习模型的大规模航班数据的预警模型，该方法先在机场航班数据上进行无监督的学习，获得每个延误类别的标准，之后在有延误类别的数据上再进行有监督的学习[127]。

2.6.3.2 深度学习模型

深度学习提高了很多机器学习中的预测模型和分类模型的准确率，特别是在图像识别、语音识别、机器翻译等方面[128,129]，近年来开始有学者将其应用到航空领域。Khanmohammadi 等（2016）提出了一种改进的人工神经网络，改进模型能够实现多层输入，并在一定程度上可以解释 ANN 层不同的输入变量和输出变量。作者将所提出的方法用于预测肯尼迪国际机场的航班延误，并将预测结果和传统的梯度下降反向传播 ANN 模型进行了对比分析[130]。

Lv 等（2014）提出了一种新的基于深度学习的交通流量预测方法，该方法考虑了时空相关性，将堆叠式自动编码器模型用于学习通用交通流特征，并且以贪婪的分层方式进行训练，实验结果表明了该种方法的有效性[131]。Cortez 等（2017）研究了深度学习模型在空中交通延误预测任务中的有效性。文章结合基于深度学习的多个模型，建立了基于递归神经网络（RNN）的预测模型，详细地分析了交通延误，并对模型的准确性进行衡量，与以往方法进行了对比分析[132]。

Khanmohammadi 等（2014）基于模糊推理系统创建了一个自适应网络用以预测延误，他们将预测结果作为模糊决策系统的输入，从而规划纽约的肯尼迪国际机场的到达航班[133]。Qu 等（2020）提出了两种基于气象数据和深度卷积神经网络的航班延误预测模型，这两个深层卷积神经网可以有效地提高预测精度，模型加入考虑气象信息的特征后，与仅仅考虑飞行信息相比，预测精度提高了1%[134]。Venkatesh 等（2017）提出了一种基于深度学习技术的预测方法，通过将距离、天气信息等作为输入参数来预测航班的到达延迟。该方法在大型飞行数据集上进行了测试，使用深度神经网络的准确率为89%[135]。

2.7 本章小结

本章介绍了航班延误的定义，探讨了关于航班延误的研究范围、航班延误的特征以及航班延误预测模型方面的文献。大多数文献只列举出了延误与哪些特征有关，只呈现出了延误特征的堆列，缺乏对特征的重要性、特征与延误发生的关系以及特征引发延误的内在机制的更深入的研究。

由于数据和模型的限制，目前能够准确预测单个航班延误的文献还比较少。有的文献只能预测季度延误；有的文献只能预测机场每日或每小时的平均延误；有的文献研究了单个航班延误，但只解决二分类问题，即延误或不延误，对单个航班延误分钟预测的精确性还有待提高。

针对上述问题，本书将在下面几章展开对特征分析和模型构建的研究。

3 国内航班延误大数据的
获取和特征分析

本章探讨国内航班延误大数据的获取以及延误的主要特征，通过大数据分析，探讨国内航班延误的基本特征以及关于机场、航空公司、航班等延误的分布特征。

3.1 国内航班延误大数据获取

本书用到的原始数据来自上海某网络科技有限公司，该公司主营业务为航班延误保险的销售，在航空领域耕耘数载，积累了大量数据。本书用到的数据从公司的数据库中采集，保证了数据的质量。采集的数据包含 2017 年 1~12 月、2018年 1~12 月共 24 个月的国内航班数据（不包括港澳台地区和取消航班），其中2017 年共有 3465994 条数据，2018 年共有 3258670 条数据，两年共计 6724664 条数据。每条航班原始数据记录包含以下五个方面：

（1）机场变量：出发机场；到达机场。

（2）航班变量：航班号；计划出发时间、实际出发时间、计划到达时间、实际到达时间。

（3）航空公司变量：航空公司编码。

（4）飞行变量：计划飞行时间、实际飞行时间。

（5）天气变量：出发天气、到达天气。

为了提高模型的预测效果，本书在预测模型中又新增了以下八个变量：

（1）机场枢纽规模变量：出发机场和到达机场的枢纽规模。

（2）航空公司枢纽规模变量：航空公司在出发机场和到达机场的枢纽规模。

（3）机场集中度变量：机场中航空公司所占份额。

（4）区域变量：出发机场所在区域、到达机场所在区域。

（5）省份变量：出发机场所在省份、到达机场所在省份。

（6）省份经济规模变量：机场所在省份的人均地区生产总值（元/人）、总人口（万人）、城镇登记失业率（%）、城镇单位就业人员平均工资（元）。

（7）季节变量：出发日所处季节。

（8）节日变量：出发日是否是节假日。

在时间信息里，计划出发时间、实际出发时间等时间为 24 小时制，部分数据和指标的格式如图 3.1 所示。

	flightNo	DepAirport	ArrAirport	DepScheduled	ArrScheduled	DepActual	ArrActual	DepArea	ArrArea	Depdelay	Arrdelay	Depweather	Arrweather
0	MU5232	CAN	KHN	2017-01-01 00:05:00	2017-01-01 01:45:00	2017-01-01 00:16:00	2017-01-01 01:25:00	South	Central	11	0	sunny	sunny
1	MU2332	NAO	XIY	2017-01-01 00:10:00	2017-01-01 01:40:00	2017-01-01 00:26:00	2017-01-01 01:15:00	SouthWest	NorthWest	16	0	sunny and cloudy	sunny
2	MU5078	KMG	HFE	2017-01-01 01:20:00	2017-01-01 03:50:00	2017-01-01 01:17:00	2017-01-01 03:14:00	SouthWest	East	0	0	mist	sunny
3	MU9747	PEK	DLU	2017-01-01 06:15:00	2017-01-01 10:30:00	2017-01-01 06:37:00	2017-01-01 10:20:00	North	SouthWest	22	0	sunny	sunny and cloudy
4	MU2190	SYX	KWE	2017-01-01 06:20:00	2017-01-01 08:20:00	2017-01-01 06:25:00	2017-01-01 08:08:00	South	SouthWest	5	0	sunless	fog

图 3.1　2017 年航班延误部分数据和指标

在区域信息里，出发区域和到达区域包括以下七个：①东北地区（3 个），黑龙江、吉林、辽宁；②华北地区（5 个），北京、天津、河北、山西、内蒙古；③华中地区（3 个），河南、湖北、湖南；④华东地区（8 个），山东、江苏、安徽、上海、浙江、江西、福建、台湾；⑤华南地区（5 个），广东、广西、海南、香港、澳门；⑥西北地区（5 个），陕西、甘肃、宁夏、青海、新疆；⑦西南地区（5 个），四川、贵州、云南、重庆、西藏。

在天气信息里，主要包括以下天气：晴间多云，晴，多云，小雨，阴，阵雨，大雨，雨夹雪，毛毛雨/细雨，薄雾，强阵雨，中雨，雾，小雪，雷阵雨，大雪，雨雪天气，中雪，阵雨夹雪，暴雪。

机场所在省份的经济规模变量包括 2017 年出发机场和目的地机场所在省份的人均地区生产总值（元/人）、总人口（万人）、城镇登记失业率（%）、城镇单位就业人员平均工资（元）四个指标，数据来自国家统计局网站，具体指标信息详见附录 B。

在季节信息里，按照出发日期，分为春季（3 月至 5 月）、夏季（6 月至 8 月）、秋季（9 月至 11 月）、冬季（12 月至次年 2 月）四个季节。

在节日信息里，出发日和到达日均为周一至周日。2017 年节假日信息如下：2017 年元旦，1 月 1 日至 1 月 2 日；春节，1 月 27 日至 2 月 2 日；清明节，4 月 2 日至 4 月 4 日；劳动节，4 月 29 日至 5 月 1 日；端午节，5 月 28 日至 5 月 30 日；国庆节，10 月 1 日至 10 月 8 日；2018 年元旦，12 月 30 日至 12 月 31 日。2018 年节假日信息如下：2018 年元旦，1 月 1 日；春节，2 月 15 日至 2 月 21 日；清明节，4 月 5 日至 4 月 7 日；劳动节，4 月 29 日至 5 月 1 日；端午节，6 月 16 日至 6 月 18 日；中秋节，9 月 22 日至 9 月 24 日；国庆节，10 月 1 日至 10 月 7 日；2019 年元旦，12 月 30 日至 12 月 31 日。

机场枢纽规模、航空公司枢纽规模和机场集中度三个指标将在本书第 4 章展开具体讨论。

3.2　数据预处理

获取航班延误大数据后，在 Python 软件里对数据进行以下三个步骤的预处理。

3.2.1　缺失值处理

计算每个字段的缺失值比例。在原始数据中，出发天气、到达天气、航班号、航空公司四个变量出现部分缺失值。其中，到达天气变量出现 734 个缺失值（完整比例为 99.978%），出发天气变量出现 691 个缺失值（完整比例为 99.979%），航班号出现 5 个缺失值（完整比例为 99.999%），航空公司出现 5 个缺失值（完整比例为 99.999%），从原始数据中去除这些航班记录。

3.2.2　格式内容清洗

针对时间、日期、数值等显示格式不一致的问题，在构建模型前，使用 Python 软件里面的 pandas 等工具将时间、日期等变量转化为 datetime 变量，将延误分钟等数值变量转化为 numeric 变量。

3.2.3 逻辑错误清洗

去除出发延误、到达延误、飞行时间等变量中的异常值。①国内航班出发延误绝大多数在 3 小时之内，去除原始记录中出发延误和到达延误在 12 小时及以上的异常记录；②目前国内航班最远飞行为 6 个小时，去除原始记录中飞行时间在 10 个小时及以上的异常记录；③对绝大多数国内航班而言，提前 3 小时以上出发或提前 3 小时以上到达都是不合理的，去除这些异常记录。

3.3 延误的基本特征

2017 年的出发延误情况如表 3.1 所示，2018 年的出发延误情况如表 3.2 所示。

表 3.1 2017 年所有航班出发延误情况统计

出发延误	超过航班数（趟）	未超过航班数（趟）	超过比例（%）	未超过比例（%）
15 分钟	1888581	1577413	54.49	45.51
60 分钟	612155	2853839	17.67	82.33
120 分钟	250728	3215266	7.23	92.77
180 分钟	113851	3352143	3.28	96.72

表 3.2 2018 年所有航班出发延误情况统计

出发延误	超过航班数（趟）	未超过航班数（趟）	超过比例（%）	未超过比例（%）
15 分钟	1507366	1751304	46.25	53.75
60 分钟	397300	2861370	12.19	87.81
120 分钟	142496	3116174	4.37	95.63
180 分钟	57670	3201000	1.76	98.24

从中可以看出，大部分的航班延误都在 60 分钟之内。2017 年和 2018 年所有

航班出发延误在 60 分钟之内的比例为 82.33% 和 87.81%。

3.4 机场航班的延误特征分析

根据 2017 年和 2018 年数据，全国共 213 个机场，具体机场信息见附录 A。将 2017 年全国机场按照经纬度在地图上标注，并对各个机场的年航班数量按照大小进行分类。从全国机场航班数量分布情况可以看出，西部的机场数量较少，机场的年航班运营量也较小。年运营量较大的机场普遍分布在东部和南部，特别是沿海地区。机场大小的差异是否会引起航班延误的差异，是航班延误预测面临的一个重要问题。以下将分析不同机场航班延误的分布特征。

3.4.1 机场航班延误的基本特征

3.4.1.1 容量最大的 10 大机场

表 3.3 为 2017 年和 2018 年全国容量最大的 10 个机场，分别为首都国际机场（PEK）、广州白云机场（CAN）、昆明长水机场（KMG）、西安咸阳机场（XIY）、成都双流机场（CTU）、深圳宝安机场（SZX）、重庆江北机场（CKG）、上海虹桥机场（SHA）、上海浦东机场（PVG）、杭州萧山机场（HGH）。

表 3.3 2017 年和 2018 年容量最大的 10 大机场（出发航班数）

序号	2017 年			2018 年		
	三字码	机场名称	年航班量（趟）	三字码	机场名称	年航班量（趟）
1	PEK	首都国际机场	211498	PEK	首都国际机场	190954
2	CAN	广州白云机场	163751	CAN	广州白云机场	147223
3	KMG	昆明长水机场	146900	KMG	昆明长水机场	133779
4	XIY	西安咸阳机场	141621	XIY	西安咸阳机场	128994
5	CTU	成都双流机场	140550	CTU	成都双流机场	128580
6	SZX	深圳宝安机场	131930	SZX	深圳宝安机场	121529
7	CKG	重庆江北机场	122741	CKG	重庆江北机场	112302
8	SHA	上海虹桥机场	110020	PVG	上海浦东机场	103982

续表

序号	2017 年			2018 年		
	三字码	机场名称	年航班量（趟）	三字码	机场名称	年航班量（趟）
9	PVG	上海浦东机场	109176	SHA	上海虹桥机场	99273
10	HGH	杭州萧山机场	103225	HGH	杭州萧山机场	93523

3.4.1.2 延误最严重的 10 大机场

表 3.4 为 2017 年和 2018 年出发延误最严重的 10 大机场。从表中可以看出，首都国际机场的出发延误航班数量排在首位，广州白云机场紧随其后，第三名是昆明长水机场。

表 3.4 2017 年和 2018 年出发延误最严重的 10 大机场（15 分钟以上延误的航班数）

序号	2017 年			2018 年		
	三字码	机场名称	航班量（趟）	三字码	机场名称	航班量（趟）
1	PEK	首都国际机场	153887	PEK	首都国际机场	114528
2	CAN	广州白云机场	115406	CAN	广州白云机场	86545
3	KMG	昆明长水机场	92187	KMG	昆明长水机场	73110
4	CTU	成都双流机场	81693	SZX	深圳宝安机场	64163
5	SZX	深圳宝安机场	81677	CTU	成都双流机场	62871
6	PVG	上海浦东机场	81258	PVG	上海浦东机场	60722
7	SHA	上海虹桥机场	74954	HGH	杭州萧山机场	58089
8	XIY	西安咸阳机场	72019	XIY	西安咸阳机场	50722
9	HGH	杭州萧山机场	71617	NKG	南京禄口机场	47818
10	NKG	南京禄口机场	54280	SHA	上海虹桥机场	45028

3.4.1.3 延误比例最高的 10 大机场

表 3.5 和表 3.6 为 2017 年和 2018 年出发延误比例最高的 10 大机场。其中，扬州泰州机场（YTY）、上海浦东机场（PVG）、厦门高崎机场（XMN）、绵阳南郊机场（MIG）、广州白云机场（CAN）、杭州萧山机场（HGH）、南通兴东机场（NTG）这 7 个机场在 2017 年和 2018 年都是全国出发延误比例最高的几个机场，扬州泰州机场（YTY）延误比例甚至超过了 70%。

表 3.5   2017 年出发延误（15 分钟以上）比例最高的 10 个机场

序号	三字码	机场名称	延误航班数量（趟）	总航班数量（趟）	延误比例（%）
1	YTY	扬州泰州机场	3743	4723	79.25
2	PVG	上海浦东机场	81258	109176	74.43
3	PEK	首都国际机场	153887	211498	72.76
4	XMN	厦门高崎机场	52804	72685	72.65
5	XUZ	徐州观音机场	4640	6432	72.14
6	MIG	绵阳南郊机场	8727	12207	71.49
7	CAN	广州白云机场	115406	163751	70.48
8	NTG	南通兴东机场	5397	7692	70.16
9	HGH	杭州萧山机场	71617	103225	69.38
10	SHA	上海虹桥机场	74954	110020	68.13

表 3.6   2018 年出发延误（15 分钟以上）比例最高的 10 个机场

序号	三字码	机场名称	延误航班数量（趟）	总航班数量（趟）	延误比例（%）
1	YTY	扬州泰州机场	4142	5545	74.69
2	CZX	常州奔牛机场	6417	9677	66.31
3	NTG	南通兴东机场	6002	9146	65.62
4	NKG	南京禄口机场	47818	76572	62.44
5	XMN	厦门高崎机场	42537	68315	62.26
6	HGH	杭州萧山机场	58089	93523	62.11
7	PEK	首都国际机场	114528	190954	59.97
8	MIG	绵阳南郊机场	6659	11112	59.92
9	CAN	广州白云机场	86545	147223	58.78
10	PVG	上海浦东机场	60722	103982	58.39

从表 3.5 和表 3.6 可知，扬州泰州机场、南通兴东机场、首都国际机场、厦门高崎机场、杭州萧山机场、绵阳南郊机场、广州白云机场等机场都是 2017 年和 2018 年这两年延误比例很高的机场，延误比例都超过了 50%。

3.4.1.4 平均延误分钟数最高的 10 大机场

表 3.7 为 2017 年和 2018 年平均出发延误分钟数最高的 10 大机场。在出发延误中，扬州泰州机场、常州奔牛机场、绵阳南郊机场、无锡硕放机场、南通兴东机场、泉州晋江机场 6 大机场在 2017 年和 2018 年平均延误分钟数都比较高。其中，扬州泰州机场 2017 年全年平均延误超过 60 分钟。

表 3.7 2017 年和 2018 年平均出发延误分钟数最高的 10 个机场

序号	2017 年			2018 年		
	三字码	机场名称	延误分钟	三字码	机场名称	延误分钟
1	YTY	扬州泰州机场	66.13	YTY	扬州泰州机场	48.75
2	MIG	绵阳南郊机场	58.17	CZX	常州奔牛机场	46.30
3	WUX	无锡硕放机场	53.49	MIG	绵阳南郊机场	42.26
4	CZX	常州奔牛机场	52.85	NTG	南通兴东机场	40.98
5	XUZ	徐州观音机场	51.92	EJN	阿拉善通勤机场	40.13
6	NTG	南通兴东机场	50.05	WUX	无锡硕放机场	39.01
7	ZUH	珠海三灶机场	49.44	LYG	连云港花果山国际机场	37.70
8	HGH	杭州萧山机场	49.14	NKG	南京禄口机场	37.46
9	XMN	厦门高崎机场	47.98	XUZ	徐州观音机场	37.05
10	JJN	泉州晋江机场	47.85	JJN	泉州晋江机场	36.78

3.4.2 机场航班延误的分布特征

图 3.2 和图 3.3 为 2017 年和 2018 年容量最大的 10 大机场出发延误分布。从图中可以看出，延误大多集中在 100 分钟之内。

图 3.4 和图 3.5 为容量最大的 10 大机场 2017 年和 2018 年的出发延误分布箱图，从图中可以看出，杭州萧山机场（HGH）的平均延误最大，接近 50 分钟，西安咸阳机场（XIY）的延误最小，少于 25 分钟。2018 年平均出发延误有所下降，要小于 2017 年的平均出发延误。

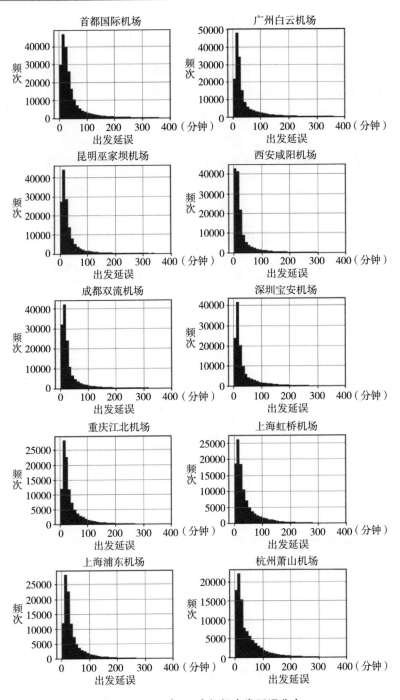

图3.2 2017年10大机场出发延误分布

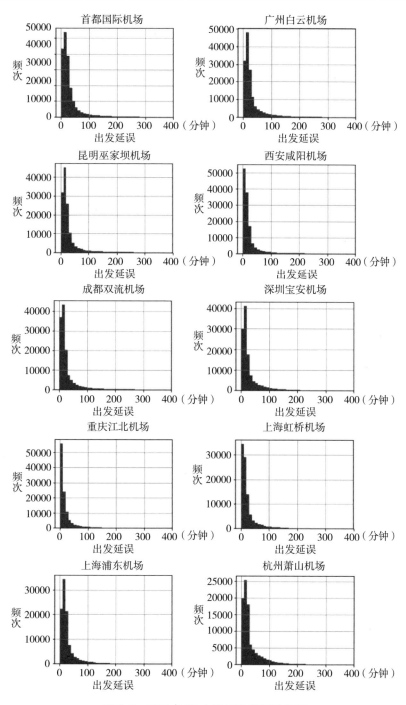

图 3.3 2018 年 10 大机场出发延误分布

（分钟）

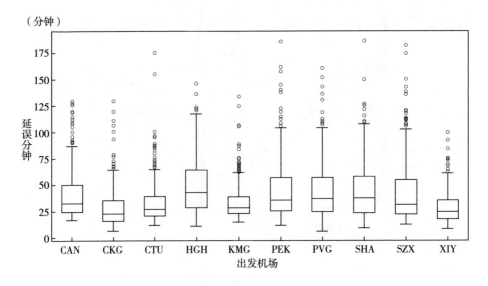

图3.4　2017年10大机场出发延误分布箱形图

（分钟）

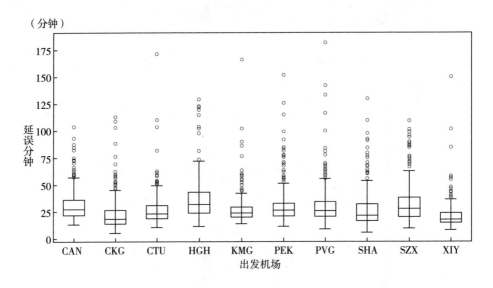

图3.5　2018年10大机场出发延误分布箱形图

图 3.6 为 2017 年容量最大的 10 大机场出发延误的直方图，从图中可以看出，大部分机场的平均延误都在 50 分钟之内。西安咸阳机场（XIY）和成都双流机场（CTU）相比其他机场航班延误较小，杭州萧山机场（HGH）和首都国际机场（PEK）相比其他机场航班延误较大。

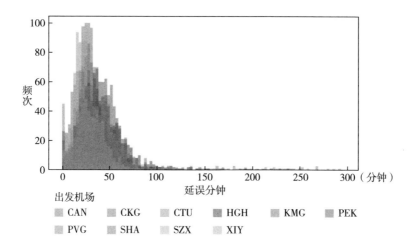

图 3.6 2017 年 10 大机场出发延误的直方图

3.5 航空公司航班的延误特征分析

本书分析的航空公司主要包括：MU，东方航空；CA，中国航空；CZ，南方航空；3U，四川航空；MF，厦门航空；KN，中国联合航空；FM，上海航空；ZH，深圳航空；HO，吉祥航空；9C，春秋航空；KY，昆明航空；TV，西藏航空；SC，山东航空；HU，海南航空；CN，新华航空；8L，祥鹏航空；EU，鹰联航空；GS，天津航空；JD，金鹿航空；PN，西部航空；NS，河北航空；G5，鲲鹏航空；BK，奥凯航空；9H，长安航空；DR，瑞丽航空；GY，多彩贵州航空；GX，北部湾航空；UQ，乌鲁木齐航空；GJ，长龙航空；DZ，东海航空；JR，幸福航空；A6，红土航空；QW，青岛航空；AQ，九元航空；FU，福州航空；GT，桂林航空；LT，龙江航空；RY，江西航空；Y8，金鹏航空；OQ，重庆航空。

3.5.1 航空公司航班延误的基本特征

2017 年各航空公司的延误统计如表 3.8 所示。

表 3.8 2017 年航空公司延误统计

排序	三字码	航空公司	数量	出发延误均值（分钟）
1	CZ	南方航空	481075	36.62
2	MU	东方航空	423760	36.22
3	CA	中国航空	317009	38.25
4	HU	海南航空	168446	36.68
5	ZH	深圳航空	161102	42.95
6	MF	厦门航空	128416	41.17
7	3U	四川航空	114550	35.49
8	SC	山东航空	111633	34.49
9	FM	上海航空	78195	40.98
10	GS	天津航空	73354	27.71
11	JD	金鹿航空	71093	34.55
12	HO	吉祥航空	65265	36.83
13	8L	祥鹏航空	52447	33.01
14	PN	西部航空	41827	37.14
15	G5	鲲鹏航空	32912	22.98
16	EU	鹰联航空	27638	39.12
17	KY	昆明航空	25965	34.63
18	KN	中国联合航空	25162	36.35
19	TV	西藏航空	23232	34.28
20	GJ	长龙航空	21941	35.08
21	9C	春秋航空	20219	38.60
22	JR	幸福航空	19349	20.32
23	GX	北部湾航空	18148	32.64

续表

排序	三字码	航空公司	数量	出发延误均值（分钟）
24	BK	奥凯航空	18088	35.68
25	NS	河北航空	18030	44.60
26	DR	瑞丽航空	16349	28.10
27	QW	青岛航空	13077	25.87
28	DZ	东海航空	13043	36.70
29	AQ	九元航空	11805	33.17
30	FU	福州航空	10456	36.79
31	9H	长安航空	7959	24.96
32	Y8	金鹏航空	7705	29.34
33	UQ	乌鲁木齐航空	7666	21.21
34	GY	多彩贵州航空	6312	26.98
35	RY	江西航空	6080	22.45
36	GT	桂林航空	4448	30.28
37	CN	新华航空	3629	29.88
38	A6	红土航空	2363	35.52
39	LT	龙江航空	423	37.99
40	OQ	重庆航空	124	56.20

从表 3.8 中可以看出，航空公司规模大小不一，去除九元航空（AQ）、福州航空（FU）、长安航空（9H）、金鹏航空（Y8）、乌鲁木齐航空（UQ）、多彩贵州航空（GY）、江西航空（RY）、桂林航空（GT）、新华航空（CN）、红土航空（A6）、龙江航空（LT）和重庆航空（OQ）等规模较小的航空公司，2017 年航空公司航班数量占全国航班总量的百分比如图 3.7 所示。

从图 3.7 中可以看出，南方航空（CZ）、东方航空（MU）、中国航空（CA）排名前三，所占的市场份额最高。主要航空公司的平均延误如图 3.8 所示。

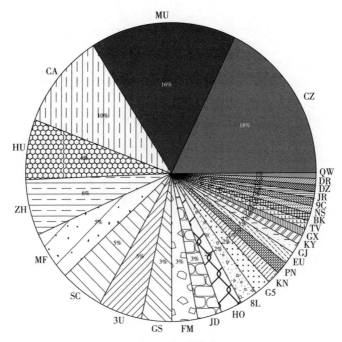

图 3.7　2017 年统计航空公司航班数量占全国航班总量的百分比

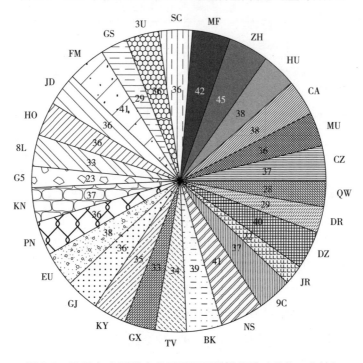

图 3.8　2017 年主要航空公司平均延误饼状图（单位：分钟）

从图 3.8 中可以看出，幸福航空（JR）、天津航空（GS）、青岛航空（QW）、瑞丽航空（DR）这几个航空公司的平均延误在 30 分钟以下，相比其他航空公司，平均延误较小。而厦门航空（FM）、上海航空（MF）、深圳航空（ZH）、东海航空（DZ）、河北航空（NS）这几个航空公司平均延误在 40 分钟以上，相比其他航空公司，平均延误较大。

主要航空公司的延误条形图如图 3.9 所示。从图中可以看出，对于大多数航空公司而言，延误在 15 分钟内的航班数量最多，其次是 15～60 分钟的，延误 60分钟以上的航班数量最少，表明绝大多数的延误都在 60 分钟之内。

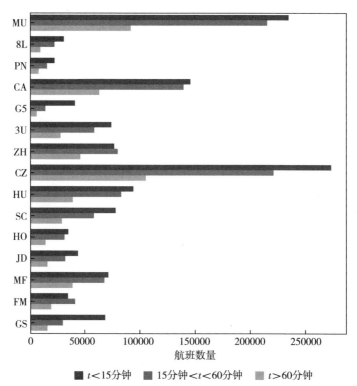

图 3.9　2017 年主要航空公司平均出发延误条形图

3.5.2　航空公司航班延误的分布特征

3.5.2.1　主要航空公司出发延误特征分布

主要航空公司的出发延误特征如图 3.10 所示。从图中可以看出，大部分的延误都在 1 小时内。

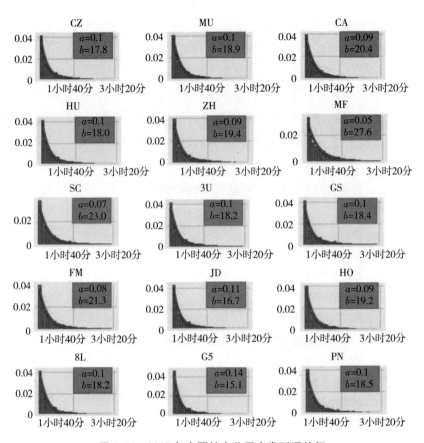

图 3.10 2017 年主要航空公司出发延误特征

图 3.11 为主要航空公司平均出发延误和平均到达延误条形图，从图中可以看出，虚线表示的到达延误要小于灰色的出发延误。

3.5.2.2 航空公司在机场的延误特征分布

将全国机场进行分类，每年航班运营量在 10 万以上的超大机场有首都国际机场（PEK）、广州白云机场（CAN）、昆明长水机场（KMG）、西安咸阳机场（XIY）、成都双流机场（CTU）、深圳宝安机场（SZX）、重庆江北机场（CKG）、上海虹桥机场（SHA）、上海浦东机场（PVG）、杭州萧山机场（HGH）。航空公司从超大机场出发的延误分布如图 3.12 所示。

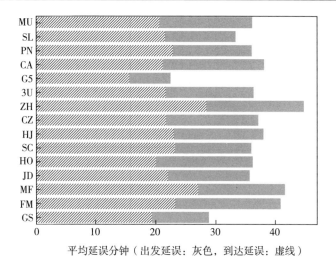

图 3.11　2017 年主要航空公司平均出发延误和平均到达延误

　　每年航班运营量在 5 万~10 万的大型机场有南京禄口机场（NKG）、新郑机场（CGO）、武汉天河机场（WUH）、长沙黄花机场（CSX）、厦门高崎机场（XMN）、青岛流亭机场（TAO）、海口美兰国际机场（HAK）、乌鲁木齐地窝堡机场（URC）、天津滨海机场（TSN）、贵阳龙洞堡国际机场（KWE）、大连周水子国际机场（DLC）、哈尔滨太平国际机场（HRB）、三亚凤凰国际机场（SYX）和沈阳桃仙国际机场（SHE）。航空公司从大型机场出发的延误分布如图 3.13 所示。

　　每年航班运营量在 1 万~5 万的中小型机场有南昌昌北国际机场（KHN）、宁波栎社国际机场（NGB）、合肥新桥国际机场（HFE）、桂林两江国际机场（KWL）、北京南苑机场（NAY）（已于 2019 年正式关闭）、西宁曹家堡机场（XNN）、烟台莱山国际机场（YNT）、石家庄正定国际机场（SJW）、拉萨贡嘎国际机场（LXA）、苏南硕放国际机场（WUX）、西双版纳嘎洒国际机场（JHG）、揭阳潮汕国际机场（SWA）、泉州晋江国际机场（JJN）、济南遥墙国际机场（TNA）、南宁吴圩国际机场（NNG）、兰州中川国际机场（LHW）、太原武宿国际机场（TYN）、呼和浩特白塔机场（HET）、福州长乐国际机场（FOC）、长春龙嘉国际机场（CGQ）、珠海金湾机场（ZUH）、温州龙湾国际机场（WNZ）、银川河东国际机场（INC）、丽江三义国际机场（LJG）、绵阳南郊机场（MIG）。航空公司从中小型机场出发的延误分布如图 3.14 所示。

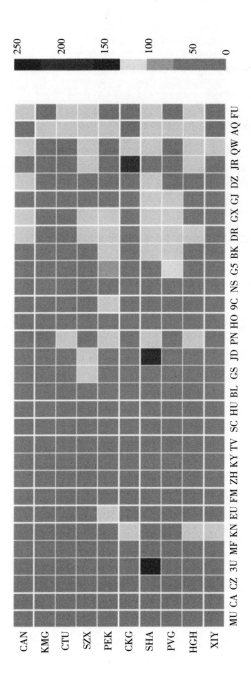

图 3.12　航空公司在超大机场的延误分布

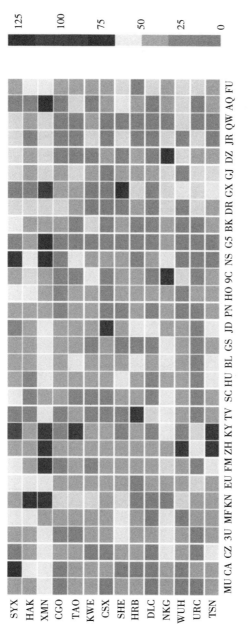

图 3.13　航空公司在大型机场的延误分布

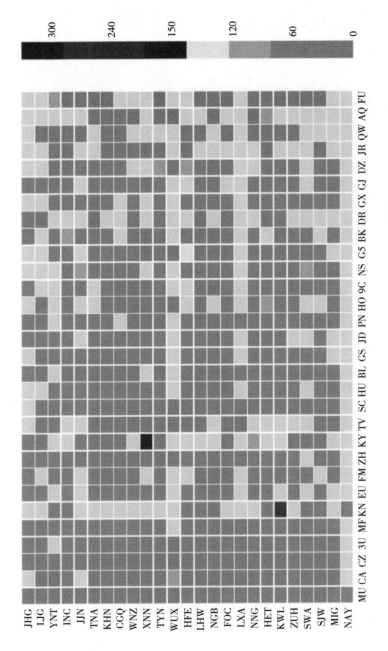

图 3.14　航空公司在中小型机场的延误分布

3.6 整体航班的延误特征分析

3.6.1 出发时间和到达时间的延误特征

将 2017 年和 2018 年全国航班按照出发时间和到达时间对出发延误进行统计，结果如表 3.9 和表 3.10 所示。

表 3.9 2017 年和 2018 年按照出发时间的全国机场出发延误统计

出发时间	2017 年		2018 年	
	航班数量	出发延误均值（分钟）	航班数量	出发延误均值（分钟）
05：00-09：00	606092	23.18	569936	17.36
09：00-12：00	640448	31.34	594926	24.02
12：00-15：00	624068	39.23	571557	29.45
15：00-19：00	845727	44.02	783810	32.78
19：00-次日 05：00	749887	42.58	739881	32.92

表 3.10 2017 年和 2018 年按照到达时间的全国机场出发延误统计

到达时间	2017 年		2018 年	
	航班数量	出发延误均值（分钟）	航班数量	出发延误均值（分钟）
05：00-09：00	116703	16.538444	111213	12.798225
09：00-12：00	648516	24.953333	602748	18.980229
12：00-15：00	632752	33.289260	587602	25.177561
15：00-19：00	842247	41.392538	770858	30.752489
19：00-次日 05：00	1209214	44.081503	1182332	33.464123

从表中可以看出，一天中，随着时间的推移，出发延误在增大。早 9 点前出

发和早 9 点前到达，平均延误最小。2017 年早 9 点前出发，平均出发延误为 23.18 分钟；2018 年早 9 点前出发，平均出发延误为 17.36 分钟。

出发时间和到达时间对延误的影响也不相同，出发时间在 15：00-19：00，平均出发延误最大；但是到达时间在 19：00-次日 05：00，平均出发延误最大。这个结果与延误的波及理论一致，随着时间的推移，白天的延误会累积到晚上，到达时间越晚，平均出发延误越大。

3.6.2 飞行时间的延误特征

将 2017 年和 2018 年全国航班按照飞行时间对出发延误进行统计，结果如表 3.11 所示。

表 3.11 2017 年和 2018 年按照飞行时间的全国机场出发延误统计

飞行时间	2017 年		2018 年	
	航班数量	出发延误均值（分钟）	航班数量	出发延误均值（分钟）
小于 1 小时	132387	23.85	101979	18.87
1~2 小时	1328365	32.17	1205262	24.06
2~3 小时	1530602	40.42	1479119	30.54
3 小时以上	458078	42.72	468393	31.63

从表中可以看出，飞行时间在 2~3 小时的航班数量最多，飞行时间在 1~2 小时的航班数量次之。平均出发延误随着飞行时间的增加而增大。2018 年的平均延误对比 2017 年的平均延误相对较小。

3.7 气候性等外部因素的航班延误特征分析

3.7.1 天气因素的航班延误特征

将 2017 年和 2018 年全国数据按照出发机场天气对出发延误进行统计，结果

· 46 ·

如表 3.12 所示。

表 3.12 2017 年和 2018 年在出发机场天气下的出发延误均值

2017 年			2018 年		
出发机场天气	出现次数	出发延误均值（分钟）	出发机场天气	出现次数	出发延误均值（分钟）
冻雨	87	88.36	阵雪	20	12.65
雨雪天气	154	20.14	霾	75	30.32
阵雨夹雪	1121	23.09	雨雪天气	90	47.38
暴雪	1775	34.27	暴雨	357	56.99
雨夹雪	2966	24.06	扬沙	415	19.31
大雪	7026	52.62	冻雨	609	46.03
中雪	8776	31.48	阵雨夹雪	618	42.43
小雪	9422	27.43	浮尘	753	13.63
雾	24337	27.69	暴雪	1144	63.72
雷阵雨	18436	71.47	雾	3479	26.67
大雨	23691	54.47	薄雾	4691	27.05
薄雾	40046	27.50	雨夹雪	5324	31.54
中雨	45878	42.44	强阵雨	6081	42.13
强阵雨	77892	60.66	大雨	6157	36.63
毛毛雨/细雨	105817	34.41	中雪	6662	28.935
阵雨	136057	52.61	小雪	7559	26.03
阴	148744	29.72	大雪	10648	43.62
多云	219607	32.44	毛毛雨/细雨	43377	24.81
小雨	413604	43.96	中雨	43683	40.38
晴转多云	754449	30.18	雷阵雨	97732	40.73
晴	1427101	36.63	阵雨	145501	30.94
—	—	—	阴	294457	29.27
—	—	—	小雨	316795	30.56
—	—	—	晴转多云	577496	25.40
—	—	—	晴	627480	26.60
—	—	—	多云	734079	29.37

从表 3.12 中可以看出，在 2017 年，如果出发机场天气是冻雨，出发延误的平均值最高，为 88.36 分钟；其次是雷阵雨，平均延误为 71.47 分钟。如果出发机场天气为大雪，平均延误为 52.62 分钟；如果出发机场为强阵雨天气，出发延误的平均值为 60.66 分钟；如果出发机场是阵雨天气，平均延误为 52.61 分钟；如果是大雨，平均延误为 54.47 分钟；如果是中雨，平均延误为 42.44 分钟；如果是小雨，平均延误为 43.96 分钟。在 2018 年，如果出发机场天气是暴雪，平均延误为 63.72 分钟；如果出发机场天气是大雪，平均延误为 43.62 分钟；如果出发机场天气是雨雪天气，平均延误为 47.38 分钟；如果出发机场天气是阵雨夹雪，平均延误为 42.43 分钟；如果出发机场天气是暴雨，平均延误为 56.99 分钟；如果出发机场天气是冻雨，平均延误为 46.03 分钟；如果出发机场天气是强阵雨，平均延误为 42.13 分钟；如果出发机场天气是雷阵雨，平均延误为 40.73 分钟；如果出发机场天气是中雨，平均延误为 40.38 分钟。

3.7.2 航班延误分布的季节性特征

2017 年全国机场 1~12 月出发延误分布如图 3.15 所示，2018 年全国机场 1~12 月出发延误分布如图 3.16 所示。出发延误的特征分布比较明显，从图中可以看出，6~8 月延误相对较大，10~12 月延误相对较小，延误数据的分布具有季节性特征。

图 3.15 和图 3.16 显示出所有机场数据具有季节性的特征。图 3.17 和图 3.18 分别为 2017 年和 2018 年首都机场（PEK）1~12 月的出发延误分布。从图中可以看出，首都机场（PEK）6~8 月出发延误也相对较多，9~12 月出发延误相对较小，也符合季节性特征。

图 3.19 和图 3.20 分别为 2017 年和 2018 年上海虹桥机场（SHA）1~12 月的出发延误分布。从图中可以看出，虹桥机场的出发延误也符合季节性特征，6~8 月延误相对较多。

为了验证延误的季节性特征，将 2017 年和 2018 年全国机场按照出发季节对出发延误和到达延误进行统计，结果如表 3.13 所示。

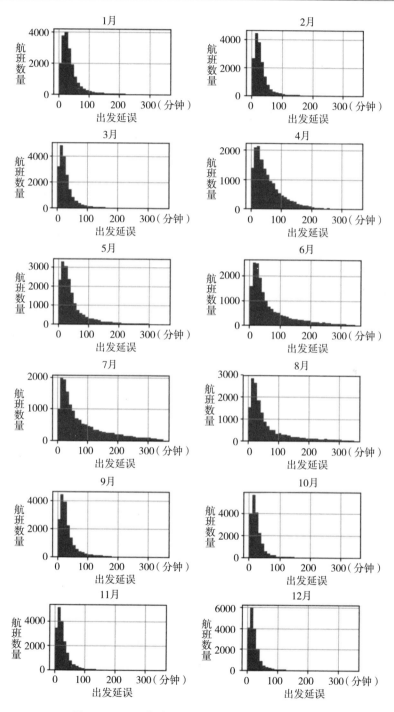

图 3.15 2017 年全国机场 1~12 月出发延误分布

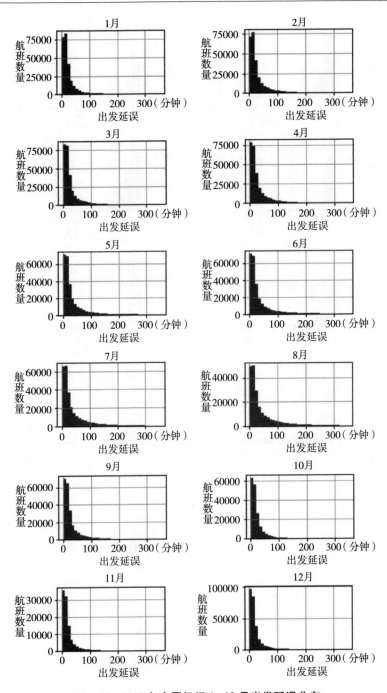

图 3.16　2018 年全国机场 1~12 月出发延误分布

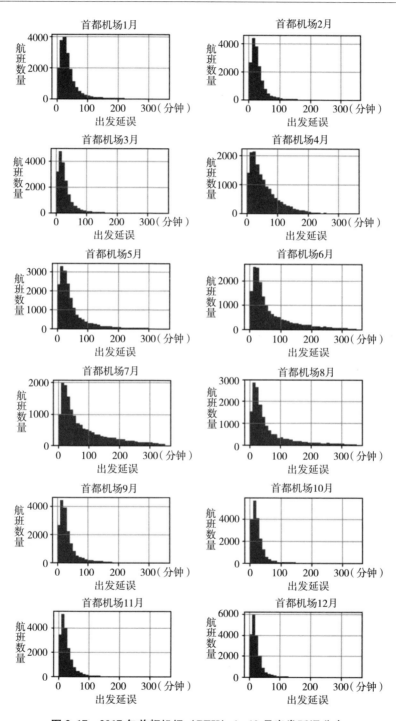

图 3.17 2017 年首都机场（PEK）1~12 月出发延误分布

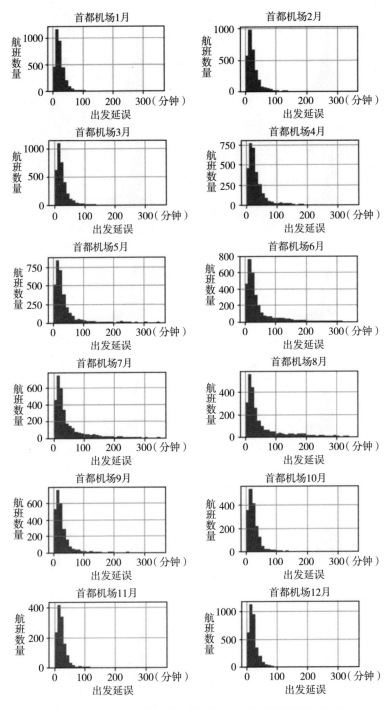

图 3.18 2018 年首都机场（PEK）1~12 月出发延误分布

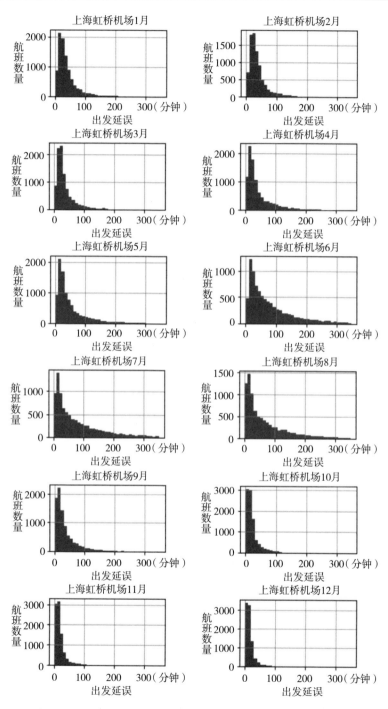

图 3.19　2017 年上海虹桥机场（SHA）1~12 月出发延误分布

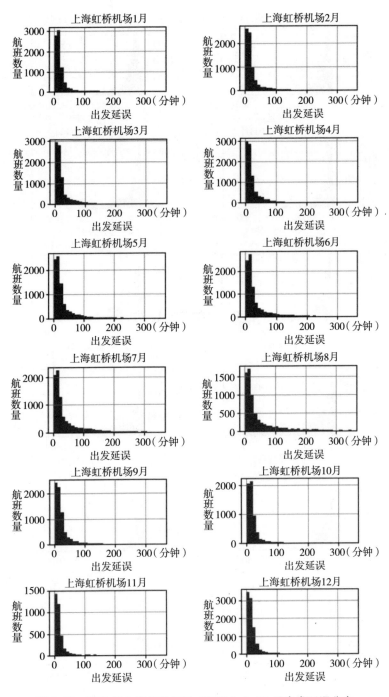

图 3.20   2018 年上海虹桥机场（SHA）1~12 月出发延误分布

表 3.13　2017 年和 2018 年按照季节特征的全国机场出发延误统计

出发时间	2017 年		2018 年	
	航班数量	出发延误均值（分钟）	航班数量	出发延误均值（分钟）
春季	870674	33.23	918464	28.32
夏季	843080	58.88	830049	35.45
秋季	896021	27.14	598764	22.47
冬季	856447	28.92	912833	24.29

从表中可以看出，夏天平均延误最大，2017 年夏季的平均出发延误高达 58.88 分钟，2018 年各个季节的平均延误相对较小。从表 3.13 中也可看出延误具有明显的季节性特征。

3.8　本章小结

本章主要介绍国内航班延误大数据获取的来源以及延误的主要特征。通过对机场航班的延误特征、航空公司航班的延误特征、整体航班的延误特征以及气候性等外部因素的航班延误特征进行分析来探讨国内航班延误的基本特征和分布特征。机场航班延误特征分析包括机场航班延误的基本特征、机场航班延误的分布特征；航空公司航班延误特征分析包括航空公司航班延误的基本特征、航空公司航班延误的分布特征；整体航班的延误特征分析包括出发时间、到达时间的延误特征和飞行时间的延误特征；气候性等外部因素的航班延误特征分析包括天气因素的航班延误特征、航班延误分布的季节性特征。

4 基于拥堵内部化的国内航班延误特征分析

针对中国的航班延误数据，有两个问题值得考虑：一是出发延误大小是否与机场和航空公司的规模有关；二是针对延误，机场和航空公司之间是否存在任何关系。大部分的文献侧重于构建预测模型，缺乏对机场和航空公司之间关系的研究。部分文献对美国、欧洲的机场和航空公司延误数据进行了分析，但针对中国航班延误的此类研究还比较少。本章从拥堵内部化视角对国内航班延误特征进行了分析。

4.1 拥堵内部化假设

近几年，航班延误引起了社会各界越来越多的关注[136]，航班延误事件层出不穷，航班延误正在成为世界范围内的常见现象[137,138]。有专家认为，航班延误的一个潜在原因，就是经典的交通拥堵外部性假设。根据该假设，由于大多数机场允许无限制着陆和起飞，航空公司不断增加的业务量会增加其他航空公司的旅行时间，造成机场时常发生拥堵[139]。尽管拥堵的外部因素可以解释为什么有多个分散航空公司的机场（如拉瓜迪亚机场、洛杉矶机场、肯尼迪机场或波士顿机场）应该有较高的延误，但是该理论无法解释为什么由一个大型航空公司控制的机场，如纽瓦克机场、亚特兰大机场或底特律机场一直是美国整体延误最大的机场。

Mayer 和 Sinai 针对前文中的论断给出了第二种解释：与中心辐射系统（Hub and Spoke System）相关的网络优势模型。他们认为，机场内部的枢纽航空公司为了获得航空网络中的收益，会倾向于选择对航班进行聚类，以创建更多的旅客目的地。另外，乘客换乘也倾向于紧凑的时间间隔，枢纽航空公司会缩短航班之间的连接时间。基于上述，枢纽机场会常常发生拥堵和延误[33]。Mayer 和 Sinai（2003）认为航空公司内部化了机场拥堵，枢纽机场会比非枢纽机场更拥堵，延误更大。枢纽机场的枢纽航空公司会比非枢纽航空公司的延误更高。假设航空公司会内部化机场拥堵，那么，由一家航空公司运营大部分航班的机场将比相同航班量下由多家航空公司运营的机场延误小，也就是集中度越高的机场，延误越小。

Brueckner（2002）采用更聚合的数据得到了相似的结论[34]。Rupp（2009）采用旅行时间测量航线航班延误，该旅行时间定义为实际旅行时间与旅行路线中最短路线旅行时间的差，旅客延误为实际到达时间和计划到达时间的差[35]。Rupp 有两个发现：一是集中度越高的机场，旅行时间会越短；二是集中度越低的机场，出发延误和到达延误反而越大。这两个结果从航空公司的视角看，航空公司是造成机场拥堵内部化的原因，但从乘客视角看，航空公司并没有将旅客延误成本内部化。

假设机场内部化理论在中国也成立，那么中国的航班延误会出现以下三个现象：第一，枢纽机场比非枢纽机场更拥堵。因为枢纽航空公司从额外的航班中获得了巨大的网络收益，所以愿意接受更大的边际延误成本。第二，枢纽航空公司从其枢纽机场起飞或者降落会比其他非枢纽航空公司延误大。机场的大部分延误成本由其枢纽航空公司的航班承担。第三，集中度越高的机场，延误越小；集中度越低的机场，延误越大。

Mayer 和 Sinai（2003）[33]、Brueckner（2002）[34] 以及 Santos 和 Robin（2010）[31] 均使用额外旅行时间（Excess Travel Time）来验证航空公司是否引起了拥堵内部化。Rupp（2009）[35] 增加了出发延误（Departure Delay）验证航空公司是否将旅客延误成本内部化，但是其使用的数据有限，仅仅使用了美国航班 1% 的数据量进行验证。本书采用额外旅行时间（Excess Travel Time）和出发延误（Departure Delay）两个指标，从航空公司和乘客双视角验证航空公司拥堵内部化问题。另外，本书采用国内 2017 年和 2018 年两年 600 多万条单个航班数据，可以更好地估计机场集中度对延误的影响。

4.2 拥堵内部化的相关特征

4.2.1 枢纽机场

枢纽机场通常指航空公司用来中转旅客至下一个目的地的中停点，所以枢纽机场的规模通常会相对庞大，运输能力强[140]。枢纽机场变量用于衡量机场的整体运营能力。根据 Mayer 和 Sinai（2003）[33] 以及 Rupp（2009）[35] 的相关理论，本书根据机场的连通性定义枢纽机场，将中国的机场分为以下几类：0~14 个目的地，非枢纽；15~44 个目的地，小型枢纽；45~69 个目的地，中型枢纽；70个及以上目的地，大型枢纽。

根据 Mayer 和 Sinai（2003）[33] 的理论，枢纽机场要比非枢纽机场更容易拥堵，延误也要更大。机场中枢纽航空公司延误要比非枢纽航空公司大，也即航空公司从其枢纽机场起飞或降落的延误要大于其非枢纽机场。

本书按月计算机场枢纽规模，2017 年 10 月枢纽机场的划分如表 4.1 所示。

表 4.1 2017 年 10 月枢纽机场

出发机场枢纽规模	机场名
大型枢纽	首都国际机场（PEK）、广州白云机场（CAN）、上海虹桥机场（SHA）、上海浦东机场（PVG）、深圳宝安机场（SZX）、重庆江北机场（CKG）、西安咸阳机场（XIY）、成都双流机场（CTU）、杭州萧山机场（HGH）、昆明长水机场（KMG）、海口美兰机场（HAK）、哈尔滨太平机场（HRB）、大连周水子机场（DLC）、南京禄口机场（NKG）、青岛流亭机场（TAO）、兰州中川机场（LHW）、武汉天河机场（WUH）、沈阳桃仙机场（SHE）、长沙黄花国际机场（CSX）、贵阳龙洞堡国际机场（KWE）、厦门高崎国际机场（XMN）、郑州新郑国际机场（CGO）、天津滨海国际机场（TSN）
中型枢纽	三亚凤凰机场（SYX）、西宁曹家堡机场（XNN）、太原武宿国际机场（TYN）、济南遥墙国际机场（TNA）、乌鲁木齐地窝堡机场（URC）、南宁吴圩国际机场（NNG）、宁波栎社国际机场（NGB）、合肥新桥国际机场（HFE）、桂林两江国际机场（KWL）、北京南苑国际机场（NAY）、烟台莱山国际机场（YNT）、石家庄正定国际机场（SJW）、呼和浩特白塔机场（HET）、福州长乐国际机场（FOC）、长春龙嘉国际机场（CGQ）、珠海金湾机场（ZUH）、南昌昌北机场（KHN）、银川河东机场（INC）、温州龙湾机场（WNZ）

续表

出发机场枢纽规模	机场名
小型枢纽	南充高坪机场（NAO）、苏南硕放国际机场（WUX）、榆林西沙机场（UYN）、常州奔牛机场（CZX）、鄂尔多斯国际机场（DSN）、丽江三义国际机场（LJG）、大理机场（DLU）、盐城南洋机场（YNZ）、铜仁凤凰机场（TEN）、泸州蓝田机场（LZO）、洛阳北郊机场（LYA）、湛江机场（ZHA）、宜昌三峡机场（YIH）、宜宾莱坝机场（YBP）、淮安涟水机场（HIA）、拉萨贡嘎国际机场（LXA）、兴义万峰林机场（ACX）、赣州黄金机场（KOW）、柳州白莲机场（LZH）、揭阳潮汕机场（SWA）、包头二里半机场（BAV）、舟山普陀山机场（HSN）、北海福成机场（BHY）、威海大水泊机场（WEH）、临沂沭埠岭机场（LYI）、济宁曲阜机场（JNG）、遵义新舟机场（ZYI）、张家界荷花机场（DYG）、连云港白塔埠机场（LYG）、运城关公机场（YCU）、绵阳南郊机场（MIG）、琼海博鳌机场（BAR）、徐州观音国际机场（XUZ）、唐山三女河机场（TVS）、日照山字河机场（RIZ）、忻州五台山机场（WUT）、十堰武当山机场（WDS）、毕节飞雄机场（BFJ）、惠州平潭机场（HUZ）、海拉尔东山机场（HLD）、泉州晋江国际机场（JJN）、襄阳刘集机场（XFN）、南通兴东机场（NTG）、扬州泰州机场（YTY）、长治王村机场（CIH）、凯里黄平机场（KJH）、黄山屯溪国际机场（TXN）、南阳姜营机场（NNY）

4.2.2 枢纽航空公司

根据 Mayer 和 Sinai（2003）[33] 以及 Rupp（2009）[35] 的相关理论，航空公司规模分为以下四类：①0~14 个目的地，非枢纽；②15~44 个目的地，小型枢纽；③45~69 个目的地，中型枢纽；④70 个及以上目的地，大型枢纽。由于我国航空公司规模差异较大，大型和小型的航空公司数量较多，中型的反而较少。故在本书中，笔者将国内航空公司划分为三类：①0~14 个目的地，非枢纽；②15~44 个目的地，小型枢纽；③45 个及以上目的地，大中型枢纽。

一个航空公司可以是一个机场（小型、中型或大型）的枢纽航空公司，也可以是另一个机场的非枢纽航空公司。例如，法国航空公司是巴黎戴高乐机场的大型枢纽航空公司，却是马德里巴拉哈斯机场（伊比利亚的一个重要枢纽机场）的一个非枢纽航空公司；深圳航空是深圳宝安机场（SZX）的大型枢纽航空，却是首都国际机场（PEK）或上海虹桥机场（SHA）的非枢纽航空；上海航空（FM）是上海浦东机场（PVG）和上海虹桥机场（SHA）的枢纽航空，却是广州白云机场（CAN）和深圳机场（SZX）的非枢纽航空。

本书按月计算航空公司枢纽规模，2017 年 10 月全国 10 大枢纽机场的枢纽航空公司划分如表 4.2 所示。

表 4.2　2017 年 10 月枢纽机场的枢纽航空公司

机场名	IATA	枢纽航空公司	
		大中型枢纽	小型枢纽
重庆江北机场	CKG	鲲鹏航空（G5）、四川航空（3U）、南方航空（CZ）	东方航空（MU）、西部航空（PN）、中国航空（CA）、海南航空（HU）、山东航空（SC）、厦门航空（MF）
成都双流机场	CTU	中国航空（CA）、四川航空（3U）	东方航空（MU）、祥鹏航空（8L）、西藏航空（TV）、深圳航空（ZH）、南方航空（CZ）、鹰联航空（EU）
广州白云机场	CAN	南方航空（CZ）	东方航空（MU）、中国航空（CA）、深圳航空（ZH）、海南航空（HU）、厦门航空（MF）
昆明长水机场	KMG	东方航空（MU）、祥鹏航空（8L）	昆明航空（KY）、中国航空（CA）、四川航空（3U）、深圳航空（ZH）、南方航空（CZ）、瑞丽航空（DR）
西安咸阳机场	XIY	东方航空（MU）	中国航空（CA）、鲲鹏航空（G5）、四川航空（3U）、深圳航空（ZH）、南方航空（CZ）、海南航空（HU）、金鹿航空（JD）、厦门航空（MF）、天津航空（GS）、长安航空（9H）
杭州萧山机场	HGH	长龙航空（GJ）	东方航空（MU）、中国航空（CA）、四川航空（3U）、南方航空（CZ）、海南航空（HU）、金鹿航空（JD）、厦门航空（MF）
深圳宝安机场	SZX	深圳航空（ZH）、南方航空（CZ）	东方航空（MU）、昆明航空（KY）、中国航空（CA）、东海航空（DZ）、海南航空（HU）、厦门航空（MF）
上海浦东机场	PVG	东方航空（MU）	中国航空（CA）、南方航空（CZ）、吉祥航空（HO）、春秋航空（9C）、上海航空（FM）
上海虹桥机场	SHA	东方航空（MU）	中国航空（CA）、深圳航空（ZH）、南方航空（CZ）、吉祥航空（HO）、春秋航空（9C）、上海航空（FM）
北京首都机场	PEK	中国航空（CA）	东方航空（MU）、深圳航空（ZH）、南方航空（CZ）、海南航空（HU）、厦门航空（MF）、中国联合航空（KN）

4.2.3　机场集中度

机场集中度是机场拥堵内部化假设中一个非常重要的变量，用于衡量机场中航空公司的集中程度。Brueckner（2002）指出，由于拥挤内部化，机场集中度的概念至关重要[34]。Mayer 和 Sinai（2003）[33] 假定航空公司会内部化自发拥塞的影响，因此由一家航空公司运营大部分流量的机场，其计划出发的延误时间会少于集中度较低的相同航班量的机场。目前大多数文献中用 Herfindahl - Hirschman Index（HHI）解释机场集中度的概念[141]。HHI 指标最初用来测量任意行业的市场份额，相应的公式为：

$$HHI^* = \sum_{j=1}^{N} S_j^2 = \sum_{j=1}^{N} (X_j/X)^2 \qquad (4.1)$$

其中，S_j 是航空公司 j 在该机场的份额，等同于该航空公司的总额（总航班数）X_j 除以整个市场（总航班数）X。HHI 值越大，表明该机场集中度越高，机场中枢纽航空公司占的份额越大。低集中度的机场有大量的航空公司，每个航空公司的市场份额都相对较小。

在机场内部化理论中，一个机场中一家航空公司独大、航班数量占的比重大，则容易组织航班，相比有多家航空公司、每家占一部分比例的机场，前者延误会更小。也就是机场集中度越高，航班延误越小。

本书以月为单位，计算每个月机场的集中度，我国前 10 大枢纽机场在 2017 年 10 月和 2018 年 10 月的集中度如表 4.3 所示。

表 4.3　10 大枢纽机场在 2017 年 10 月和 2018 年 10 月的集中度

机场	三字码	2017 年 10 月集中度	2018 年 10 月集中度
首都国际机场	PEK	0.242	0.237
上海浦东机场	PVG	0.166	0.159
上海虹桥机场	SHA	0.191	0.188
杭州萧山机场	HGH	0.104	0.101
深圳宝安机场	SZX	0.179	0.176
重庆江北机场	CKG	0.100	0.099
成都双流机场	CTU	0.149	0.144
昆明长水机场	KMG	0.180	0.184
西安咸阳机场	XIY	0.136	0.137
广州白云机场	CAN	0.275	0.264

4.3　模型和结果分析

4.3.1　数据和模型

本书中用到的数据包含 2017 年 1~12 月、2018 年 1~12 月共 24 个月的国内航班数据（不包括港澳台地区），其中 2017 年共有 3465994 条数据，2018 年共有 3258670 条数据。参考 Mayer 和 Sinai 等文献[33,142-146]，本书使用以下三个变量解释国内机场的航班延误：

（1）机场集中度（Concentration）：通过 Herfindal–Hirschman 指数（HHI）衡量[141]。该系数的符号通常为负，集中度越低，预期的延误反而越大。

（2）枢纽机场（Hub Airport）：用以表明机场的总体枢纽程度，是否是枢纽机场，以及枢纽机场规模。

（3）枢纽航空公司（Hub Airline）：用以表明航空公司的枢纽程度，在特定机场是否是枢纽航空公司，以及枢纽航空公司规模。

我们对附加控制变量的选择主要基于影响航空公司准时性的因素，这些因素在 Ahmad 等（2008）[147] 和 Wilken 等（2011）[148] 的文献中都进行过讨论。同时，这些变量也是影响航班延误的重要外部变量。因此，本书模型包含以下解释变量：

（1）出发时间和到达时间：早 5 点到早 9 点、早 9 点到中午 12 点、中午 12 点到下午 3 点、下午 3 点到下午 7 点、晚上 7 点到第二天早上 5 点。

（2）极端天气（Extreme Weather）：该变量计算了在极端天气下全国航班的平均延误。以下几种天气为极端天气：冻雨、大雪、雷阵雨、大雨、中雨、强阵雨、阵雨、小雨、雨雪天气、暴雨、阵雨夹雪、暴雪、大雪。

（3）季节（Season）变量：为了解决季节性需求和天气波动，加入了季节变量——冬季、春季、夏季和秋季。

（4）区域变量（Area）：按照中国地理区域划分，包括华中地区（河南省、湖北省、湖南省）、华北地区（北京市、天津市、山西省、河北省、内蒙古自治区）、华东地区（上海市、江苏省、浙江省、安徽省、福建省、江西省、山东省）、华南地区（广东省、海南省、广西壮族自治区）、西北地区（陕西省、甘肃省、青海省、宁夏回族自治区、新疆维吾尔自治区）、东北地区（黑龙江省、吉林省、辽宁省）、西南地区（重庆市、四川省、贵州省、云南省、西藏自治区）。

（5）节假日变量（Holiday）：用以表明是否节假日。2017 年节假日信息如下：2017 年元旦，1 月 1 日至 1 月 2 日；春节，1 月 27 日至 2 月 2 日；清明节，4 月 2 日至 4 月 4 日；劳动节，4 月 29 日至 5 月 1 日；端午节，5 月 28 日至 5 月 30 日；国庆节，10 月 1 日至 10 月 8 日；2018 年元旦，12 月 30 日至 12 月 31 日。

2018 年节假日信息如下：2018 年元旦，1 月 1 日；春节，2 月 15 日至 2 月 21 日；清明节，4 月 5 日至 4 月 7 日；劳动节，4 月 29 日至 5 月 1 日；端午节，6 月 16 日至 6 月 18 日；中秋节，9 月 22 日至 9 月 24 日；国庆节，10 月 1 日至 10 月 7 日；2019 年元旦，12 月 30 日至 12 月 31 日。

因变量本书选择额外旅行时间（Excess Travel Time）和出发延误（Departure Delay）。因变量 $Delay_{ijkts}$ 记录了每个航班的额外旅行时间（分钟）和出发延误（分钟）。按照 Santos 和 Robin（2010）[31] 的观点，额外旅行时间为实际旅行时间（Actual Travel Time）与最小旅行时间（Minimum Feasible Travel Time）的差值，旅行时间（Travel Time）为实际到达时间（Actual Arrival Time）与计划出发时间（Scheduled Departure Time）的差值。最小旅行时间（Minimum Travel Time）定义为特定月份在指定直达路线上观察到的最短旅行时间。本书采用普通最小二乘法（Ordinary Least Squares，OLS）[149] 建立延误和特征之间关系的基础模型，模型如下所示：

$$
\begin{aligned}
Delay_{ijkts} = &\ \alpha + \beta_1 (HubAirport)_{org,i} + \beta_2 (HubAirport)_{dest,j} + \gamma (HubAirline)_k + \\
&\ \delta_1 (Concentration)_{org,its} + \delta_2 (Concentration)_{dest,jts} + \phi_1 (Area)_{org,its} + \\
&\ \phi_1 (Area)_{dest,jts} + \varphi_1 (DeparureTime)_{org,t} + \varphi_2 (ArrivalTime)_{dest,t} + \\
&\ \lambda_1 (ExtremeWeaher)_{org,ikts} + \lambda_2 (ExtremeWeaher)_{dest,jkts} + \gamma (Season)_s + \\
&\ \chi_1 (Holiday)_{org,ikts} + \chi_2 (Holiday)_{dest,jkts} + \varepsilon_{ijkts}
\end{aligned}
\tag{4.2}
$$

其中，$Delay_{ijkts}$ 代表航班从出发机场 i 到目的地机场 j、属于航空公司 k、在 t 时刻、季节 s 的额外旅行时间（Excess Travel Time）或出发延误（Departure Delay）；$(Concentration)_{org,its}$ 代表出发机场的集中度；$(Concentration)_{dest,jts}$ 代表到达机场的集中度；$(HubAirport)_{org,i}$ 代表出发机场规模；$(HubAirport)_{dest,j}$ 代表到达机场规模；$(HubAirline)_k$ 代表航空公司 k；$(Area)_{org,its}$ 代表出发机场所在的地理位置（区域）；$(Area)_{dest,jts}$ 代表到达机场所在的地理位置（区域）；$(DepartureTime)_{org,t}$ 代表航班的出发时间；$(ArrivalTime)_{dest,t}$ 代表航班的到达时间；$(ExtremeWeather)_{org,ikts}$ 代表出发机场的极端天气情况；$(ExtremeWeather)_{dest,jkts}$ 代表到达机场的极端天气情况；$(Season)_s$ 代表季节；$(Holiday)_{org,ikts}$ 代表出发日是否是节假日；$(Holiday)_{dest,jkts}$ 代表到达日是否是节假日。表 4.4 为变量描述。

表 4.4　基本变量描述

变量		变量描述
拥堵内部化变量	机场枢纽规模	出发机场枢纽规模、到达机场枢纽规模
	机场集中度	出发机场集中度、到达机场集中度
	航空公司枢纽规模	出发机场的航空公司枢纽规模、到达机场的航空公司枢纽规模
机场外部变量	机场位置	出发机场所在区域、到达机场所在区域
航班变量		出发时间、到达时间
气候性等外部变量		出发机场天气、到达机场天气、季节、是否节假日

4.3.2　结果分析

4.3.2.1　基础模型结果分析

2017 年基础模型结果如表 4.5 所示。

表 4.5　2017 年基础模型结果

变量			额外旅行时间（Excess Travel Time）				出发延误（Departure Delay）			
			出发机场		到达机场		出发机场		到达机场	
			系数	方差	系数	方差	系数	方差	系数	方差
拥堵内部化变量	机场枢纽规模	小型枢纽	−0.0271 (0.75)	0.080	−1.9051 (0.000)	0.079	−0.4272 (0.000)	0.079	0.6853 (0.000)	0.078
		中型枢纽	3.5183 (0.002)	0.074	2.6332 (0.000)	0.074	2.5585 (0.003)	0.074	1.9200 (0.000)	0.073
		大型枢纽	4.4367 (0.000)	0.065	7.1997 (0.000)	0.065	3.0399 (0.002)	0.064	2.5659 (0.000)	0.064
	机场集中度		−5.3709 (0.000)	0.505	−4.5827 (0.000)	0.502	−5.1930 (0.000)	0.004	1.4615 (0.014)	0.004
机场外部变量	机场位置	华中地区	0.2497 (0.000)	0.078	−1.4194 (0.000)	0.077	−2.3276 (0.003)	0.081	−0.6361 (0.000)	0.080
		华东地区	1.4165 (0.005)	0.081	2.2966 (0.000)	0.080	7.7434 (0.000)	0.055	4.7248 (0.000)	0.055
		华北地区	2.1092 (0.007)	0.091	1.0660 (0.000)	0.090	5.1376 (0.000)	0.071	2.4350 (0.000)	0.070

续表

变量			额外旅行时间（Excess Travel Time）				出发延误（Departure Delay）			
			出发机场		到达机场		出发机场		到达机场	
			系数	方差	系数	方差	系数	方差	系数	方差
机场外部变量	机场位置	东北地区	2.0024 (0.000)	0.095	1.4277 (0.000)	0.093	−2.2535 (0.005)	0.097	−0.6802 (0.000)	0.096
		西北地区	−3.8383 (0.000)	0.096	−2.5559 (0.000)	0.096	−5.8670 (0.000)	0.081	−3.1405 (0.000)	0.081
		华南地区	0.6638 (0.006)	0.068	1.5128 (0.000)	0.068	3.6301 (0.000)	0.066	1.6213 (0.000)	0.066
		西南地区	−0.1903 (0.002)	0.083	0.0853 (0.000)	0.083	−1.9096 (0.005)	0.064	−0.1707 (0.000)	0.065
航班变量	出发时间和到达时间	05：00-09：00	−9.3295 (0.000)	0.163	−6.8006 (0.000)	0.189	−9.2981 (0.007)	0.146	−5.0743 (0.000)	0.171
		09：00-12：00	−2.4559 (0.003)	0.107	−1.7541 (0.000)	0.119	−2.0697 (0.000)	0.096	−1.0562 (0.000)	0.105
		12：00-15：00	2.8609 (0.000)	0.085	1.2937 (0.000)	0.094	3.4115 (0.000)	0.076	1.2479 (0.000)	0.084
		15：00-19：00	5.9577 (0.000)	0.101	4.3468 (0.000)	0.117	6.2602 (0.006)	0.091	3.7846 (0.000)	0.105
		19：00-次日05：00	5.3800 (0.003)	0.130	5.3273 (0.000)	0.156	5.8496 (0.008)	0.120	5.2516 (0.000)	0.141
气候性等外部变量	天气	极端天气	4.1515 (0.000)	0.045	3.7264 (0.000)	0.045	5.1910 (0.000)	0.042	3.4668 (0.000)	0.302
		其他天气	−1.7384 (0.000)	0.043	−1.3133 (0.000)	0.043	−1.0374 (0.007)	0.037	−0.2887 (0.000)	0.037
	节假日	非节假日	4.0493 (0.005)	0.305	2.3629 (0.000)	0.304	4.6879 (0.003)	0.302	3.2162 (0.000)	0.287
		节假日	−1.6362 (0.000)	0.305	0.0502 (0.000)	0.305	−0.1282 (0.672)	0.303	1.0929 (0.000)	0.303

变量			额外旅行时间（Excess Travel Time）				出发延误（Departure Delay）			
			出发机场		到达机场		出发机场		到达机场	
			系数	方差	系数	方差	系数	方差	系数	方差
气候性等外部变量	季节	秋季	−8.7957 (0.009)	0.051	—	—	−8.5268 (0.000)	0.047	—	—
		春季	−2.7495 (0.000)	0.051	—	—	−2.7857 (0.000)	0.047	—	—
		夏季	19.861 (0.000)	0.056	—	—	21.2971 (0.000)	0.050	—	—
		冬季	−5.9032 (0.000)	0.054	—	—	−5.8310 (0.000)	0.050	—	—
R^2			0.4246				0.4149			
样本量			3465994							

从表4.5中可以看出，机场集中度系数为负，表明2017年国内机场符合拥堵内部化假设，机场集中度越高，延误越小，集中度越低，延误越大。

从枢纽机场规模系数中可以看出，枢纽机场的出发延误比非枢纽机场要大。从枢纽机场出发或者到达枢纽机场，延误要更大。不管是出发机场还是到达机场，枢纽规模越大，延误越大。除小型枢纽外，到达机场比出发机场的各个系数都小，表明对于出发延误而言，到达机场的规模大小虽然也有影响，但是出发机场的规模影响更大。

从区域系数可以看出，从西北地区、东北地区、西南地区出发，出发延误相对较小，从其他地区出发，出发延误相对较大。其中，从华东地区出发的延误最大，从西北地区出发的延误最小。

从到达区域的系数可以看出，结果与出发区域类似，到达西北、华中等地，出发延误相对较小，到达其他区域，出发延误相对较大。其中，到达华东地区的延误最大，到达西北地区的延误最小。到达区域的系数相对于出发区域的系数要小，也表明对于出发延误，到达区域虽然也有影响，但是出发区域的影响更大。

从天气变量的系数可以看出，相对于其他天气，恶劣天气造成的延误更大。

不管是出发机场还是到达机场，只要其中一方出现恶劣天气，出发延误就会显著增加。

从节假日变量的系数可以看出，相对于非节假日，节假日出行的延误更小。通常来讲，人们比较倾向于认为节假日出行人多，易拥堵。但是从这个结果也可以看出，近几年节假日航空拥堵情况有了较大的改善。

从时间变量系数可以看出，9：00 前出发，延误会更小。如果不能在 9：00 以前出发，在 12：00 前出发，延误也会比下午和晚上出发要较小，15：00 至 19：00 之间出发的航班延误为当日最大。到达时间也符合这个规律，9：00 前到达目的地，延误最小。如果不能在 9：00 前到达，在 12：00 前到达目的地，延误也会比下午和晚上到达要小。但是与出发时间不同的是，19：00 后到达的延误为当日最大。这个结论与延误波及理论相一致，白天造成的延误会波及晚上，越晚到达，累积的延误越大。

从季节性变量系数可以看出，夏季和春季平均延误相对较大，秋季和冬季平均延误相对较小，秋季的平均延误最小。特别是夏季，是四季中平均延误最大的季节。对于这个结果的解释，一方面可能人们喜欢在夏季出行，容易造成拥堵，另一方面也可能与夏季时常有暴雨天气、雷阵雨天气有关。

采用基础模型分析 2018 年数据，得到的结果如表 4.6 所示。

表 4.6　2018 年基础模型结果

变量		额外旅行时间（Excess Travel Time）				出发延误（Departure Delay）			
		出发机场		到达机场		出发机场		到达机场	
		系数	方差	系数	方差	系数	方差	系数	方差
拥堵内部化变量	机场枢纽规模 小型枢纽	0.0177 (0.002)	0.074	−1.5983 (0.809)	0.055	−0.1008 (0.162)	0.072	0.5824 (0.000)	0.071
	中型枢纽	3.4740 (0.000)	0.068	1.7795 (0.000)	0.067	1.9783 (0.000)	0.066	1.0231 (0.000)	0.066
	大型枢纽	2.7951 (0.000)	0.055	6.1056 (0.003)	0.073	1.8913 (0.002)	0.054	2.1633 (0.003)	0.054
	机场集中度	−4.5870 (0.007)	0.498	−3.009 (0.000)	0.499	−3.4660 (0.000)	0.489	0.4823 (0.342)	0.489

续表

变量			额外旅行时间（Excess Travel Time）				出发延误（Departure Delay）			
			出发机场		到达机场		出发机场		到达机场	
			系数	方差	系数	方差	系数	方差	系数	方差
机场外部变量	机场位置	华中地区	0.8239 (0.000)	0.067	−0.2008 (0.002)	0.066	−1.0150 (0.000)	0.069	0.0711 (0.001)	0.068
		华东地区	3.1384 (0.005)	0.055	3.1706 (0.000)	0.054	4.8248 (0.005)	0.047	3.4989 (0.000)	0.047
		华北地区	2.4270 (0.000)	0.072	2.0584 (0.005)	0.071	1.7673 (0.000)	0.061	1.2661 (0.007)	0.060
		东北地区	1.3901 (0.009)	0.082	0.6372 (0.000)	0.082	−0.1991 (0.280)	0.082	−0.9965 (0.000)	0.082
		西北地区	−2.9680 (0.000)	0.091	−1.6313 (0.000)	0.092	−5.7130 (0.000)	0.070	−3.2292 (0.000)	0.071
		华南地区	0.6190 (0.000)	0.058	0.6196 (0.000)	0.059	1.7705 (0.009)	0.057	0.9242 (0.000)	0.057
		西南地区	0.8563 (0.003)	0.080	1.6332 (0.007)	0.082	−0.8577 (0.000)	0.055	−0.9568 (0.003)	0.055
航班变量	出发和到达时间	05：00−09：00	−7.2640 (0.000)	0.147	−3.2820 (0.000)	0.171	−8.6794 (0.000)	0.125	−2.7616 (0.000)	0.145
		09：00−12：00	−1.4688 (0.000)	0.078	0.0421 (0.000)	0.085	−2.4877 (0.002)	0.084	−0.4198 (0.003)	0.091
		12：00−15：00	3.0673 (0.000)	0.098	2.0630 (0.695)	0.107	2.1035 (0.000)	0.066	0.4477 (0.000)	0.072
		15：00−19：00	6.1449 (0.000)	0.092	3.4344 (0.004)	0.107	4.8043 (0.000)	0.079	1.3655 (0.004)	0.090
		19：00−次日 05：00	5.8074 (0.000)	0.119	4.0294 (0.000)	0.143	4.8370 (0.007)	0.103	1.9460 (0.006)	0.122
气候性等外部变量	天气	极端天气	5.2806 (0.000)	0.044	5.0607 (0.000)	0.044	8.6753 (0.000)	0.468	4.8304 (0.000)	0.468
		其他天气	1.0062 (0.007)	0.040	1.2261 (0.000)	0.040	4.2841 (0.000)	0.465	1.3781 (0.003)	0.465
	节假日	非节假日	8.6403 (0.000)	0.254	3.2311 (0.002)	0.254	4.5525 (0.009)	0.216	0.2565 (0.008)	0.217
		节假日	−2.3535 (0.000)	0.255	3.0557 (0.000)	0.256	−3.9747 (0.000)	0.218	0.3213 (0.003)	0.218

续表

变量			额外旅行时间（Excess Travel Time）				出发延误（Departure Delay）			
			出发机场		到达机场		出发机场		到达机场	
			系数	方差	系数	方差	系数	方差	系数	方差
气候性等外部变量	季节	秋季	-4.8544 (0.000)	0.051	—	—	-5.2264 (0.000)	0.048	—	—
		春季	2.2286 (0.004)	0.045	—	—	0.3163 (0.002)	0.042	—	—
		夏季	7.2119 (0.000)	0.047	—	—	6.0600 (0.000)	0.045	—	—
		冬季	1.7008 (0.005)	0.053	—	—	-0.5721 (0.000)	0.043	—	—
R^2			0.4994				0.4976			
样本量			3258670							

从表4.6可以看出，机场集中度系数为负，表明2018年国内机场也符合拥堵内部化假设，机场集中度越高，延误越小，集中度越低，延误越大。

根据机场枢纽规模系数，枢纽机场航班延误要大于非枢纽机场，从枢纽机场出发或者到达，延误都要大于非枢纽机场。不管是出发机场还是到达机场，大中型枢纽机场航班延误要大于小型枢纽机场航班延误。在到达机场，枢纽规模越大，延误越大。

从西北地区出发，出发延误相对较小，从其他地区出发，出发延误相对较大，从华东地区出发的延误最大。从到达区域的系数可以看出，结果与出发区域略有不同，到达西北、华中等地，出发延误相对较小，到达其他区域，出发延误相对较大。其中，到达华东地区的延误最大，到达西北地区的延误最小。到达机场的区域系数相对于出发机场的区域系数要小，也表明对于出发延误，到达区域虽然也有影响，但是出发区域的影响更大。

从天气变量的系数可以看出，2018年，相对于其他天气，恶劣天气造成的延误更大。无论是出发机场还是到达机场，只要其中一方出现恶劣天气，出发延误就会显著增加。但是与2017年结果不同的是，2018年其他天气一栏的系数为正，表明在其他天气下出发也并不能减少延误，这也从侧面表明2018年的延误可能比2017年受到天气的影响更大。

从节假日变量的系数可以看出，相对于非节假日，节假日的延误更小。这个结果与 2017 年类似。出发机场的节假日系数比到达机场的系数要小很多，表明对于出发延误而言，出发日是否是节假日更重要。由于国内大多数航班都能当天到达，出发日和到达日大多数为同一天，所以出发日是否为节假日对延误的影响更大。

从时间变量系数可以看出，9：00 前出发延误会更小。如果航班不能在 9：00 以前出发，在 12：00 前出发，延误也会比下午和晚上出发要较小。与 2017 年结果略有不同的是，19：00 后出发的延误为当日最大，15：00 至 19：00 之间出发的航班延误次之，但是两个变量的系数很接近，下午、晚上出发的延误要大于上午出发的延误。到达时间也符合这个规律，9：00 前到达目的地，延误最小。如果航班不能在 9：00 前到达，在 12：00 前到达目的地，延误也会比下午和晚上到达要较小，19：00 后到达的延误为当日最大。

从季节性变量系数可以看出，相较于秋季和冬天，春季和夏季的延误更大，夏季的延误最大，秋季的平均延误最小，这个结果与 2017 年模型结果类似。

4.3.2.2 增加航空公司枢纽规模变量后结果分析

第二个模型在基础模型基础上，增加航空公司枢纽规模这个系数，2017 年增加航空公司枢纽规模变量后模型结果如表 4.7 所示。

表 4.7 2017 年增加航空公司枢纽规模变量后模型结果

变量			额外旅行时间（Excess Travel Time）				出发延误（Departure Delay）			
			出发机场		到达机场		出发机场		到达机场	
			系数	方差	系数	方差	系数	方差	系数	方差
机场变量	机场枢纽规模	小型枢纽	2.0839 (0.000)	0.404	0.5424 (0.187)	0.411	−0.0377 (0.926)	0.405	1.2008 (0.004)	0.213
		中型枢纽	2.6392 (0.003)	0.280	1.6886 (0.000)	0.282	2.0855 (0.000)	0.281	2.8314 (0.000)	0.282
		大型枢纽	2.3069 (0.000)	0.209	4.3446 (0.000)	0.212	2.4487 (0.000)	0.210	0.4643 (0.029)	0.412
	航空公司枢纽规模	小型枢纽	3.9584 (0.005)	0.099	2.5745 (0.003)	0.099	2.3869 (0.002)	0.107	1.3310 (0.000)	0.107
		大中型枢纽	2.6172 (0.000)	0.129	4.4512 (0.000)	0.129	2.1096 (0.000)	0.135	3.1655 (0.002)	0.135

续表

变量		额外旅行时间（Excess Travel Time）				出发延误（Departure Delay）			
		出发机场		到达机场		出发机场		到达机场	
		系数	方差	系数	方差	系数	方差	系数	方差
机场变量	机场集中度	−11.084 (0.000)	2.537	−22.11 (0.005)	2.555	−13.7235 (0.000)	2.525	−19.5264 (0.000)	2.542
	华中地区	1.9640 (0.007)	0.270	−2.7843 (0.000)	0.274	−2.8518 (0.003)	0.082	−0.7614 (0.000)	0.081
	华东地区	4.6585 (0.000)	0.253	4.6615 (0.007)	0.260	7.6560 (0.000)	0.055	4.4037 (0.002)	0.055
	华北地区	5.9421 (0.003)	0.596	2.2494 (0.000)	0.577	5.2220 (0.000)	0.071	2.2874 (0.000)	0.070
机场位置	东北地区	−0.3786 (0.084)	0.219	1.5679 (0.005)	0.215	−2.9229 (0.000)	0.098	−0.6678 (0.001)	0.097
	西北地区	−3.8895 (0.000)	0.299	−3.3889 (0.000)	0.300	−6.0691 (0.003)	0.081	−3.2138 (0.000)	0.081
	华南地区	−0.2095 (0.305)	0.204	2.4534 (0.000)	0.204	3.7973 (0.000)	0.067	1.5490 (0.002)	0.067
	西南地区	−3.3889 (0.001)	0.454	1.8618 (0.000)	0.460	−1.6016 (0.000)	0.065	−0.3671 (0.000)	0.065
航班变量	05：00−09：00	−11.8163 (0.000)	0.336	−3.9411 (0.000)	0.424	−9.0242 (0.000)	0.146	−5.1505 (0.000)	0.171
	09：00−12：00	−2.1865 (0.000)	0.178	1.4799 (0.002)	0.202	−2.3110 (0.000)	0.096	−1.2230 (0.000)	0.105
出发时间和到达时间	12：00−15：00	3.8384 (0.003)	0.226	1.2980 (0.000)	0.253	3.2621 (0.003)	0.076	0.9305 (0.005)	0.084
	15：00−19：00	8.3065 (0.000)	0.208	3.2367 (0.000)	0.252	6.0355 (0.000)	0.091	3.5366 (0.351)	0.105
	19：00−次日 05：00	8.4335 (0.005)	0.264	4.5020 (0.002)	0.327	5.2674 (0.000)	0.120	5.1362 (0.000)	0.141

续表

变量			额外旅行时间（Excess Travel Time）				出发延误（Departure Delay）			
			出发机场		到达机场		出发机场		到达机场	
			系数	方差	系数	方差	系数	方差	系数	方差
气候性等外部变量	天气	极端天气	6.6178 (0.000)	0.109	6.3828 (0.000)	0.110	4.7251 (0.000)	0.041	3.9895	—
		其他天气	−0.0422 (0.674)	0.100	0.1928 (0.055)	0.100	−1.4952 (0.000)	0.041	−0.7596	—
	节假日	非节假日	5.9476 (0.000)	0.596	4.2138 (0.000)	0.596	—	—	—	—
		节假日	0.6280 (0.293)	0.598	2.3619 (0.000)	0.597	—	—	—	—
	季节	秋季	−9.1522 (0.000)	0.105	—	—	−82622 (0.000)	0.105	—	—
		春季	−0.7680 (0.000)	0.106	—	—	−0.8780 (0.002)	0.106	—	—
		夏季	21.7365 (0.003)	0.118	—	—	20.7358 (0.000)	0.118	—	—
		冬季	−5.2407 (0.000)	0.112	—	—	−4.5567 (0.005)	0.202	—	—
R^2			0.5416				0.5537			
样本量			3465994							

从表 4.7 中可以看出，加上航空公司枢纽规模这个参数后，出发机场和到达机场的集中度系数仍旧为负，表明国内机场符合拥堵内部化假设，机场集中度越高，延误越小，集中度越低，延误越大。

从枢纽机场规模系数可以看出，枢纽机场航班延误要大于非枢纽机场。从枢纽机场出发或者到达，延误都要大于非枢纽机场。另外，不管是出发机场还是到达机场，大中型枢纽机场航班延误要大于小型枢纽机场。

从枢纽航空公司系数可以看出，枢纽航空公司延误要大于非枢纽航空公司。也就是说，乘坐枢纽航空公司从其枢纽机场出发或者到达其枢纽机场，延误都要比非枢纽航空公司大。在出发机场，小型枢纽航空公司延误要略大于大中型航空公司；而在到达机场，大中型枢纽航空公司延误更大。

从出发区域系数可以看出，从西北地区、东北地区、华南地区、西南地区出发，出发延误相对较小，从其他地区出发，出发延误相对较大。其中，从华东地区出发的延误最大，从西北地区出发的延误最小。

从到达区域的系数可以看出，结果与出发区域相似，到达华中、西北等地区，出发延误相对较小，到达其他区域，出发延误相对较大。其中，到达华东地区的延误最大，到达西北地区的延误最小。

从天气变量的系数可以看出，相对于其他天气，恶劣天气造成的延误更大。不管是出发机场还是到达机场，只要其中一方出现恶劣天气，出发延误就会显著增加。

从时间变量系数可以看出，9：00 前出发，延误会更小。如果不能在 9：00 以前出发，在 12：00 前出发，延误也会比下午和晚上出发要较小，15：00-19：00 出发的航班延误为当日最大。到达时间也符合这个规律，9：00 前到达目的地，延误最小。如果不能在 9：00 前到达，在中午 12：00 前到达目的地，延误也会比下午和晚上到达要较小。但是与出发时间不同的是，19：00 后到达的延误为当日最大。

从季节性变量可以看出，夏季仍然是四季中平均延误最大的季节，秋季平均延误最小。对于这个结果的解释，一方面，夏季是出行旺季，容易造成拥堵；另一方面，夏季时常有暴雨、雷阵雨等恶劣天气，造成延误增加。

从节假日变量的系数可以看出，相对于非节假日，节假日的延误更小。

采用增加航空公司枢纽规模后的模型分析 2018 年数据，2018 年增加航空公司枢纽规模变量后模型结果如表 4.8 所示。

表 4.8　2018 年增加航空公司枢纽规模变量后模型结果

变量			额外旅行时间（Excess Travel Time）				出发延误（Departure Delay）			
			出发机场		到达机场		出发机场		到达机场	
			系数	方差	系数	方差	系数	方差	系数	方差
机场变量	机场枢纽规模	小型枢纽	9.2847 (0.002)	0.461	6.9729 (0.000)	0.464	5.7317 (0.000)	0.453	6.8394 (0.003)	0.457
		中型枢纽	−1.3025 (0.000)	0.281	−3.0425 (0.004)	0.282	−1.2085 (0.002)	0.277	−2.2079 (0.000)	0.277
		大型枢纽	−0.0741 (0.714)	0.202	3.9776 (0.000)	0.204	0.6536 (0.000)	0.199	0.5453 (0.007)	0.200

续表

变量			额外旅行时间（Excess Travel Time）				出发延误（Departure Delay）			
			出发机场		到达机场		出发机场		到达机场	
			系数	方差	系数	方差	系数	方差	系数	方差
航空公司枢纽规模		小型枢纽	3.4151 (0.006)	0.108	4.349 (0.000)	0.107	1.8614 (0.004)	2.403	2.3052 (0.000)	2.408
		大中型枢纽	4.4930 (0.000)	0.132	3.559 (0.000)	0.132	3.3154 (0.000)	0.453	2.8717 (0.000)	0.457
	机场集中度		−27.577 (0.000)	2.444	−51.27 (0.007)	2.449	−12.9311 (0.000)	2.403	−51.1915 (0.005)	2.408
机场变量	机场位置	华中地区	1.6675 (0.000)	0.274	−1.3566 (0.000)	0.274	−0.0230 (0.836)	0.111	−0.1383 (0.204)	0.109
		华东地区	3.4196 (0.004)	0.262	4.764 (0.000)	0.263	5.2471 (0.000)	0.072	4.4940 (0.000)	0.072
		华北地区	4.9065 (0.000)	0.830	4.786 (0.005)	0.838	5.1048 (0.005)	0.098	3.9822 (0.003)	0.098
		东北地区	−1.0796 (0.000)	0.257	0.1205 (0.638)	0.256	−2.7680 (0.000)	0.129	−1.6625 (0.000)	0.128
		西北地区	−1.1013 (0.001)	0.327	−1.3224 (0.002)	0.327	−5.8078 (0.000)	0.109	−3.4349 (0.004)	0.109
		华南地区	−0.2695 (0.284)	0.251	0.9309 (0.000)	0.253	2.5971 (0.000)	0.087	1.7936 (0.000)	0.087
		西南地区	0.3648 (0.694)	0.927	−0.0149 (0.987)	0.928	−1.8242 (0.002)	0.089	−2.5080 (0.000)	0.091
航班变量	出发时间和到达时间	05：00-09：00	−7.5799 (0.000)	0.294	−4.3069 (0.003)	0.357	−7.6854 (0.000)	0.199	−5.0071 (0.003)	0.242
		09：00-12：00	−1.0572 (0.007)	0.160	0.7906 (0.000)	0.177	−2.0630 (0.000)	0.135	−0.6905 (0.000)	0.148
		12：00-15：00	2.4421 (0.000)	0.201	2.0385 (0.004)	0.220	1.7968 (0.004)	0.108	1.2918 (0.000)	0.119
		15：00-19：00	7.1260 (0.005)	0.187	3.8858 (0.006)	0.220	5.3288 (0.000)	0.126	2.7642 (0.003)	0.148
		19：00-次日05：00	6.9771 (0.000)	0.235	5.5000 (0.000)	0.289	5.1488 (0.000)	0.159	4.1676 (0.000)	0.195

续表

变量			额外旅行时间（Excess Travel Time）				出发延误（Departure Delay）			
			出发机场		到达机场		出发机场		到达机场	
			系数	方差	系数	方差	系数	方差	系数	方差
气候性等外部变量	天气	极端天气	6.6668 (0.003)	0.111	6.8069 (0.003)	0.111	9.0142 (0.004)	0.692	6.3455 (0.000)	0.691
		其他天气	1.2414 (0.000)	0.106	1.1012 (0.000)	0.106	3.7967 (0.000)	0.687	1.8361 (0.007)	0.686
	节假日	非节假日	8.9153 (0.000)	0.496	3.6979 (0.005)	0.497	6.0103 (0.002)	0.322	0.9942 (0.002)	0.322
		节假日	-1.0072 (0.043)	0.497	4.2102 (0.000)	0.499	-3.4843 (0.000)	0.324	1.5318 (0.000)	0.324
	季节	秋季	-4.6983 (0.000)	0.103	—	—	-5.2353 (0.000)	0.074	—	—
		春季	1.6607 (0.003)	0.096	—	—	0.5247 (0.002)	0.064	—	—
		夏季	9.3678 (0.000)	0.094	—	—	8.5081 (0.000)	0.069	—	—
		冬季	1.5779 (0.001)	0.116	—	—	-1.2715 (0.000)	0.067	—	—
R^2			0.5689				0.5732			
样本量			3258670							

2018 年加上航空公司枢纽规模变量后，机场集中度系数仍为负数，表明国内机场符合拥堵内部化假设，机场集中度越高，延误越小，集中度越低，延误越大。

在额外旅行时间模块，从枢纽机场规模系数可以看出，加入航空公司枢纽规模变量后，中型枢纽机场的系数为负，小型枢纽系数最大，大型枢纽机场系数接近为 0，表明相比 2017 年，2018 年机场更易受航空公司影响。另外，本书中机场枢纽规模按照美国和欧洲的标准划分，国内中型枢纽机场数量较少，只有 19 个，未来有必要对机场枢纽规模进行进一步探讨，这也是笔者接下来的研究方向之一。

从航空公司枢纽规模系数可以看出，枢纽航空公司的延误要比非枢纽航空公司延误大。也就是说，乘坐枢纽航空公司从其枢纽机场出发或者到达其枢纽机场，延误都要比非枢纽航空公司大。在出发机场，小型枢纽航空公司延误要低于大型航空公司；而在到达机场，大型枢纽航空公司延误更大。

从出发区域系数可以看出，从西北地区、东北地区、华南地区出发，出发延误相对较小，从其他地区出发，出发延误相对较大。其中，从华东地区出发的延误最大，从西北地区出发的延误最小。从到达区域的系数可以看出，结果与出发区域相似，到达西北、华中、西南地区，出发延误相对较小，到达其他区域，出发延误相对较大。其中，到达华东地区的延误最大，到达西北地区的延误最小。

从天气变量的系数可以看出，相对于其他天气，恶劣天气造成的延误更大。不管是出发机场还是到达机场，只要其中一方出现恶劣天气，出发延误就会显著增加。

从节假日变量的系数可以看出，相对于非节假日，节假日出行的延误更小。

从时间变量系数可以看出，9：00 前出发，延误更小。如果不能在 9：00 以前出发，在 12：00 前出发，延误也会比下午和晚上出发要小，15：00 至 19：00 之间出发的航班延误为当日最大。到达时间也符合这个规律，9：00 前到达目的地，延误最小。如果不能在 9：00 前到达，在 12：00 前到达目的地，延误也会比下午和晚上到达要小。但是与出发时间不同的是，19：00 后到达的延误为当日最大。

从季节性变量系数可以看出，夏季和春季平均延误相对较大，秋季和冬季平均延误相对较小。特别是夏季，是四季中平均延误最大的季节，秋季的平均延误则最小。

4.4　本章小结

本章采用拥堵内部化假设分析航班延误的特征，主要解决研究问题②。首先，介绍了机场拥堵内部化假设，并依据该假设分析了相关特征，给出了针对中国航班延误情况的枢纽机场、枢纽航空公司、机场集中度的定义。其次，基于航空公司和旅客双重视角，采用额外旅行时间（Excess Travel Time）和出发延误（Departure Delay）两个因变量测量拥堵；采用枢纽机场、枢纽航空公司、机场集中度三个自变量以及出发区域、天气、节假日、出发时间和到达时间、季节等控制变量建立了基于OLS的两个模型：基础模型以及加入航空公司枢纽规模后的模型。得到的基本结论如下：

（1）机场集中度系数仍为负数，表明国内机场符合拥堵内部化假设，机场集中度越高，延误越小，集中度越低，延误越大。

（2）枢纽机场的出发延误要大于非枢纽机场的延误。航班从枢纽机场出发或者到达，平均出发延误都要大于非枢纽机场。无论是出发机场还是到达机场，大中型枢纽机场航班延误要大于小型枢纽机场。但是2018年数据加入航空公司枢纽规模变量后，系数变化较大，相比2017年，2018年机场航班延误更易受航空公司影响。本书中机场枢纽规模按照美国和欧洲的标准划分，中型枢纽机场数量较少，未来有必要对枢纽机场规模进行进一步探讨，这也是笔者接下来的研究方向之一。

（3）枢纽航空公司的延误要比非枢纽航空公司延误大，也就是乘坐枢纽航空公司从其枢纽机场出发或者到达其枢纽机场，延误都要比非枢纽航空公司大。在出发机场，小型枢纽航空公司延误要略大于大型航空公司；而在到达机场，大型枢纽航空公司延误更大。

（4）从西北地区、东北地区、西南地区出发，出发延误相对小，从其他地区出发，出发延误相对较大。其中，从华东地区出发的延误最大，从西北地区出发的延误最小。从到达区域的系数可以看出，结果与出发区域相似，到达华中、西北、西南地区，出发延误相对较小，到达其他区域，出发延误相对较大。其中，到达华东地区的延误最大，到达西北地区的延误最小。到达区域的系数相对于出发区域的系数要小，表明对于出发延误，到达区域虽然也有影响，但是出发区域的影响更大。

（5）相对于其他天气，恶劣天气造成的延误更大。无论是出发机场还是到达机场，只要其中一方出现恶劣天气，出发延误就会显著增加。

（6）相对于非节假日，节假日的延误更小。

（7）9：00前出发，延误更小。如果不能在9：00以前出发，在12：00前出发，延误也会比下午和晚上出发要小，15：00至19：00之间出发的航班延误通常为当日最大。到达时间也符合这个规律，9：00前到达目的地，延误最小。如果不能在9：00前到达，在中午12：00前到达目的地，延误也会比下午和晚上到达要小。但是与出发时间不同的是，19：00后到达的延误为当日最大。这个结论与延误波及理论相一致，白天造成的延误会波及晚上，越晚到达，累积延误越大。

（8）夏季和春季平均延误相对较大，秋季和冬季平均延误相对较小。其中，夏季平均延误最大，秋季的平均延误最小。

5 基于决策树的国内航班延误特征的对比和交互作用研究

对于延误而言，有以下两个问题需要思考：①航班延误特征引发延误变化的能力是否同等重要，不同延误特征之间是否有差别？②哪些情况下更容易引发延误？建立预测模型前，对航班延误特征的分析和对比是必不可少的步骤。延误的特征众多，大多数文献只列举出了延误与哪些特征有关，缺乏对单个特征的重要性以及多个特征与延误之间关系的更深入的研究。本章通过建立基于决策树的航班延误模型，对单个延误特征引发延误的能力进行对比，探讨交叉特征对延误的交互作用，从而分析不同特征之间的差别，以及哪些交互作用下更易引发延误等。

5.1 基于决策树的国内航班延误模型构建

决策树方法是最常用的数据挖掘算法之一，属于监督式分类算法[150]，它使用类似流程图的树结构将一组数据分割成各种各样预先定义好的类别，从而实现对给定数据集的描述、分类、概括等功能，提供关于数据集更完备的信息[151]。

决策树是一种树形结构，由一个根节点、一系列内部节点和叶子节点构成。每一个节点只有一个父节点和两个或多个子节点，节点间通过分支相连。其中每个内部节点对应一个非类别属性上的测试，每个分支对应该属性的每个可能取值，代表一个测试输出，每个叶子节点对应一个类别属性[152]。

决策树的生成通常分为两步，即学习和分类[153]。决策树学习过程通常从训练样本中学习生成决策树，以训练集样本的预测属性作为输入，采用自顶向下的递归方法。其基本思想是采用一种度量方法来选择最优属性作为树的节点，在节点上进行属性值的比较，并根据训练样本对应的不同属性值判断从该节点向下的分支，每个分支子集重复建立下层节点和分支，设置满足一定条件时，树停止生长，形成树模型中的叶子节点，从而输出最终的决策树，此时每个叶子节点中的实例都属于同一类别。决策树的分类过程以没有标签测试集数据作为输入，从生成的决策树的根节点自上而下地对测试样例的属性进行测试，从而评估训练集过程中生成的决策树的准确性。

建立决策树的关键是在当前状态下选择哪个属性作为分类依据。根据不同的目标函数，建立决策树主要有以下算法：ID3[154]、分类和回归树（Classification and Regression Trees，CART)[155] 以及 C4.5[156]、C5.0[157]。

决策树算法可通过获取输入变量中的规则，从而实现对目标变量的预测，它可以从一类无序、无规则的概念中推理出树表示的分类规则[158]。决策树结构可以被转换为直观、易理解的规则，这使我们能够利用决策树从给定数据集中抽取出潜在有用的规则知识。如今，决策树被广泛地应用于医疗、金融和商务等多个领域的规则抽取与知识发现中。

本书要研究的航班延误为分钟形式，属于连续型变量，所以本书的决策树模型选择 CART 模型。CART 既可以用于分类，也可以用于回归。分类模型中，使用 Gini 系数最小化准则来进行特征选择。回归模型中，使用平方误差最小准则来进行特征选择。本书选择 CART 中的回归模型。

假设训练数据集中，输入变量和输出变量分别为 X 和 Y，训练数据集 D 为 $\{(x_1, y_1), (x_2, y_2), \cdots, (x_n, y_n)\}$，其中 Y 为连续变量。一个 CART 模型对应着一个特征空间的划分以及在划分单元上的输出值。假设将特征空间划分为 R 个区域，并且在每个单元上有个输出值 d_R，CART 回归模型可以表示为：

$$f(x) = \sum_{r=1}^{R} d_R I(x \in C_R) \tag{5.1}$$

当输入空间划分确定时，用平方误差最小的准则求解每个单元上的最优输出值，单元 C_R 上的 d_R 的最优值为：

$$\hat{d}_R = \mathrm{avg}(y_i \mid x_i \in C_R) \tag{5.2}$$

假如使用特征 j 的取值 s 将输入空间划分为两个区域，分别为：

$$R_1(j, s) = \{x \mid x^j \leq s\} \tag{5.3}$$

$$R_1(j, s) = \{x \mid x^j > s\} \tag{5.4}$$

要寻找最优切分变量 j 和最优切分点 s，需要最小化损失函数，为了使平方误差最小，我们需要依次对每个特征的每个取值进行遍历，计算出当前每一个可能的切分点的误差，最后选择切分误差最小的点将输入空间切分为两个部分，然后递归上述步骤，直到切分结束，此方法切分的树称为最小二乘回归树。

5.1.1   数据预处理

决策树在模型构建和样本预测过程中不依赖样本数据的分布，使结果更加稳定。航班延误数据往往呈现不规则动态分布，使用决策树能很好地避免数据分布变化带来的影响。本章应用决策树从航班延误数据中发现了影响延误的重要结论，用到的基本变量如表 5.1 所示。其中，与前述表相比，本节增加了机场所在省份、机场所在省份的经济规模、航班飞行时间（分钟）三个指标。机场所在省份的经济规模变量包括 2017 年出发机场和目的地机场所在省份的年人均 GDP、年平均人口数、人均收入和就业率 4 个指标，相关数据来自国家统计局网站，具体指标信息详见附录 B。

表 5.1   决策树模型中的基本变量

变量			变量描述
机场变量	拥堵内部化变量	机场枢纽规模	出发机场枢纽规模（DepAirport_hubsize）
			到达机场枢纽规模（ArrAirport_hubsize）
		机场集中度	出发机场集中度（Airport_concentration）
			到达机场集中度（Airport_concentration_arr）
		航空公司枢纽规模	出发机场的航空公司枢纽规模（Airline_hub）
			到达机场的航空公司枢纽规模（Airline_hub_arr）
	机场外部变量	机场所在省份的经济规模	出发机场所在省份的年平均人口数（annual_population）
			到达机场所在省份的年平均人口数（annual_population_arr）
			出发机场所在省份的就业率（employment）
			到达机场所在省份的就业率（employment_arr）
			出发机场所在省份的人均收入（per_capita_income）
			到达机场所在省份的人均收入（per_capita_income_arr）
			出发机场所在省份的年人均 GDP（annual_GDP_per_capita）
			到达机场所在省份的年人均 GDP（annual_GDP_per_capita_arr）
		机场位置	出发机场所在区域（DepArea）
			到达机场所在区域（ArrArea）
			出发机场所在省份（Province_Dep）
			到达机场所在省份（Province_Arr）

变量	变量描述
航班变量	出发时间（Bin_DepScheduled） 到达时间（Bin_ArrScheduled） 飞行时间（duration）
气候性等外部变量	出发机场天气（Depweather） 到达机场天气（Arrweather） 是否节假日（Holidays） 季节（DepSeason）

在上述变量中，出发机场规模、到达机场规模、出发机场所在区域、到达机场所在区域、出发机场所在省份、到达机场所在省份、出发机场的航空公司枢纽规模、到达机场的航空公司枢纽规模、出发时间、到达时间、出发机场天气、到达机场天气、是否节假日、季节等变量属于离散变量。这些变量通常无法直接放到模型中去训练模型，因此在建立模型之前，往往需要提前对此类变量进行处理。通常情况下，对离散变量进行 one-hot 编码[159]，本书通过 Python 对离散变量进行处理。Python 提供两种哑编码的实现方法：pandas 和 sklearn。pandas 默认只处理字符串类别变量，sklearn 默认只处理数值型类别变量。本书采用 pandas 的 get_dummies（）对变量进行 one-hot 编码，预处理后的变量如表 5.2 所示。

表 5.2　变量预处理

编码前变量	编码后变量
出发机场枢纽规模 （DepAirport_hubsize）	出发机场_大枢纽（DepAirport_hubsize_big） 出发机场_中枢纽（DepAirport_hubsize_media） 出发机场_小枢纽（DepAirport_hubsize_small） 出发机场_非枢纽（DepAirport_hubsize_non hub）
到达机场枢纽规模 （ArrAirport_hubsize）	到达机场_大枢纽（ArrAirport_hubsize_big） 到达机场_中枢纽（ArrAirport_hubsize_media） 到达机场_小枢纽（ArrAirport_hubsize_small） 到达机场_非枢纽（ArrAirport_hubsize_non hub）
出发机场的航空 公司枢纽规模 （Airline_hub）	出发机场的航空公司_大枢纽（Airline_hub_big） 出发机场的航空公司_中枢纽（Airline_hub_media） 出发机场的航空公司_小枢纽（Airline_hub_small） 出发机场的航空公司_非枢纽（Airline_hub_non hub）

续表

编码前变量	编码后变量
到达机场的航空公司枢纽规模（Airline_hub_arr）	到达机场的航空公司_大枢纽（Airline_hub_Arr_big） 到达机场的航空公司_中枢纽（Airline_hub_Arr_media） 到达机场的航空公司_小枢纽（Airline_hub_Arr_small） 到达机场的航空公司_非枢纽（Airline_hub_Arr_non hub）
出发区域（DepArea）	出发区域_华中（DepArea_Central）、出发区域_华东（DepArea_East）、出发区域_华北（DepArea_North）、出发区域_东北（DepArea_NorthEast）、出发区域_西北（DepArea_NorthWest）、出发区域_华南（DepArea_South）、出发区域_西南（DepArea_SouthWest）
到达区域（ArrArea）	到达区域_华中（ArrArea_Central）、到达区域_华东（ArrArea_East）、到达区域_华北（ArrArea_North）、到达区域_东北（ArrArea_NorthEast）、到达区域_西北（ArrArea_NorthWest）、到达区域_华南（ArrArea_South）、到达区域_西南（ArrArea_SouthWest）
出发机场所在省份（Province_Dep）	安徽出发（Province_Dep_Anhui）、北京出发（Province_Dep_Beijing）、重庆出发（Province_Dep_Chongqing）、福建出发（Province_Dep_Fujian）、甘肃出发（Province_Dep_Gansu）、广东出发（Province_Dep_Guangdong）、广西出发（Province_Dep_Guangxi）、贵州出发（Province_Dep_Guizhou）、海南出发（Province_Dep_Hainan）、河北出发（Province_Dep_Hebei）、黑龙江出发（Province_Dep_Heilongjiang）、河南出发（Province_Dep_Henan）、湖北出发（Province_Dep_Hubei）、湖南出发（Province_Dep_Hunan）、江苏出发（Province_Dep_Jiangsu）、江西出发（Province_Dep_Jiangxi）、吉林出发（Province_Dep_Jilin）、辽宁出发（Province_Dep_Liaoning）、内蒙古出发（Province_Dep_Neimenggu）、宁夏出发（Province_Dep_Ningxia）、青海出发（Province_Dep_Qinghai）、山西出发（Province_Dep_Shanxi）、山东出发（Province_Dep_Shandong）、上海出发（Province_Dep_Shanghai）、陕西出发（Province_Dep_Shanxi）、四川出发（Province_Dep_Sichuan）、天津出发（Province_Dep_Tianjin）、新疆出发（Province_Dep_Xinjiang）、西藏出发（Province_Dep_Xizang）、云南出发（Province_Dep_Yunnan）、浙江出发（Province_Dep_Zhejiang）
到达机场所在省份（Province_Arr）	安徽到达（Province_Arr_Anhui）、北京到达（Province_Arr_Beijing）、重庆到达（Province_Arr_Chongqing）、福建到达（Province_Arr_Fujian）、甘肃到达（Province_Arr_Gansu）、广东到达（Province_Arr_Guangdong）、广西到达（Province_Arr_Guangxi）、贵州到达（Province_Arr_Guizhou）、海南到达（Province_Arr_Hainan）、河北到达（Province_Arr_Hebei）、黑龙江到达（Province_Arr_Heilongjiang）、河南到达（Province_Arr_Henan）湖北到达（Province_Arr_Hubei）、湖南到达（Province_Arr_Hunan）、江苏到达（Province_Arr_Jiangsu）、江西到达（Province_Arr_Jiangxi）、吉林到达（Province_Arr_Jilin）、辽宁到达（Province_Arr_Liaoning）、内蒙古到达（Province_Arr_Neimenggu）、宁夏到达（Province_Arr_Ningxia）、青海到达（Province_Arr_Qinghai）、山西到达（Province_Arr_Shanxi）、山东到达（Province_Arr_Shandong）、上海到达（Province_Arr_Shanghai）、陕西到达（Province_Arr_Shanxi）、四川到达（Province_Arr_Sichuan）、天津到达（Province_Arr_Tianjin）、新疆到达（Province_Arr_Xinjiang）、西藏到达（Province_Arr_Xizang）、云南到达（Province_Arr_Yunnan）、浙江到达（Province_Arr_Zhejiang）

续表

编码前变量	编码后变量
出发时间 （Bin_DepScheduled）	05：00-09：00 出发（Bin_DepScheduled_early AM） 09：00-12：00 出发（Bin_DepScheduled_late AM） 12：00-15：00 出发（Bin_DepScheduled_early PM） 15：00-19：00 出发（Bin_DepScheduled_late PM） 19：00-次日05：00 出发（Bin_DepScheduled_night）
到达时间 （Bin_DepScheduled）	05：00-09：00 到达（Bin_ArrScheduled_early AM） 09：00-12：00 到达（Bin_ArrScheduled_late AM） 12：00-15：00 到达（Bin_ArrScheduled_early PM） 15：00-19：00 到达（Bin_ArrScheduled_late PM） 19：00-次日05：00 到达（Bin_ArrScheduled_night）
出发机场天气 （Depweather）	出发机场天气_多云（Depweather_cloudy）、出发机场天气_毛毛雨（Depweather_drizzle）、出发机场天气_雾（Depweather_fog）、出发机场天气_冻雨（Depweather_frozen rain）、出发机场暴雨（Depweather_heavy rain）、出发机场阵雨（Depweather_heavy shower）、出发机场大雪（Depweather_heavy snow）、出发机场阵雪（Depweather_heavy snowfall）、出发机场小雨（Depweather_light rain）、出发机场小雪（Depweather_light snow）、出发机场_薄雾（Depweather_mist）、出发机场中雨（Depweather_moderate rain）、出发机场中雪（Depweather_moderate snow）、出发机场_雨夹雪（Depweather_rain and snow）、出发机场_阵雨（Depweather_shower）、出发机场_阵雨夹雪（Depweather_shower and snow）、出发机场_雾霾（Depweather_sleet）、出发机场_阴（Depweather_sunless）、出发机场_晴（Depweather_sunny）、出发机场_晴间多云（Depweather_sunny and cloudy）、出发机场_雷阵雨（Depweather_thunder shower）
到达机场天气 （Arrweather）	到达机场天气_多云（Arrweather_cloudy）、到达机场天气_毛毛雨（Arrweather_drizzle）、到达机场天气_雾（Arrweather_fog）、到达机场天气_冻雨（Arrweather_frozen rain）、到达机场暴雨（Arrweather_heavy rain）、到达机场阵雨（Arrweather_heavy shower）、到达机场大雪（Arrweather_heavy snow）、到达机场阵雪（Arrweather_heavy snowfall）、到达机场小雨（Arrweather_light rain）、到达机场小雪（Arrweather_light snow）、到达机场_薄雾（Arrweather_mist）、到达机场中雨（Arrweather_moderate rain）、到达机场中雪（Arrweather_moderate snow）、到达机场_雨夹雪（Arrweather_rain and snow）、到达机场_阵雨（Arrweather_shower）、到达机场_阵雨夹雪（Arrweather_shower and snow）、到达机场_雾霾（Arrweather_sleet）、到达机场_阴（Arrweather_sunless）、到达机场_晴（Arrweather_sunny）、到达机场_晴间多云（Arrweather_sunny and cloudy）、到达机场_雷阵雨（Arrweather_thunder shower）
节假日（Holidays）	节假日（Holidays_yes）、非节假日（Holidays_no）
季节（Depseason）	春季（Depseason_Spring）、夏季（Depseason_Summer）、秋季（Depseason_Autumn）、冬季（Depseason_Winter）

5.1.2 单变量的航班延误特征决策树模型构建

5.1.2.1 机场变量的决策树模型构建

在机场变量中，对机场枢纽规模、航空公司枢纽规模、机场集中度、机场所在省份的经济规模、机场位置这些子变量进行建模，得到机场变量的决策树模型。①分别采用机场枢纽规模变量、航空公司枢纽规模变量、机场集中度变量、机场所在省份的经济规模变量、机场位置变量构造决策树，得到机场枢纽规模变量的决策树子模型、航空公司枢纽规模的决策树子模型、机场集中度变量的决策树子模型、机场所在省份经济规模变量的决策树子模型以及机场位置变量的决策树子模型；②采用机场枢纽规模变量、航空公司枢纽规模变量、机场集中度变量构造拥堵内部化变量决策树模型；③构造所有机场变量的总的决策树模型。

5.1.2.2 航班变量的决策树模型构建

采用有关航班的所有子变量构造决策树，得到航班变量的决策树模型。①分别采用飞行时间、出发时间、到达时间构造决策树，得到飞行时间变量的决策树子模型、出发时间变量的决策树子模型、到达时间变量的决策树子模型；②构造所有航班变量的总的决策树模型。

5.1.2.3 气候性等变量的决策树模型构建

采用气候性等所有子变量构造决策树，得到气候性变量决策树模型。①分别采用天气变量、季节变量、节假日变量构造决策树，得到天气变量的决策树子模型、季节变量的决策树子模型、节假日变量的决策树子模型；②构造所有气候性变量的总的决策树模型。

5.1.3 交叉变量的航班延误特征决策树模型构建

机场变量包括机场拥堵内部化变量、机场所在省份的经济规模、机场位置；航空公司变量包括航空公司枢纽规模、航空公司大小；航班变量包括飞行时间、出发时间、到达时间；气候性等变量包括天气变量、季节变量、节假日变量。

5.1.3.1 机场变量和航班变量交叉构建决策树模型

采用机场拥堵内部化变量与飞行时间变量交叉构建决策树，得到机场拥堵内部化变量与飞行时间变量的决策树子模型；采用机场所在省份的经济规模变量与飞行时间变量交叉构建决策树，得到机场所在省份的经济规模与飞行时间变量的决策树子模型；采用机场位置变量与飞行时间变量交叉构建决策树，得到机场位置变量与飞行时间变量的决策树子模型。

采用机场拥堵内部化变量与出发时间变量、到达时间变量交叉构建决策树，得到机场拥堵内部化变量与时间变量的决策树子模型；采用机场所在省份的经济规模变量与出发时间变量、到达时间变量交叉构建决策树，得到机场所在省份的经济规模与时间变量的决策树子模型；采用机场位置变量与出发时间变量、到达时间变量交叉构建决策树，得到机场位置变量与时间变量的决策树子模型。

5.1.3.2 机场变量和气候性等变量交叉构建决策树模型

采用机场拥堵内部化变量与天气变量交叉构建决策树，得到机场拥堵内部化变量与天气变量的决策树子模型；采用机场所在省份的经济规模变量与天气变量交叉构建决策树，得到机场所在省份的经济规模与天气变量的决策树子模型；采用机场位置变量与天气变量交叉构建决策树，得到机场位置变量与天气变量的决策树子模型。

采用机场拥堵内部化变量与季节变量交叉构建决策树，得到机场拥堵内部化变量与季节变量的决策树子模型；采用机场所在省份的经济规模变量与季节变量交叉构建决策树，得到机场所在省份的经济规模与季节变量的决策树子模型；采用机场位置变量与季节变量交叉构建决策树，得到机场位置变量与季节变量的决策树子模型。

采用机场拥堵内部化变量与节假日变量交叉构建决策树，得到机场拥堵内部化变量与节假日变量的决策树子模型；采用机场所在省份的经济规模变量与节假日变量交叉构建决策树，得到机场所在省份的经济规模与节假日变量的决策树子模型；采用机场位置变量与节假日变量交叉构建决策树，得到机场位置变量与节假日变量的决策树子模型。

5.1.3.3 航班变量和气候性等变量交叉构建决策树模型

采用飞行时间变量与天气变量交叉构建决策树，得到飞行时间变量与天气变量的决策树子模型；采用飞行时间变量与季节变量交叉构建决策树，得到飞行时间变量与季节变量的决策树子模型；采用飞行时间变量与节假日变量交叉构建决策树，得到飞行时间变量与节假日变量的决策树子模型。

采用出发时间变量、到达时间变量与天气变量交叉构建决策树，得到时间变量与天气变量的决策树子模型；采用出发时间变量、到达时间变量与季节变量交叉构建决策树，得到时间变量与季节变量的决策树子模型；采用出发时间变量、到达时间变量与节假日变量交叉构建决策树，得到时间变量与节假日变量的决策树子模型。

根据以上过程建立的决策树模型，对相关特征进行比较分析。以上模型构建均在 Python 中实现，相关特征的定量分析如下。

5.2 航班延误特征的对比

5.2.1 机场变量引发延误的能力对比

从图 5.1 和图 5.2 中可以得到有关机场枢纽规模的以下几点结论：

（1）从枢纽机场出发延误更大。2017 年，从枢纽机场出发的航班，平均延误为 38 分钟，从非枢纽机场出发的航班，平均延误只有 25 分钟。2018 年，从枢纽机场出发的航班，平均延误为 28 分钟，从非枢纽机场出发的航班，平均延误只有 19 分钟。

（2）从枢纽机场出发，目的地为非枢纽机场，延误相对减小。2017 年，如果从枢纽机场出发，目的地也是枢纽机场，延误为 38 分钟，但是如果目的地为非枢纽机场，延误将从 38 分钟降至 29 分钟。2018 年，如果从枢纽机场出发，目的地也是枢纽机场，延误 29 分钟，但是如果目的地为非枢纽机场，延误将从 28 分钟降至 21 分钟。

从图 5.3 可以得到有关航空公司枢纽规模的以下几点结论：

（1）航空公司对延误的影响没有机场对延误的影响大。2018 年，如果乘坐的航空公司是非枢纽航空（相对于到达机场），平均延误将减少 5 分钟。但是如果从非枢纽机场出发，平均延误能减少将近 10 分钟。

（2）乘坐非枢纽航空延误更小。2018 年，乘坐非枢纽航空（相对于到达机场）的平均延误为 25 分钟，乘坐枢纽航空（相对于到达机场）的平均延误为 30 分钟。

（3）乘坐非枢纽航空，目的地为非枢纽机场，延误更小。2018 年，乘坐非枢纽航空（相对于到达机场），如果目的地为非枢纽机场，平均延误将下降至 21 分钟。

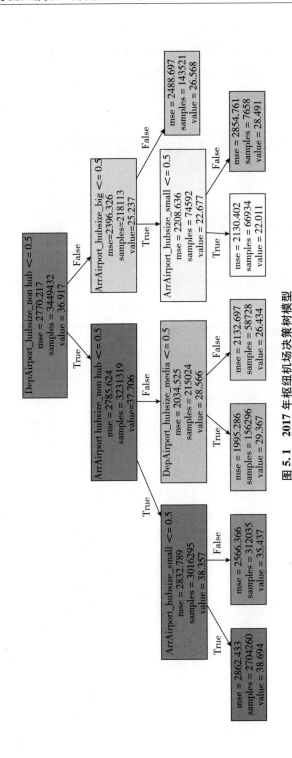

图 5.1 2017 年枢纽机场决策树模型

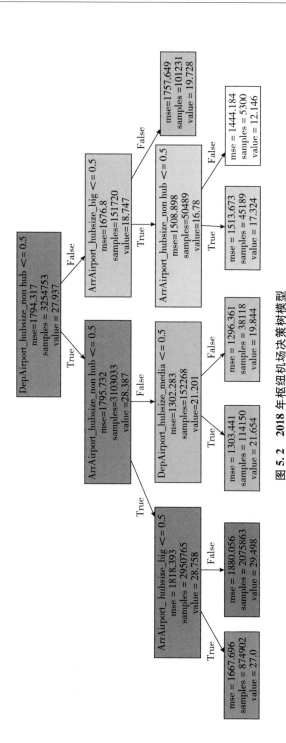

图 5.2 2018 年枢纽机场决策树模型

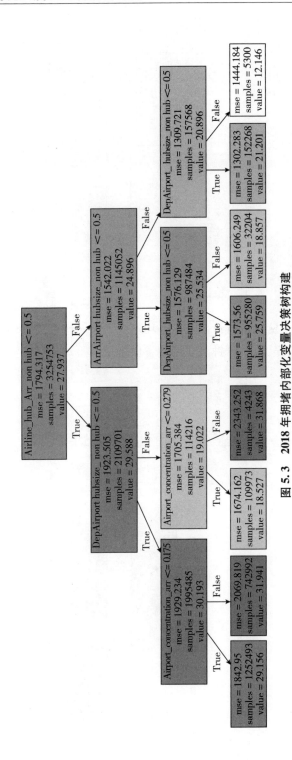

图 5.3　2018 年拥堵内部化变量决策树构建

从图5.4和图5.5可以得到有关机场所在区域的以下相关结论：

（1）从华东地区出发或到达，延误相对较大。2017年，从东部地区出发的航班，平均延误为43分钟，从其他区域出发的航班，平均延误为35分钟。2018年，从东部地区出发的航班，平均延误为32分钟，从其他区域出发的航班，平均延误为29分钟。

（2）从西北地区出发，延误相对较小。2017年，从西北地区出发的航班，平均延误只有27分钟，从其他区域出发的航班（除东部、西北地区），平均延误为37分钟。2018年，从西北地区出发的航班，平均延误为19分钟，从其他区域出发的航班，平均延误为29分钟。

（3）从西北地区出发，到达也是西北地区，延误更小。2018年，如果航班从西北地区出发，目的地机场仍在西北地区，那么平均延误只有16分钟。

从图5.6和图5.7中可以得到关于机场所在省份的如下结论：

（1）从江苏省出发，平均延误会相对增加。2017年，从江苏省内机场出发，平均延误为49分钟，从其他省份出发，平均延误为36分钟。2018年，从江苏省内机场出发，平均延误为39分钟，从其他省份出发，平均延误为27分钟，但是如果目的地是上海，平均延误会下降至16分钟。

（2）从浙江省出发或到达浙江省，平均延误会相对增加。2017年，从浙江省出发，平均延误为47分钟，从其他省份出发，平均延误为36分钟。2018年，从浙江省出发，平均延误为35分钟，从其他省份出发，平均延误为27分钟。2018年，如果从西北区域机场出发，到达浙江省，平均延误将从21分钟上升至32分钟。

（3）目的地为福建省，平均延误会显著增加。2017年，从江苏省出发，如果到达福建省，平均延误将从49分钟上升到63分钟。2017年，从浙江省出发，如果到达福建省，平均延误将从47分钟上升到67分钟。2018年，从浙江省出发，如果到达福建省，平均延误将从35分钟上升到45分钟。

根据图5.8的决策树模型，可以得到有关机场所在省份经济规模的以下几点结论：

（1）从欠发达省份出发，平均延误相对较小。2017年，从欠发达省份出发比从发达省份出发延误要小。如果从人均GDP低于76870元的省份出发，平均延误是32分钟。相反地，如果从人均GDP高于76870元的省份出发，平均延误将升至44分钟。

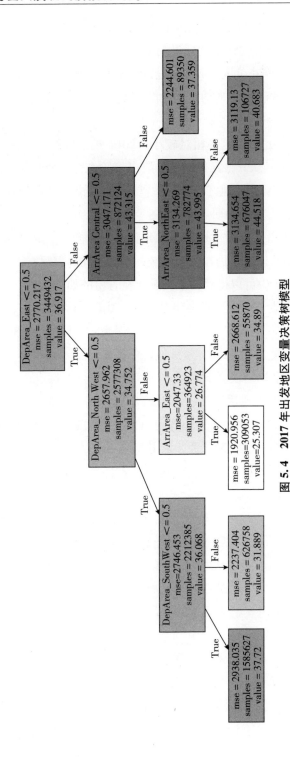

图 5.4 2017 年出发地区变量决策树模型

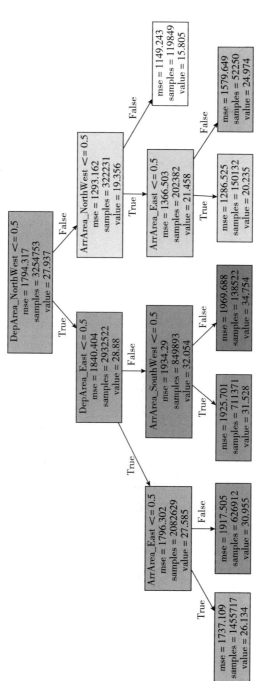

图 5.5 2018 年出发地区变量决策树模型

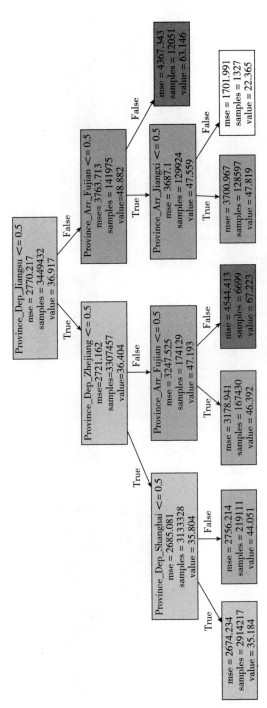

图 5.6　2017 年出发省份变量决策树模型

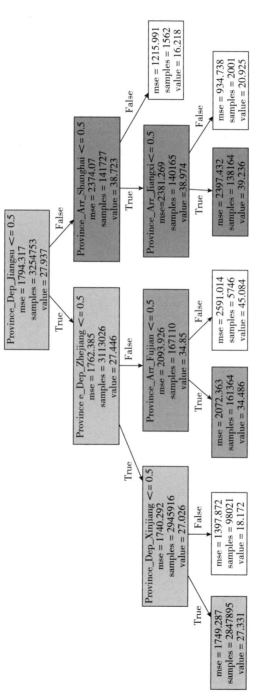

图 5.7 2018 年出发省份变量决策树模型

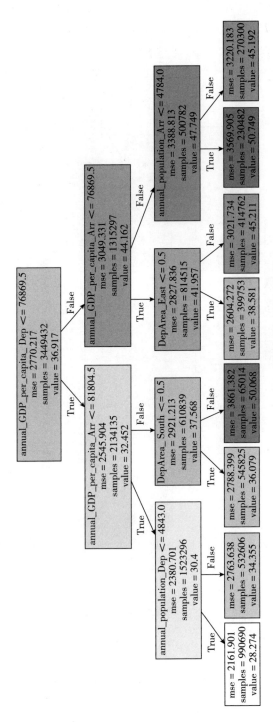

图 5.8 2017 年机场变量的决策树模型

（2）从欠发达省份出发到欠发达省份，比到发达省份的延误要小。2017年，如果从人均GDP低于76870元的省份出发，到达人均GDP低于81804元的省份，平均延误从32分钟降到30分钟。如果到达人均GDP高于81804元的省份，平均延误从32分钟上升到38分钟。

（3）从发达省份出发到发达省份，比到欠发达省份的延误要大。2017年，如果从人均GDP高于76870元的省份出发，到达也是人均GDP高于76870元的省份，平均延误从44分钟上升到48分钟。如果从人均GDP高于76870元的省份出发，到达人均GDP低于76870元的省份，平均延误从44分钟下降到42分钟。

5.2.2 航班变量引发延误的能力对比

根据图5.9和图5.10的决策树模型，可以得到有关航班出发时间和到达时间的以下两点结论：

（1）出发时间越早，平均延误相对越小。2017年，如果乘客选择早班航班（9：00前起飞），平均延误将从37分钟降至23分钟。如果晚于9：00出发，平均延误将从37分钟上升到40分钟左右。如果乘客不能在9：00前出发，但是能够在中午12：00前出发，平均延误将会从40分钟减少至31分钟。2018年，如果乘客选择早班航班（9：00前起飞），平均延误只有17分钟。如果出发晚于早上9：00，平均延误增至30分钟。如果乘客不能在9：00前出发，但是能够在中午12：00前出发，平均延误将会从30分钟减少至24分钟。

（2）早出发，早到达，平均延误最小。2017年，如果乘客出发早（早9：00前出发），到达也早（早9：00前到），平均延误只有17分钟。2018年，如果乘客出发早（早9：00前出发），到达也早（早9：00前到），平均延误只有13分钟。

根据图5.11和图5.12的决策树模型，可以得到有关航班飞行时间的以下结论：

乘坐短途航班，平均延误相对较少。2017年，飞行时间不超过2小时航班的平均延误为31分钟，飞行时间超过2小时航班的平均延误为41分钟。2017年，飞行时间不超过85分钟航班的平均延误为26分钟，飞行时间超过80分钟航班的平均延误为34分钟。2018年，飞行时间不超过2小时航班的平均延误为24分钟，飞行时间超过2小时航班的平均延误为31分钟。2018年，飞行时间不超过80分钟航班的平均延误为20分钟，飞行时间超过80分钟航班的平均延误为25分钟。

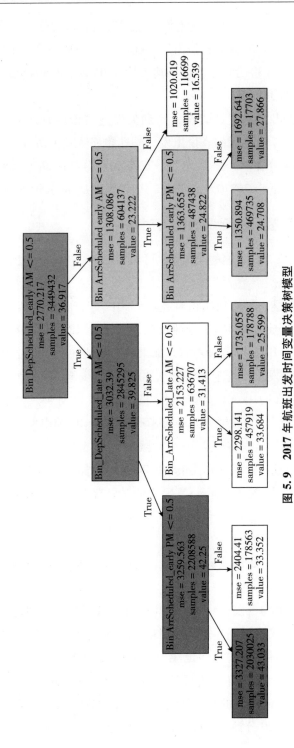

图 5.9 2017 年航班出发时间变量决策树模型

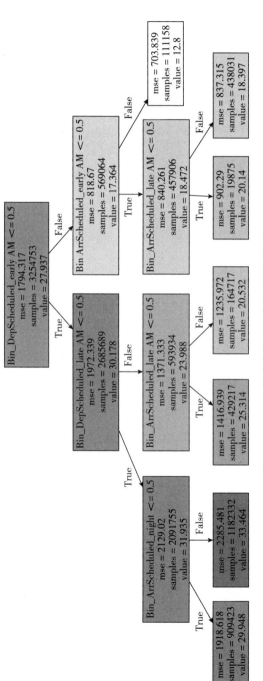

图 5.10 2018 年航班出发时间变量决策树模型

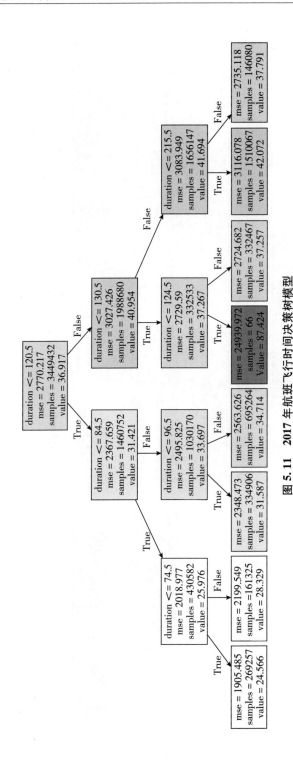

图 5.11　2017 年航班飞行时间决策树模型

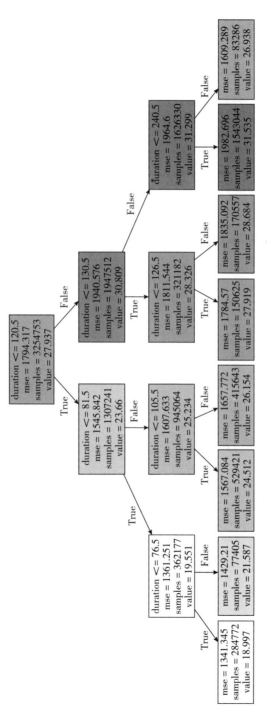

图 5.12　2018 年航班飞行时间决策树模型

5.2.3　季节性等外部变量引发延误的能力对比

根据图 5.13 和图 5.14 的决策树模型，可以得到有关天气的以下结论：

（1）暴雨、大暴雨、雷阵雨、大雪是造成航班延误显著增加的几个重要因素。2017 年，如果出发机场天气是大暴雨，平均延误会从 37 分钟上升到 61 分钟。如果出发机场天气是暴雨，平均延误上升至 54 分钟。如果冬天遇到大雪天气，延误将增至 68 分钟。2018 年，如果出发机场出现中雨或者雷阵雨天气，平均延误将从 28 分钟上升到 41 分钟。如果出现大暴雨，平均延误将升至 65 分钟。

（2）出发机场天气良好或者到达机场天气良好，会减少平均延误。2017 年，如果出发机场天气是大暴雨，但是到达机场是阴天，平均延误会从 61 分钟减至 41 分钟。2017 年，如果出发机场不是大暴雨，到达机场是晴间多云，平均延误会从 36 分钟降至 30 分钟。2017 年，如果出发机场是晴间多云，到达机场天气也是晴间多云，平均延误只有 24 分钟。2018 年，如果出发机场天气是中雨，平均延误为 40 分钟，但是如果到达机场天气是晴间多云，平均延误将降至 27 分钟。

（3）出发机场和到达机场都为极端天气，平均延误会显著增加。2018 年，如果出发机场天气是雷阵雨，平均延误为 41 分钟。如果到达机场天气是小雨，平均延误将会增加至 44 分钟。如果到达机场天气是中雨，平均延误将会增加至 50 分钟。

（4）出发天气对出发延误的影响更大。2018 年，出发机场为雷阵雨的平均延误为 41 分钟，到达机场为雷阵雨的平均延误为 36 分钟。

根据图 5.15 和图 5.16 的决策树模型，可以得到有关季节的以下结论：

（1）春、夏两季出发延误较大，夏季出发延误最大。2017 年，航班平均延误为 37 分钟。如果在夏季出发，航班平均延误上升到 59 分钟，如果在其他季节出发，航班平均延误仅为 30 分钟。2017 年，在春季出发的平均延误为 33 分钟，在秋、冬两季出发的平均延误为 28 分钟。2018 年，航班平均延误为 28 分钟。如果在夏季出发，航班平均延误上升到 35 分钟，如果在其他季节出发，航班平均延误仅为 25 分钟。2018 年，在春季出发的平均延误为 28 分钟，在秋、冬两季出发的平均延误为 24 分钟。

（2）夏季更易受天气影响，使延误增加。如果在夏季出现雷雨天气，平均延误将会从 35 分钟上升到 44 分钟。

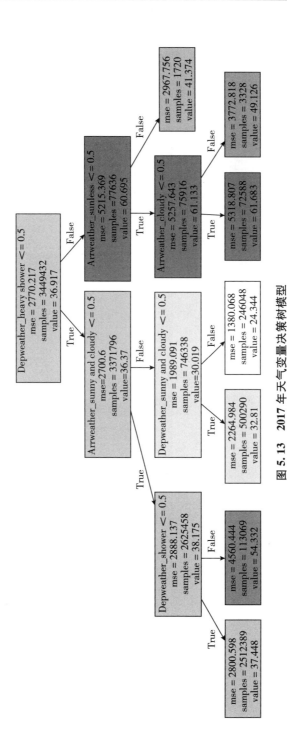

图 5.13 2017 年天气变量决策树模型

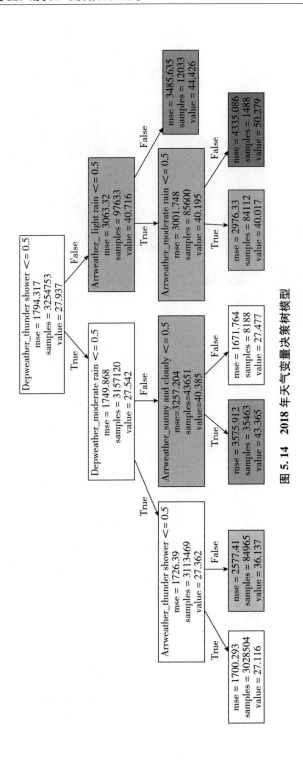

图 5.14　2018 年天气变量决策树模型

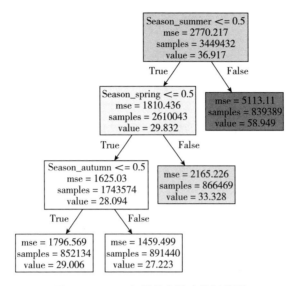

图 5.15 2017 年季节变量决策树模型

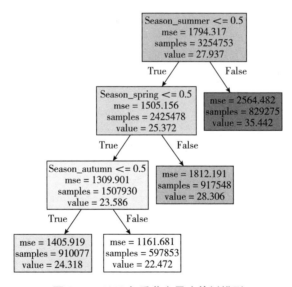

图 5.16 2018 年季节变量决策树模型

根据图 5.17 和图 5.18 的决策树模型，可以得到有关节假日的以下结论：

（1）相比非节假日，节假日出发的平均延误反而更小。2017 年，节假日出发的航班平均延误为 22 分钟，非节假日出发的航班平均延误为 38 分钟。2018 年，节假日出发的航班平均延误为 18 分钟，非节假日出发的航班平均延误为 28 分钟。

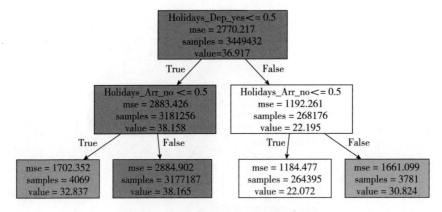

图 5.17　2017 年节假日变量决策树模型

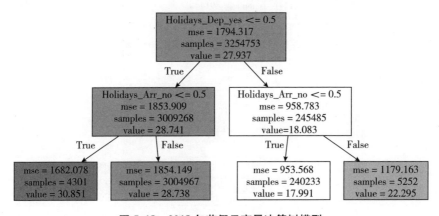

图 5.18　2018 年节假日变量决策树模型

（2）天气比节假日对延误的影响更大。从图 5.19 可知，2017 年，节假日如果出发机场出现大暴雨天气，平均延误从 22 分钟上升到 30 分钟。如果在非节假日出发机场遇到大暴雨天气，平均延误从 38 分钟上升到 62 分钟。如果在非节假日出发机场天气是晴间多云，平均延误将从 38 分钟降至 31 分钟，如果到达机场天气也是晴间多云，平均延误将降至 25 分钟。在图 5.20 中，2018 年，节假日如果出发机场遇到大暴雨天气，平均延误从 18 分钟上升到 65 分钟，如果到达机场也是暴雨天气，平均延误将上升到 106 分钟。节假日如果出发机场天气是晴天，平均延误将降至 14 分钟。如果在非节假日出发机场遇到雷阵雨天气，平均延误从 29 分钟上升到 42 分钟，如果到达机场是小雨，平均延误将上升至 45 分钟。如果出发机场遇到中雨天气，平均延误将上升至 42 分钟。

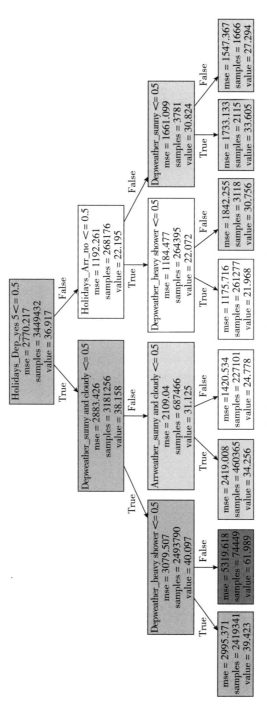

图 5.19　2017 年节假日变量和天气变量交叉决策树模型

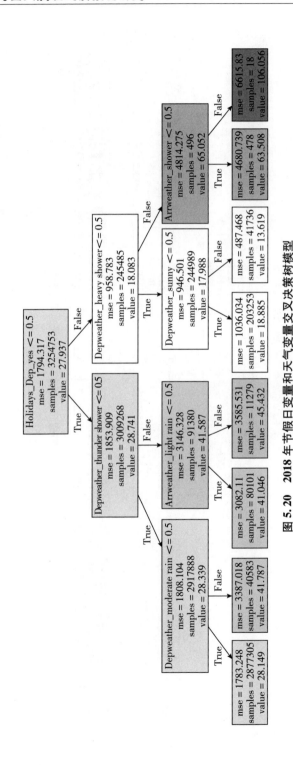

图 5.20　2018 年节假日变量和天气变量交叉决策树模型

5.3 航班延误特征的交互作用

5.3.1 机场变量与季节性等外部变量对延误的交互作用

5.3.1.1 非枢纽机场受到恶劣天气的影响相对较小

从图 5.21 中可以看出，2017 年大暴雨天气下的平均延误为 61 分钟。但是如果在大暴雨天气下从非枢纽机场出发，平均延误会从 61 分钟降至 41 分钟，表明非枢纽机场受恶劣天气的影响较小。

5.3.1.2 非枢纽航空公司受到天气的影响更小

从图 5.22 中可以看出，2017 年大暴雨天气下的平均延误为 61 分钟。如果在大暴雨天气下乘坐非枢纽航空（相对于到达机场），平均延误会从 61 分钟降至 55 分钟（相对于到达机场），也就是如果乘坐的航空公司是去其非枢纽机场，延误更小；如果乘坐的是枢纽航空，平均延误将从 61 分钟上升至 64 分钟。以上综合表明，非枢纽航空（相对于到达机场）受恶劣天气的影响较小。

5.3.1.3 夏季从发达省份出发，平均延误相对较大。

从图 5.23 中可以看出，2017 年，夏季从人均 GDP 高于 76870 元的省份出发，平均延误将从 59 分钟上升至 73 分钟；从 GDP 低于 76870 元的省份出发，平均延误将从 59 分钟下降至 51 分钟。

5.3.1.4 广东和江苏两省的延误容易受气候性等因素的影响

（1）夏季从广东省出发或者到达广东省，延误会显著增加。从图 5.24 中可以看出，2018 年，夏季出发航班的平均延误为 35 分钟，如果从广东出发，延误将升至 43 分钟。如果目的地为广东省，航班的平均延误将升至 47 分钟。

（2）恶劣天气下，从江苏省和广东省出发，平均延误显著增加。从图 5.25 中可以看出，2017 年，大暴雨天气下平均延误为 61 分钟。如果大暴雨天气下，从江苏省的机场出发，平均延误将从 61 分钟上升到 96 分钟。从广东省的机场出发，如果遇上大暴雨天气，平均延误将从 61 分钟上升到 71 分钟。

5.3.1.5 新疆延误受季节影响较小

从图 5.26 中可以看出，2017 年，夏季出发的平均延误为 59 分钟。但是如果夏季从新疆出发，平均延误将从 59 分钟降至 27 分钟。

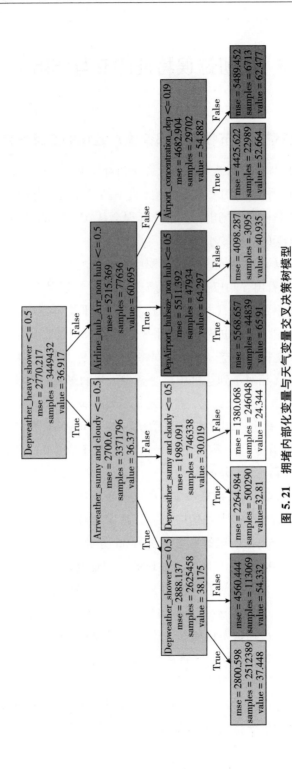

图 5.21　拥堵内部化变量与天气变量交叉决策树模型

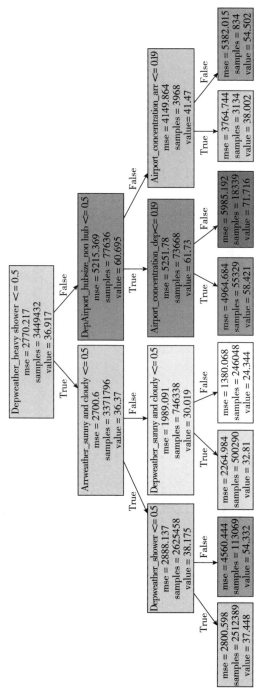

图 5.22　拥堵内部化变量和天气变量交叉决策树模型

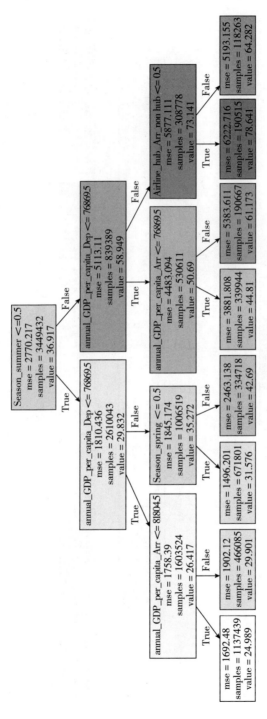

图 5.23　拥堵内部化变量和气候性变量交叉决策树模型

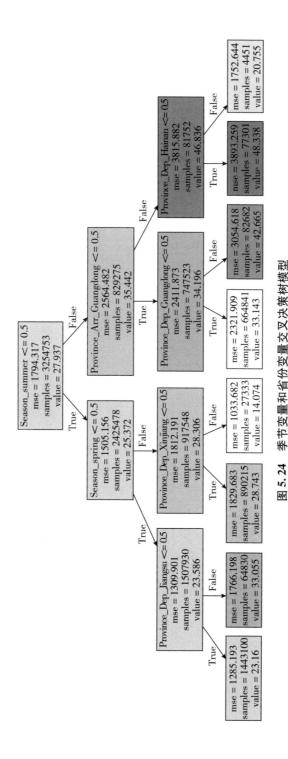

图 5.24 季节变量和省份变量交叉决策树模型

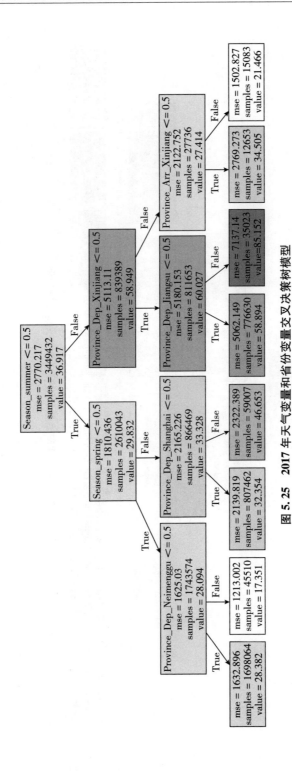

图 5.25　2017 年天气变量和省份变量交叉决策树模型

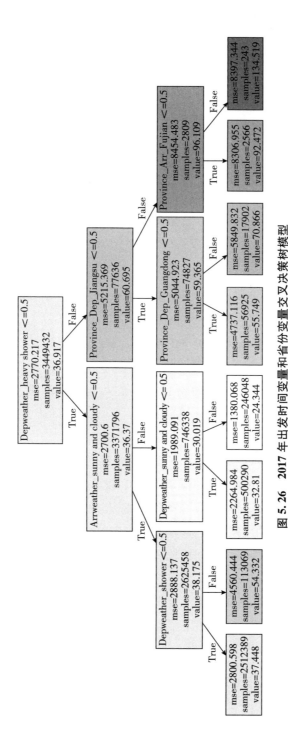

图5.26 2017年出发时间变量和省份变量交叉决策树模型

5.3.2　航班变量与季节性等外部变量对延误的交互作用

5.3.2.1　天气相比出发时间对延误的影响更大

从图 5.27 中可以看出，2017 年，9：00 前出发的平均延误是 23 分钟。如果遇上大暴雨天气，平均延误将从 23 分钟上升至 38 分钟。如果到达机场的天气是大雪，平均延误将上升至 44 分钟。

从图 5.28 中可以看出，2018 年，9：00 前出发的平均延误为 17 分钟。如果出发机场遇到中雨，平均延误将从 18 分钟上升至 30 分钟。如果到达机场遇到大雪天气，平均延误将上升至 38 分钟。2018 年，9：00 后出发的平均延误为 30 分钟。如果出发机场遇到雷阵雨天气，平均延误将从 30 分钟上升到 47 分钟。

5.3.2.2　夏季出行，如果晚于 9：00 出发，平均延误会增加

从图 5.29 中可以看出，2018 年，如果在夏季出发，且出发时间晚于 9：00，延误将会增加，从 30 分钟上升到 39 分钟。

5.3.2.3　夏季出行，如果晚 9：00 后到达，平均延误会显著增加

从图 5.30 中可以看出，2017 年，如果在夏季到达目的地时间比较晚，在 21：00 以后到达，平均延误将从 59 分钟上升至 79 分钟。2018 年，如果在夏季到达目的地时间比较晚，在 21：00 以后到达，平均延误将从 35 分钟上升至 46 分钟（见图 5.29）。

5.3.2.4　夏季选择短途航班，有利于减少延误

从图 5.31 和图 5.32 中可以看出，2017 年，夏季出发的平均延误为 59 分钟。如果飞行时间比较短，在 2 小时内，平均延误将从 59 分钟降至 49 分钟。如果飞行时间超过 2 小时，平均延误将从 59 分钟上升至 67 分钟。2018 年，夏季出发的平均延误为 35 分钟。如果飞行时间比较短，在 2 小时内，平均延误将从 35 分钟降至 29 分钟。如果飞行时间超过 2 小时，平均延误将从 35 分钟上升至 40 分钟。

5.3.2.5　长途航班从新疆和重庆出发，延误相对减少

从图 5.33 中可以看出，2017 年，长途航班（2 小时以上）的平均延误为 41 分钟。如果是从新疆出发的长途航班，平均延误会从 41 分钟降至 27 分钟。如果是从重庆出发的长途航班，平均延误会从 41 分钟降至 31 分钟。

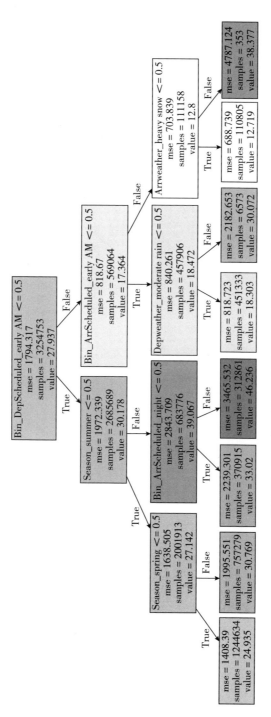

图 5.27 2017 年天气变量和出发时间变量交叉决策树模型

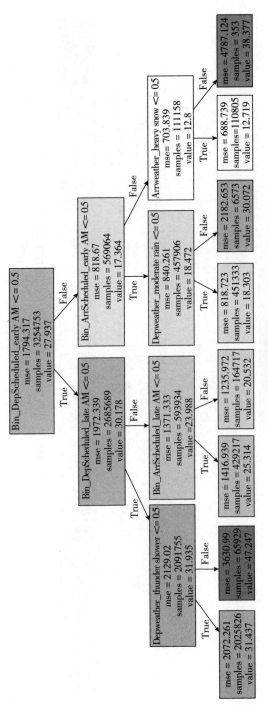

图 5.28 2018 年天气变量和出发时间变量交叉决策树模型

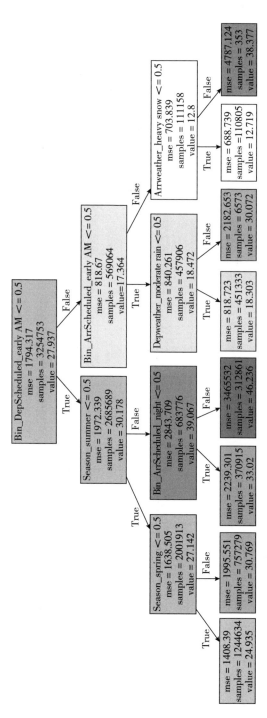

图 5.29 2018 年航班变量和气候性变量交叉决策树模型

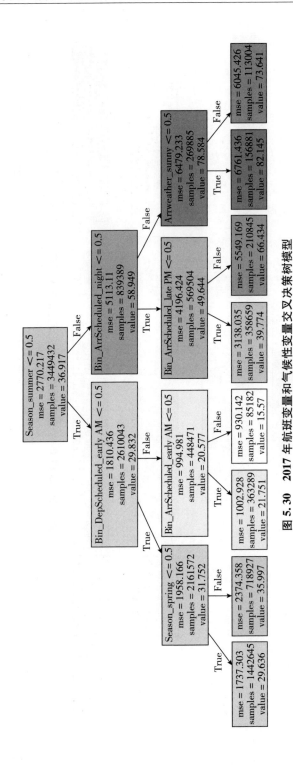

图 5.30 2017 年航班变量和气候性变量交叉决策树模型

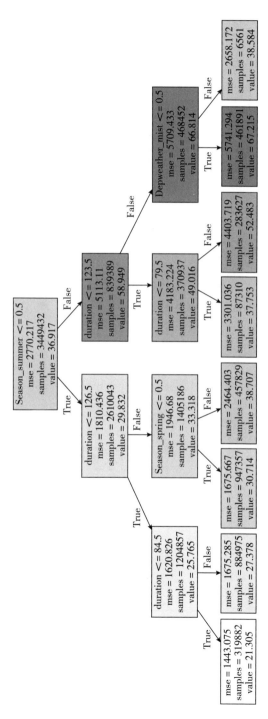

图 5.31 2017 年飞行时间和气候性变量交叉决策树模型

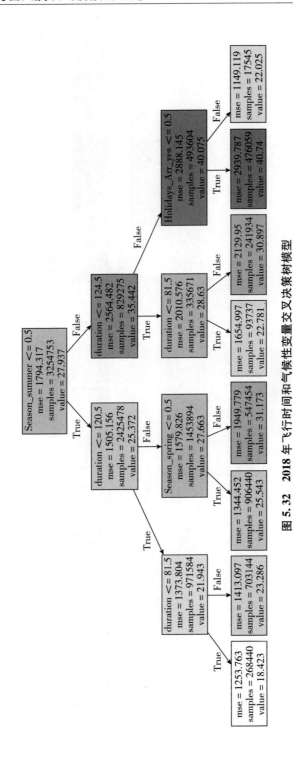

图 5.32　2018 年飞行时间和气候性变量交叉决策树模型

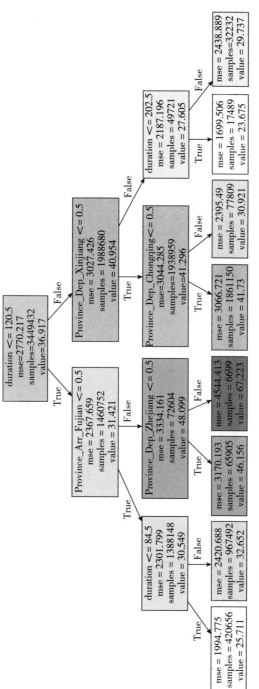

图 5.33 2017 年出发时间变量和省份变量交叉决策树模型

5.3.2.6　短途航班目的地为福建，延误相对增大，从浙江到福建的短途航班，延误显著增加

从图 5.33 中也可以看出，2017 年，短途航班（2 小时以内）的平均延误为 31 分钟。如果目的地为福建，平均延误会从 31 分钟上升至 48 分钟。如果是从浙江到福建的长途航班，平均延误将从 48 分钟上升至 67 分钟。

5.3.3　机场变量和航班变量对延误的交互作用

从图 5.34 中可以得到以下结论：

（1）出发时间早，而且从规模较小省份出发，平均延误相对较小。2017 年，早 9：00 前出发的平均延误为 23 分钟。如果从年人均收入低于 68593 元的省份出发，平均延误将从 23 分钟下降至 17 分钟。

（2）出发时间晚，而且从规模较大省份出发，平均延误相对较大。2017 年，早 9：00 后出发的平均延误为 40 分钟。如果从人均 GDP 高于 76870 元的省份出发，平均延误将从 40 分钟上升至 48 分钟。

从图 5.35 和图 5.36 中可以得出以下结论：

出发时间晚，但是从非枢纽机场出发，平均延误相对减少。2017 年，早 9：00—12：00 出发的平均延误为 42 分钟，但是如果从非枢纽机场出发，平均延误将降至 27 分钟。2018 年，早 9：00—12：00 出发的平均延误为 32 分钟，但是如果从非枢纽机场出发，平均延误将降至 20 分钟。

从图 5.37 和图 5.38 中可以得到以下结论：

（1）短途航班从华东地区出发，延误将会增大。2017 年，如果飞行时间未超过 2 小时，但是从东部地区出发，延误将从 31 分钟上升至 40 分钟。2018 年，如果飞行时间未超过 2 小时，但是从东部地区出发，延误将从 24 分钟上升至 30 分钟。

（2）短途航班从华东地区出发，目的地为福建，延误将显著增加。2017 年，从东部地区出发，乘坐短途航班，如果目的地为福建，平均延误将从 40 分钟上升至 56 分钟。

（3）乘坐长途航班，但是从西北地区出发，延误相对较小。2017 年，如果飞行时间超过 2 小时，但是从西北地区出发，延误将从 41 分钟减少至 30 分钟。2018 年，如果飞行时间超过 2 小时，但是从西北地区出发，延误将从 31 分钟减少至 22 分钟。

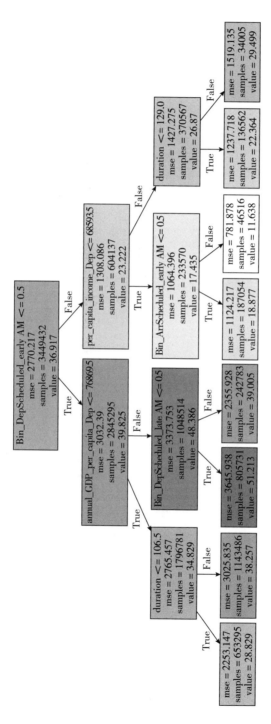

图 5.34 机场变量和航班变量交叉决策树模型

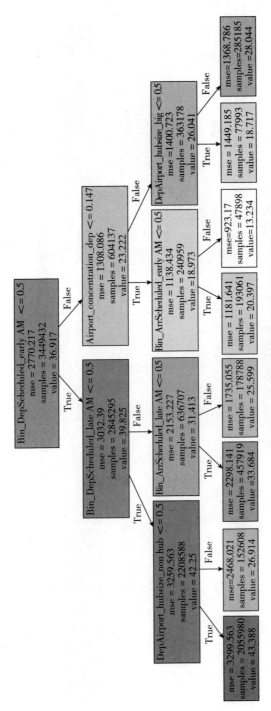

图 5.35　2017 年拥堵内部化变量和出发时间变量交叉决策树模型

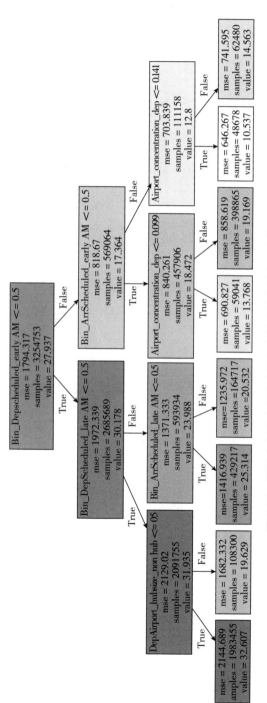

图 5.36 2018 年拥堵内部变量和出发时间变量交叉决策树模型

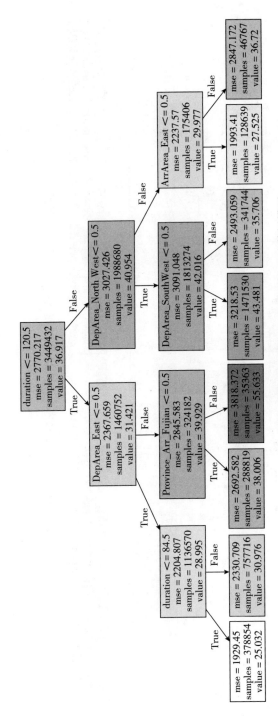

图 5.37　2017 年飞行时间变量与地理位置变量交叉决策树模型

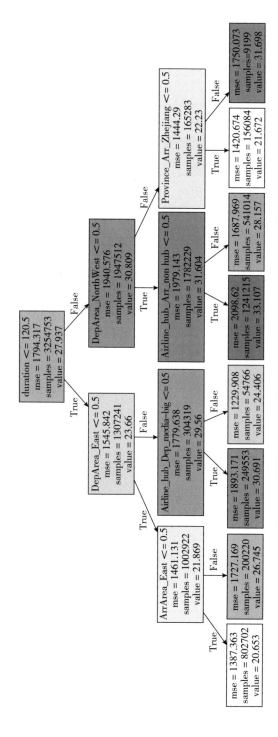

图 5.38 2018 年飞行时间变量与地理位置变量交叉决策树模型

5.4　本章小结

　　大多数文献只列举出了延误与哪些特征有关，缺乏对特征的重要性、特征与延误发生的关系以及特征引发延误的内在机制的更深入的研究。本章通过建立基于决策树的航班延误模型，不仅对单个因素引发延误的能力进行了对比，而且探讨了交叉因素对延误的交互作用。另外，除了以往研究中探讨较多的天气、航空公司、机场等因素，本书在预测模型中新增了机场枢纽规模、航空公司枢纽规模、机场集中度、是否节假日、机场所在省份的经济规模等因素。

　　本章建立了基于决策树的航班延误模型，对数据进行预处理后，分别建立了单变量的航班延误决策树模型和交叉变量的航班延误决策树模型。通过对单变量决策树模型进行分析，得到了机场变量的对比、航班变量的对比、季节性等外部变量的对比三大方面的重要结论。通过对交叉变量决策树进行分析，探讨了机场变量与季节性等外部变量对延误的交互作用、航班变量与季节性等外部变量对延误的交互作用以及机场变量和航班变量对延误的交互作用。

6 基于多项式回归和改进深度神经网络的 机场航班延误预测模型构建

航班延误不仅会打乱日常的航班计划，大大增加航空公司的运营成本，而且会造成机场旅客积压，严重影响机场运行秩序。此外，频繁的航班延误不仅会给机场带来巨大损失，也会影响航空公司的信誉，航班延误已经成为机场和航空公司运营管理的一大难题。本书以机场和航空公司为研究对象，从航线和机场两个维度，建立基于延误分布和深度学习的组合预测模型。本章建立机场延误预测模型，预测机场内单个航班延误。

航班延误分布具有明显的季节性特征，在建立模型前对航班延误分布进行估计和拟合，处理数据中的季节性特征，之后再将数据作为输入变量输入系统中，将会极大提高模型的预测效果。智能预测工具的选择对模型的预测效果影响重大。2006 年，Hinton 和 Salakhutdinov 在 *Science* 发表的文章中提出深度学习的概念[160]，深度神经网络（Deep Neural Networks，DNN）是较浅层神经网络而言，模型通过多层的非线性变换，掘出数据中隐藏特征，提高了整个网络表达复杂函数的能力，使一个学习系统能够不依赖人工的特征选择就发现数据的分布式特征表示[161]。误差反向传播（Back Propagation，BP）算法作为神经网络的经典算法，在训练具有深度结构的神经网络时，很容易陷入局部最优。深度学习通过贪婪逐层训练算法解决了深度神经网络的训练问题，使网络在特征提取与识别方面都有极大的提高[162]。近年来，随着深度学习的发展，深度信念网络（DBN）受到越来越多的关注，已经被应用到很多领域[163]，在疾病诊断[164-167]、图片识别[168-172]、文本分析[173-175]、故障诊断[176,177] 等领域中都取得了比传统机器学习方法要好的预测效果。

基于上述，本章提出基于多项式回归和改进深度神经网络的机场航班延误预测模型，首先通过多项式回归方法对机场航班延误的分布进行估计和模拟，之后采用改进的 DBN–SVR 神经网络模型对机场航班延误进行预测。

6.1　基于多项式回归的机场航班延误分布的估计和拟合

　　航班延误的分布具有季节性特征，以首都机场 PEK 中的中国航空（CA）数据为例，图 6.1 所示为 2017 年首都机场中国航空的每日航班平均延误。

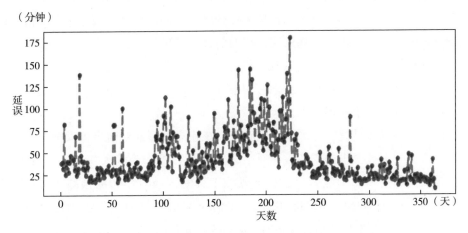

图 6.1　2017 年首都机场中国航空的每日航班平均延误

　　从图中可以看出，机场数据具有明显的季节性分布特征，本书采用多项式回归（Polynomial Regression，PR）对机场航班延误分布的季节性趋势进行估计和拟合。一般的线性回归中，使用的假设函数是一元一次方程，但在一些现实复杂的数据中，会出现线性方程无法很好拟合的情况。在多项式回归方程中，加入了特征的更高次方（例如平方项或立方项），增加了模型的自由度，用来捕获数据中非线性的变化[178]。将均方误差作为损失函数 $E(w) = \sum_{n=1}^{N} |y(x_n, w) - tn|^2$，即找到一组能够使 $E(w)$ 最小化的系数 w。采用 2017 年首都机场中国航空的航班数据，在 Python 中采用 sklearn 拟合了 24 个不同项次的方程，拟合图如图 6.2 所示。

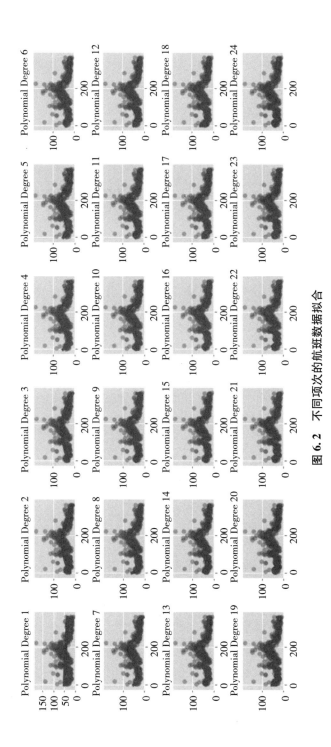

图 6.2 不同项次的航班数据拟合

从图中可以看出，随着项数的增加，模型拟合效果也在不断变化。但是随着模型复杂度的不断提高，很容易出现过拟合现象。本书采用正则化技术，在最小化误差的基础上增加了一个对大系数的惩罚项。通过正则化，对模型中的参数进行限制，从而减少模型过拟合的可能，提高模型的泛化能力[179]。正则化的公式如下：

$$E(W) = \sum_{n=1}^{N} |y(x_n, w) - tn|^2 + \lambda \|w\|^2 \tag{6.1}$$

6.2 基于改进的 DBN-SVR 神经网络模型

深度置信网络（DBN）是一种流行的人工神经网络类型，已成为最通用的深度学习模型之一，并成功应用于不同领域[180]。DBN 由顺序堆叠的受限玻尔兹曼机（Restricted Boltzmann Machines, RBM）组成[181,182]。RBM 是 DBN 的主要元件，是一种无监督的两层网络模型，由可见层和隐藏层组成[183]。传统 RBM 的结构如图 6.3 所示，其中 $V_i(i = 1, 2, 3, 4)$ 是可见单位，$H_j(j = 1, 2, 3, 4, 5)$ 是隐藏单位，W 表示权重矩阵。

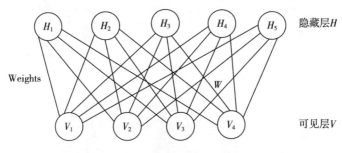

图 6.3 传统 RBM 结构

如图 6.3 所示，可见层中的神经元和隐藏层中的神经元是 RBM 的关键组成部分，它们并不相互连接，而是有条件互相独立。两者之间的连接通过概率分布建模，对于特征的学习和提取至关重要。这些隐藏层将输入层的数据连接到输出层的预测结果，每个隐藏层都可以通过学习从较低层获得较高阶特征。Hinton 和 Salakhutdinov（2006）认为，与主成分分析和偏最小二乘法相比，DBN 在处理非线性函数和高维数据等方面具有更强的表示能力。[160]

6.2.1 高斯—伯努利 RBM

传统的 RBM 将可见层中的每个神经元的输入定义为二进制变量，因而无法处理具有连续值变量数据集。本书为了处理连续变量，采用高斯—伯努利 RBM（Gaussian-Bernoulli RBM，GBRBM），用高斯噪声的线性单元替代可见层中的神经元[184]。

本书所采用的改进 DBN 模型由多个 GBRBM 组成，其中每个隐藏层都充当下一个 GBRBM 的可见层。模型可以从隐藏单元中提取高维未标记数据的特征，然后将获得的特征用作另一个 GBRBM 的输入。通过这种方式构造 GBRBM，可以发现并挖掘对航班延误产生影响的关键因素。

GBRBM 的能量函数定义如下[184]：

$$E(v, h) = \sum_{i=1}^{I} \frac{(v_i - a_i)^2}{2\sigma_i^2} - \sum_{j=1}^{J} b_j h_j - \sum_{i=1}^{I} \sum_{j=1}^{J} \frac{v_i w_{ij} h_j}{\sigma_i} \tag{6.2}$$

其中，a_i 和 b_j 分别是可见单元 v_i 和隐藏单位 h_j 的偏差，w_{ij} 是连接可见单位和隐藏单位的权重，σ_i 表示可见单元 v_i 的高斯噪声的标准差。

条件概率公式为[185]：

$$p(h_j = 1 \mid v) = S\left(b_j + \sum_{i=1}^{I} \frac{v_i w_{ij}}{\sigma_i}\right) \tag{6.3}$$

其中，$S(x) = [1 + \exp(-x)]^{-1}$ 是激活函数，通常采用 Sigmoid 函数，其中 $Norm(\mu, \sigma^2)$ 代表均值为 μ 和方差为 σ^2 的高斯分布，如下所示：

$$p(v \mid h) = Norm\left(a_i + \sigma_i \sum_{j=1}^{J} w_{ij} h_j, \sigma_i^2\right) \tag{6.4}$$

6.2.2 DBN–SVR 模型

DBN 是一种无监督的学习方法，需要与有监督的学习算法（回归或者分类）结合起来进行预测分析。支持向量回归（Support Vector Regression，SVR）是支持向量机（Support Vector Machine，SVM）的重要分支，主要用于回归数据的预测，在一些文献中相比其他预测模型取得了良好的预测效果[186-188]。

在求解非线性问题时，SVR 应用核函数将非线性回归问题映射到较高维度的空间，从而可以找到最佳的超平面来分离采样点。

$$\max\left[-\frac{1}{2} \sum_{i=1}^{k} \sum_{i=j}^{k} (a_i - a_i^*)(a_j - a_j^*) K(X_i, X_j) - \sum_{i=1}^{k} (a_i + a_i^*)\varepsilon + \right.$$

$$\sum_{i=1}^{k} \left(a_i - a_i^* \right) Y_i \Big] \qquad\qquad (6.5)$$

$$s.t. \begin{cases} \sum\limits_{i=1}^{k} \left(a_i - a_i^* \right) = 0 \\ 0 \leqslant a_i, \ a_i \leqslant \dfrac{C}{l} \\ i = 1, \ 2, \ \cdots, \ l \end{cases} \qquad\qquad (6.6)$$

其中，X_i 是样本数据，l 是样本的大小，C 是惩罚系数，ε 是超过误差样本的惩罚大小，$K(X_i, \ X_j)$ 是核函数，将 $a = [a_1, \ a_1^*, \ \cdots, \ a_l, \ a_j^*]^T$ 设为最优解，SVR 回归方程如下：

$$f(x) = \sum_{i=1}^{k} \left(a_i - a_i^* \right) K(X_i, \ X_j) + b^* \qquad\qquad (6.7)$$

本书采用 DBN-SVR 预测模型，将 SVR 模型嵌入神经网络的顶层，在预测层进行参数微调，从而提高整体的预测效果。DBN-SVR 模型结构如图 6.4 所示。

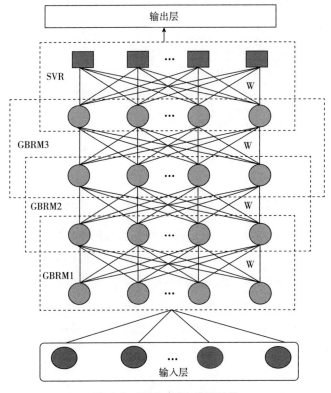

图 6.4　DBN-SVR 模型结构

模型首先采用 DBN 提取影响航班延误的主要因素，去除冗余信息。其次，将 DBN 的输出用作 SVR 模型的输入，以捕获导致航班延误的关键影响因素并生成延误的预测值。

6.3 基于多项式回归和改进深度神经网络的组合延误预测模型

6.3.1 模型框架

基于前述分析，本书提出基于多项式回归和改进深度神经网络的组合航班延误预测模型。首先，根据预测目标建立航班延误决策系统，采用多项式回归方法对机场航班延误的分布进行估计和拟合。其次，将处理过的数据根据机场和航空公司的枢纽规模进行划分，确定深度神经网络的输入层指标。最后，根据输入层和输出层指标个数确定网络的最佳结构，进行模型训练和测试，得到决策结果。模型的框架如图 6.5 所示。

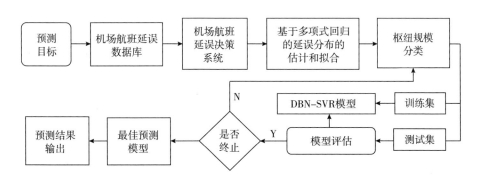

图 6.5 基于多项式回归和改进深度神经网络的机场航班延误组合预测模型

基于多项式回归和改进深度神经网络的组合延误预测模型的具体实施过程如下：

（1）根据预测目标，建立航班延误决策数据库以及延误决策系统。

（2）采用多项式回归对机场航班延误决策系统中的延误数据进行季节性趋

势的评估和拟合。

（3）将处理后数据按照机场和航空公司的枢纽规模进行分类。

（4）构建训练集和测试集。对每个 S_i 构建训练集和测试集，并将 R_i 作为改进深度神经网络的输入指标，将决策属性 D 作为模型的输出指标。

（5）训练改进的深度神经网络。根据输入输出指标确定模型参数，用构建好的训练样本集训练分类器，通过多次实验不断调整参数，得到 r 个训练好的深度神经网络分类器 $\{BBnn_1,\ BBnn_2,\ \cdots,\ BBnn_r\}$，$r \geq 1$。

（6）模型预测。用测试样本集在训练好的 r 个改进深度神经网络模型上进行测算，得到 r 个预测结果 $\{P_1,\ P_2,\ \cdots,\ P_r\}$，$r \geq 1$。

（7）模型预测效果评估。对 r 个预测结果进行评估，选出最佳的预测模型。如果对决策结果满意，那么进行步骤（8）；如果对决策结果不满意，则返回步骤（3），调整参数。

（8）输出最佳预测模型的预测结果。

6.3.2　机场航班延误数据预处理

6.3.2.1　连续变量编码

深度学习算法通常需要将原始数据进行编码，得到相应的矩阵或者矢量，然后将其输入模型中进行学习。本书航班延误数据的特征中通常既包括连续型特征，也包括离散型特征。

具有连续型特征的数据具有不同的量纲单位和量纲范围，会对最终数据的分析处理产生影响，主要包括以下两点：①量纲范围大的特征占主导地位；②迭代收敛速度减慢。为了消除特征之间由于不同的量纲而带来的影响，增加数据特征之间的可比性，这里采用 Min-Max 归一化的方式[189] 对连续型特征进行归一化处理，将所有的特征值映射到 [0，1] 内。

6.3.2.2　离散变量的 One-Hot 编码

对于离散型数据，比较常用的方法是进行 One-Hot 编码，使数据特征的欧氏距离一致，从而使特征重要性保持一致。One-Hot 编码又叫作独热编码，其基本原理是使用 N 位状态寄存器来对 N 个可能出现的状态进行编码，每个状态都对应一种编码，并且在任何时候，都只有一个寄存器位被激活[189]。例如，对季节这 4 种状态进行 One-Hot 编码，编码后的数据可以表示为 0001、0010、0100、1000。从上例可以看出，经过 One-Hot 编码后变成了 4 个二元特征值，而且这 4

个特征值彼此排斥，其中有且仅有一个值是激活状态，其值为 1，其余的特征值均为 0。这样可以将离散的属性特征映射到欧式空间，使其具备欧氏距离的属性，使特征值之间的距离计算更为合理。

6.3.3　模型参数设置

根据枢纽规模，机场可分为枢纽机场和非枢纽机场，航空公司可分为枢纽航空公司和非枢纽航空公司。从前文中可知，不同规模的枢纽机场和枢纽航空公司，延误特征和延误分布差别很大。本书按照机场和航空公司的枢纽规模对数据集进行划分，在建立模型之前，已经采用多项式回归对机场航班延误分布做了估计和拟合，去除了数据中的季节性趋势，所以将数据中的 80% 作为训练集，20% 作为测试集。

隐藏层通过激活函数对输入层进行非线性转换，激活函数通常选择 Sigmoid 函数和 ReLU 函数[190]。近年来研究 ReLU 函数的人越来越多，Sigmoid 函数在正负饱和部分的梯度接近于 0，但 ReLU 函数在大于 0 部分的梯度为常数，它可以在一定程度上防止梯度弥散的现象，因此 ReLU 函数受到越来越广泛的重视，本书选择 ReLU 函数作为激活函数[191]。由于网络结构比较深，深度神经网络容易出现训练时间长和过拟合等问题。本书选择使用 drop out 方法[192,193] 防止模型出现过拟合，从而提高模型的泛化能力。由于本书的输出值是连续值（延误分钟），目标函数采用 'mean_squared_error'（均方误差），网络层数采用 1~10 层分层实验，每层神经元采用 64、128、256 依次展开实验，选择实验效果最好的参数。

6.4　机场航班的延误预测实证分析

将全国机场特征选择结果作为深度神经网络的输入，根据多次实验，得到每个机场预测模型的最佳参数。预测性能由两个指标描述，即平均绝对误差（MAE）、均方根误差（RMSE），本书所有实验均在 Python 里实现。2017 年和 2018 年全国十大枢纽机场数据测试集的计算结果如下所示，其中到达机场规模分为枢纽机场（小型枢纽、中型枢纽和大型枢纽）和非枢纽机场。

6.4.1 机场航班延误结果分析

6.4.1.1 北京首都机场（PEK）2017 年和 2018 年的测试集计算结果如表 6.1 和表 6.2 所示

从表 6.1 和表 6.2 中可以计算出，到达机场为枢纽机场时，2017 年和 2018 年的平均绝对误差 MAE 的中位数分别为 9.51 分钟和 9.02 分钟，均方根误差 RMSE 的中位数分别为 11.85 分钟和 11.45 分钟；到达机场为非枢纽机场时，2017 年和 2018 年的平均绝对误差 MAE 的中位数分别为 8.79 分钟和 8.88 分钟，均方根误差 RMSE 的中位数分别为 11.39 分钟和 11.20 分钟。

表 6.1 北京首都机场（PEK）2017 年测试集单个航班延误计算结果

机场航班量	到达机场规模					
	枢纽机场			非枢纽机场		
	枢纽航司	MAE（分钟）	RMSE（分钟）	枢纽航司	MAE（分钟）	RMSE（分钟）
211482	CA	9.97	12.41	CA	9.35	11.94
	CZ	9.77	11.85	CZ	10.28	12.84
	HU	9.08	11.59	HU	8.79	11.39
	MF	9.51	11.93	JD	8.27	10.53
	MU	9.16	11.37	MU	8.33	11.25

表 6.2 北京首都机场（PEK）2018 年测试集单个航班延误计算结果

机场航班量	到达机场规模					
	枢纽机场			非枢纽机场		
	枢纽航司	MAE（分钟）	RMSE（分钟）	枢纽航司	MAE（分钟）	RMSE（分钟）
190951	CA	9.09	11.52	CA	8.28	10.82
	CZ	9.02	11.45	CZ	9.83	12.17
	HU	8.41	10.92	HU	8.94	11.20
	MF	9.40	11.85	JD	7.92	9.90
	MU	8.94	11.21	MU	8.88	11.41

在北京首都机场（PEK）数据的计算过程中，每个机场根据到达机场的枢纽规模，共建立 10 个深度网络模型。由于篇幅限制，在此仅列出两个模型在计算

过程中 Cost function 的变化。2017 年，到达机场为枢纽机场、枢纽航司为 HU 时，训练集和验证集的计算过程如图 6.6 所示。2018 年，到达机场为非枢纽机场、枢纽航司为 MU 时，训练集和验证集的计算过程如图 6.7 所示。从图中可以看出，随着迭代次数不断增加，loss 函数逐渐下降，验证集的 loss 要低于训练集，说明了模型训练的有效性。

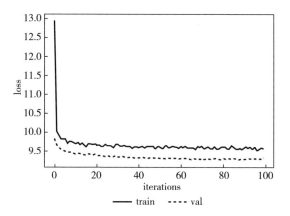

图 6.6 PEK 机场 2017 年延误计算过程

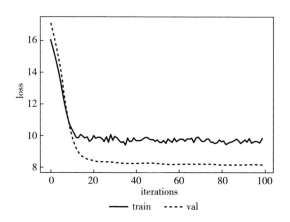

图 6.7 PEK 机场 2018 年延误计算过程

6.4.1.2 广州白云机场（CAN）2017 年和 2018 年测试集的计算结果如表 6.3 和表 6.4 所示

从表 6.3 和表 6.4 可以计算出，到达机场为枢纽机场时，2017 年和 2018 年的平均绝对误差 MAE 的中位数分别为 7.97 分钟和 7.83 分钟，均方根误差 RMSE 的中位数分别为 10.38 分钟和 10.16 分钟；到达机场为非枢纽机场时，2017 年和 2018 年的平均绝对误差 MAE 的中位数分别为 8.49 分钟和 7.08 分钟，均方根误差 RMSE 的中位数分别为 10.78 分钟和 9.28 分钟。

表 6.3　广州白云机场（CAN）2017 年测试集单个航班延误计算结果

机场航班量	到达机场规模					
	枢纽机场			非枢纽机场		
	枢纽航司	MAE（分钟）	RMSE（分钟）	枢纽航司	MAE（分钟）	RMSE（分钟）
163213	CA	7.97	10.38	CA	7.86	9.98
	CZ	8.74	11.16	CZ	8.94	11.31
	HU	7.87	10.20	HU	8.71	11.14
	MU	8.18	10.46	MU	8.49	10.55
	ZH	7.54	10.01	ZH	8.07	10.78

表 6.4　广州白云机场（CAN）2018 年测试集单个航班延误计算结果

机场航班量	到达机场规模					
	枢纽机场			非枢纽机场		
	枢纽航司	MAE（分钟）	RMSE（分钟）	枢纽航司	MAE（分钟）	RMSE（分钟）
147222	CA	7.83	10.16	CZ	7.08	9.28
	CZ	8.18	10.60	ZH	7.51	9.43
	HU	7.56	9.93	MU	7.82	9.66
	MU	8.04	10.26	HU	6.73	9.28
	ZH	7.23	9.45	CA	7.04	9.27

在广州白云机场（CAN）数据的计算过程中，每个机场根据到达机场的枢纽规模，共建立 10 个深度网络模型。由于篇幅限制，在此仅列出两个模型在计算过程中 Cost function 的变化。2017 年，到达机场为枢纽机场、枢纽航司为 CZ 时，训练集和验证集的计算过程如图 6.8 所示。2018 年，到达机场为非枢纽机场、枢纽航司为 CZ 时，训练集和验证集的计算过程如图 6.9 所示。从图中可以看出，随着迭代次数不断增加，loss 函数逐渐下降，验证集的 loss 要低于训练集，说明了模型训练的有效性。

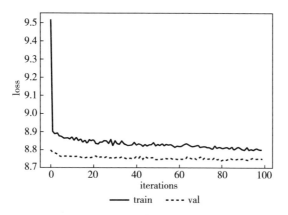

图 6.8 CAN 机场 **2017** 年延误计算过程

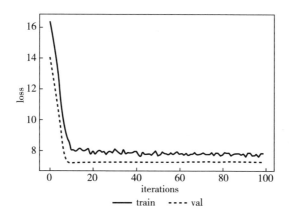

图 6.9 CAN 机场 **2018** 年延误计算过程

6.4.1.3 昆明长水机场（KMG）2017 年和 2018 年的测试集计算结果如表
6.5 和表 6.6 所示

从表 6.5 和表 6.6 可以计算出，到达机场为枢纽机场时，2017 年和 2018 年
的平均绝对误差 MAE 的中位数分别为 9.83 分钟和 8.04 分钟，均方根误差 RMSE
的中位数分别为 12.89 分钟和 10.54 分钟；到达机场为非枢纽机场时，2017 年和
2018 年的平均绝对误差 MAE 的中位数分别为 9.02 分钟和 8.10 分钟，均方根误
差 RMSE 的中位数分别为 11.85 分钟和 10.50 分钟。

表6.5 昆明长水机场（KMG）2017年测试集单个航班延误计算结果

机场航班量	到达机场规模					
	枢纽机场			非枢纽机场		
	枢纽航司	MAE（分钟）	RMSE（分钟）	枢纽航司	MAE（分钟）	RMSE（分钟）
146785	MU	9.26	12.27	MU	8.09	10.36
	CZ	10.97	13.99	8L	9.22	11.85
	8L	9.64	12.89	KY	8.85	11.40
	3U	9.83	12.74	DR	9.37	11.96
	KY	10.18	13.16	CZ	9.02	12.20

表6.6 昆明长水机场（KMG）2018年测试集单个航班延误计算结果

机场航班量	到达机场规模					
	枢纽机场			非枢纽机场		
	枢纽航司	MAE（分钟）	RMSE（分钟）	枢纽航司	MAE（分钟）	RMSE（分钟）
133773	MU	7.80	10.20	MU	7.74	10.07
	CZ	8.17	10.67	8L	8.17	10.50
	8L	8.04	10.54	KY	8.10	10.60
	3U	8.18	10.90	DR	9.27	12.04
	KY	7.88	10.36	CA	7.76	10.22

在昆明长水机场（KMG）数据的计算过程中，每个机场根据到达机场的枢纽规模，共建立10个深度网络模型。由于篇幅限制，在此仅列出两个模型在计算过程中 Cost function 的变化。2017年，到达机场为枢纽机场、枢纽航司为3U时，训练集和验证集的计算过程如图6.10所示。2018年，到达机场为非枢纽机

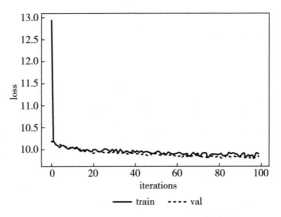

图6.10 KMG机场2017年延误计算过程

场、枢纽航司为 CA 时，训练集和验证集的计算过程如图 6.11 所示。从图中可以看出，随着迭代次数不断增加，loss 函数逐渐下降，验证集的 loss 要低于训练集，说明了模型训练的有效性。

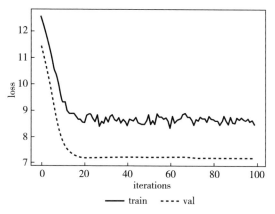

图 6.11 KMG 机场 2018 年延误计算过程

6.4.1.4 西安咸阳机场（XIY）2017 年和 2018 年测试集计算结果如表 6.7 和表 6.8 所示

从表 6.7 和表 6.8 可以计算出，到达机场为枢纽机场时，2017 年和 2018 年的平均绝对误差 MAE 的中位数分别为 9.39 分钟和 7.92 分钟，均方根误差 RMSE 的中位数分别为 13.05 分钟和 10.57 分钟；到达机场为非枢纽机场时，2017 年和 2018 年的平均绝对误差 MAE 的中位数分别为 7.95 分钟和 7.16 分钟，均方根误差 RMSE 的中位数分别为 10.37 分钟和 9.59 分钟。

表 6.7 西安咸阳机场（XIY）2017 年测试集单个航班延误计算结果

机场航班量	到达机场规模					
	枢纽机场			非枢纽机场		
	枢纽航司	MAE（分钟）	RMSE（分钟）	枢纽航司	MAE（分钟）	RMSE（分钟）
	MU	9.48	13.05	MU	8.11	10.62
141364	CZ	9.39	12.51	GS	6.50	9.05
	HU	10.48	13.31	G5	6.84	9.85
	GS	8.17	11.64	3U	7.95	10.37
	ZH	9.28	12.50	SC	9.20	12.46

表 6.8　西安咸阳机场（XIY）2018 年测试集单个航班延误计算结果

机场航班量	到达机场规模					
	枢纽机场			非枢纽机场		
	枢纽航司	MAE（分钟）	RMSE（分钟）	枢纽航司	MAE（分钟）	RMSE（分钟）
	MU	8.05	10.57	MU	7.16	9.59
128994	CZ	8.00	10.65	GS	7.94	11.19
	HU	7.92	10.34	G5	5.82	8.70
	GS	7.30	10.08	3U	5.82	8.35
	ZH	7.88	10.63	SC	8.14	10.65

在西安咸阳机场（XIY）数据的计算过程中，每个机场根据到达机场的枢纽规模，共建立 10 个深度网络模型。由于篇幅限制，在此仅列出两个模型在计算过程中 Cost function 的变化。2017 年，到达机场为枢纽机场、枢纽航司为 HU 时，训练集和验证集的计算过程如图 6.12 所示。2018 年，到达机场为非枢纽机场、枢纽航司为 G5 时，训练集和验证集的计算过程如图 6.13 所示。从图中可以看出，随着迭代次数不断增加，loss 函数逐渐下降，验证集的 loss 要低于训练集，说明了模型训练的有效性。

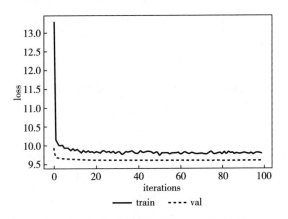

图 6.12　XIY 机场 2017 年延误计算过程

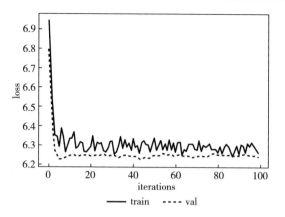

图 6.13 XIY 机场 2018 年延误计算过程

6.4.1.5 成都双流机场（CTU）2017 年和 2018 年测试集计算结果如表 6.9 和表 6.10 所示

从表 6.9 和表 6.10 可以计算出，到达机场为枢纽机场时，2017 年和 2018 年的平均绝对误差 MAE 的中位数分别为 9.58 分钟和 7.77 分钟，均方根误差 RMSE 的中位数分别为 12.95 分钟和 10.45 分钟；到达机场为非枢纽机场时，2017 年和 2018 年的平均绝对误差 MAE 的中位数分别为 8.06 分钟和 6.99 分钟，均方根误差 RMSE 的中位数分别为 11.11 分钟和 9.78 分钟。

表 6.9 成都双流机场（CTU）2017 年测试集单个航班延误计算结果

机场航班量	到达机场规模					
	枢纽机场			非枢纽机场		
	枢纽航司	MAE（分钟）	RMSE（分钟）	枢纽航司	MAE（分钟）	RMSE（分钟）
140511	CA	9.33	12.72	CA	7.96	10.77
	3U	9.80	13.11	3U	8.69	11.80
	MU	9.58	12.95	MU	8.14	11.19
	CZ	10.53	14.40	8L	8.06	11.11
	EU	8.71	11.79	TV	6.77	8.86

表 6.10 成都双流机场（CTU）2018 年测试集单个航班延误计算结果

机场航班量	到达机场规模					
	枢纽机场			非枢纽机场		
	枢纽航司	MAE（分钟）	RMSE（分钟）	枢纽航司	MAE（分钟）	RMSE（分钟）
	CA	7.96	10.81	CA	6.99	9.78
128497	3U	7.39	10.10	3U	7.93	10.66
	MU	7.77	10.45	MU	7.98	10.79
	CZ	8.32	10.92	TV	5.38	7.67
	EU	6.91	9.21	8L	6.83	9.78

在成都双流机场（CTU）数据的计算过程中，每个机场根据到达机场的枢纽规模，共建立 10 个深度网络模型。由于篇幅限制，在此仅列出两个模型在计算过程中 Cost function 的变化。2017 年，到达机场为枢纽机场、枢纽航司为 CA 时，训练集和验证集的计算过程如图 6.14 所示。2018 年，到达机场为非枢纽机场、枢纽航司为 3U 时，训练集和验证集的计算过程如图 6.15 所示。从图中可以看出，随着迭代次数不断增加，loss 函数逐渐下降，验证集的 loss 要低于训练集，说明了模型训练的有效性。

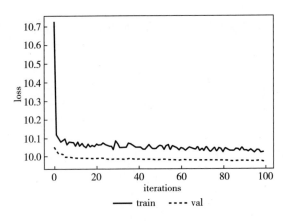

图 6.14 CTU 机场 2017 年延误计算过程

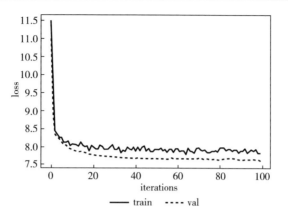

图 6.15　CTU 机场 2018 年延误计算过程

6.4.1.6　深圳宝安机场（SZX）2017 年和 2018 年测试集计算结果如表6.11和表 6.12 所示

从表 6.11 和表 6.12 中可以计算出，到达机场为枢纽机场时，2017 年和 2018 年的平均绝对误差 MAE 的中位数分别为 9.95 分钟和 8.04 分钟，均方根误差 RMSE 的中位数分别为 13.43 分钟和 10.76 分钟；到达机场为非枢纽机场时，2017 年和 2018 年的平均绝对误差 MAE 的中位数分别为 8.22 分钟和 8.33 分钟，均方根误差 RMSE 的中位数分别为 11.02 分钟和 11.03 分钟。

表 6.11　深圳宝安机场（SZX）2017 年测试集单个航班延误计算结果

机场航班量	到达机场规模					
	枢纽机场			非枢纽机场		
	枢纽航司	MAE（分钟）	RMSE（分钟）	枢纽航司	MAE（分钟）	RMSE（分钟）
131528	ZH	9.76	13.43	ZH	8.51	11.45
	CZ	9.49	13.17	CZ	8.22	11.02
	HU	9.95	12.70	DZ	7.39	10.10
	MU	10.20	13.70	MU	7.76	10.72
	CA	10.41	13.54	CA	10.45	13.87

表 6.12 深圳宝安机场（SZX）2018 年测试集单个航班延误计算结果

机场航班量	到达机场规模					
	枢纽机场			非枢纽机场		
	枢纽航司	MAE（分钟）	RMSE（分钟）	枢纽航司	MAE（分钟）	RMSE（分钟）
121180	ZH	7.98	10.76	ZH	7.86	10.25
	CZ	8.04	10.96	MU	9.89	13.80
	HU	7.70	10.33	CA	8.33	11.03
	MU	8.34	10.99	DZ	4.34	5.26
	CA	8.10	10.59	GJ	8.40	12.28

　　在深圳宝安机场（SZX）数据的计算过程中，每个机场根据到达机场的枢纽规模，共建立 10 个深度网络模型。由于篇幅限制，在此仅列出两个模型在计算过程中 Cost function 的变化。2017 年，到达机场为枢纽机场、枢纽航司为 CA 时，训练集和验证集的计算过程如图 6.16 所示。2018 年，到达机场为非枢纽机场、枢纽航司为 ZH 时，训练集和验证集的计算过程如图 6.17 所示。从图中可以看出，随着迭代次数不断增加，loss 函数逐渐下降，验证集的 loss 要低于训练集，说明了模型训练的有效性。

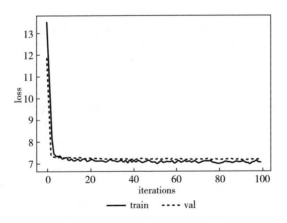

图 6.16 SZX 机场 2017 年延误计算过程

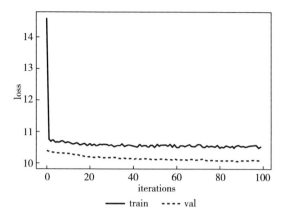

图 6.17 **SZX 机场 2018 年延误计算过程**

6.4.1.7 重庆江北机场（CKG）2017 年和 2018 年测试集计算结果如表 6.13 和表 6.14 所示

从表 6.13 和表 6.14 中可以计算出，到达机场为枢纽机场时，2017 年和 2018 年的平均绝对误差 MAE 的中位数分别为 8.95 分钟和 7.76 分钟，均方根误差 RMSE 的中位数分别为 12.42 分钟和 11.18 分钟；到达机场为非枢纽机场时，2017 年和 2018 年的平均绝对误差 MAE 的中位数分别为 6.13 分钟和 5.71 分钟，均方根误差 RMSE 的中位数分别为 10.65 分钟和 8.89 分钟。

表 6.13 **重庆江北机场（CKG）2017 年测试集单个航班延误计算结果**

机场航班量	到达机场规模					
	枢纽机场			非枢纽机场		
	枢纽航司	MAE（分钟）	RMSE（分钟）	枢纽航司	MAE（分钟）	RMSE（分钟）
	CZ	9.74	13.35	G5	8.56	11.06
	3U	8.25	11.56	CZ	7.65	10.71
112047	CA	8.67	12.42	3U	6.13	10.65
	PN	8.95	11.63	TV	5.83	7.87
	MU	10.08	12.65	CA	6.10	8.70

表 6.14　重庆江北机场（CKG）2018 年测试集单个航班延误计算结果

机场航班量	到达机场规模					
	枢纽机场			非枢纽机场		
	枢纽航司	MAE（分钟）	RMSE（分钟）	枢纽航司	MAE（分钟）	RMSE（分钟）
122079	CZ	7.76	11.12	G5	6.47	9.15
	3U	7.19	11.18	CZ	5.71	8.89
	CA	7.43	10.82	3U	4.02	6.07
	PN	8.03	11.22	TV	4.20	6.50
	MU	8.75	11.34	KY	10.06	12.87

　　在重庆江北机场（CKG）数据的计算过程中，每个机场根据到达机场的枢纽规模，共建立 10 个深度网络模型。由于篇幅限制，在此仅列出两个模型在计算过程中 Cost function 的变化。2017 年，到达机场为枢纽机场、枢纽航司为 3U 时，训练集和验证集的计算过程如图 6.18 所示。2018 年，到达机场为非枢纽机场、枢纽航司为 TV 时，训练集和验证集的计算过程如图 6.19 所示。从图中可以看出，随着迭代次数不断增加，loss 函数逐渐下降，验证集的 loss 要低于训练集，说明了模型训练的有效性。

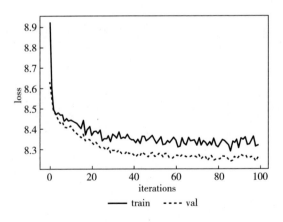

图 6.18　CKG 机场 2017 年延误计算过程

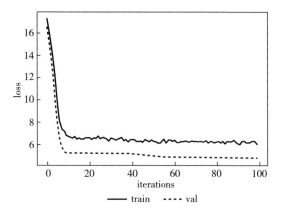

图 6.19　CKG 机场 2018 年延误计算过程

6.4.1.8　上海虹桥机场（SHA）2017 年和 2018 年测试集计算结果如表 6.15 和表 6.16 所示

从表 6.15 和表 6.16 中可以计算出，到达机场为枢纽机场时，2017 年和 2018 年的平均绝对误差 MAE 的中位数分别为 10.01 分钟和 8.07 分钟，均方根误差 RMSE 的中位数分别为 13.39 分钟和 10.66 分钟；到达机场为非枢纽机场时，2017 年和 2018 年的平均绝对误差 MAE 的中位数分别为 8.10 分钟和 7.73 分钟，均方根误差 RMSE 的中位数分别为 10.51 分钟和 9.77 分钟。

表 6.15　上海虹桥机场（SHA）2017 年测试集单个航班延误计算结果

机场航班量	到达机场规模					
	枢纽机场			非枢纽机场		
	枢纽航司	MAE（分钟）	RMSE（分钟）	枢纽航司	MAE（分钟）	RMSE（分钟）
109990	MU	8.53	10.91	MU	7.91	10.51
	FM	9.71	12.82	FM	8.10	10.53
	HO	10.01	13.39	9C	7.23	10.47
	CZ	11.54	14.48	8L	10.17	12.43
	CA	11.00	13.93	ZH	8.58	10.46

表 6.16　上海虹桥机场（SHA）2018 年测试集单个航班延误计算结果

机场航班量	到达机场规模					
	枢纽机场			非枢纽机场		
	枢纽航司	MAE（分钟）	RMSE（分钟）	枢纽航司	MAE（分钟）	RMSE（分钟）
99271	MU	8.07	10.82	MU	5.28	7.29
	FM	8.08	10.66	FM	8.36	10.90
	HO	7.81	10.48	HO	3.52	5.37
	CZ	8.35	11.10	8L	7.73	9.77
	CA	7.51	10.10	ZH	8.13	10.25

　　在上海虹桥机场（SHA）数据的计算过程中，每个机场根据到达机场的枢纽规模，共建立 10 个深度网络模型。由于篇幅限制，在此仅列出两个模型在计算过程中 Cost function 的变化。2017 年，到达机场为枢纽机场、枢纽航司为 MU 时，训练集和验证集的计算过程如图 6.20 所示。2018 年，到达机场为非枢纽机场、枢纽航司为 ZH 时，训练集和验证集的计算过程如图 6.21 所示。从图中可以看出，随着迭代次数不断增加，loss 函数逐渐下降，验证集的 loss 要低于训练集，说明了模型训练的有效性。

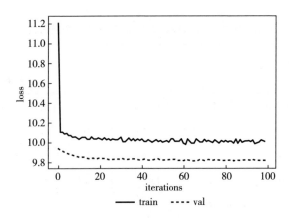

图 6.20　SHA 机场 2017 年延误计算过程

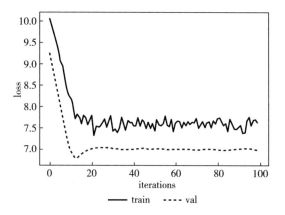

图 6.21　SHA 机场 2018 年延误计算过程

6.4.1.9　上海浦东机场（PVG）2017 年和 2018 年测试集计算结果如表 6.17 和表 6.18 所示

从表 6.17 和表 6.18 中可以计算出，到达机场为枢纽机场时，2017 年和 2018 年的平均绝对误差 MAE 的中位数分别为 10.09 分钟和 8.01 分钟，均方根误差 RMSE 的中位数分别为 12.88 分钟和 10.60 分钟；到达机场为非枢纽机场时，2017 年和 2018 年的平均绝对误差 MAE 的中位数分别为 8.10 分钟和 6.19 分钟，均方根误差 RMSE 的中位数分别为 10.36 分钟和 8.47 分钟。

表 6.17　上海浦东机场（PVG）2017 年测试集单个航班延误计算结果

机场航班量	到达机场规模					
	枢纽机场			非枢纽机场		
	枢纽航司	MAE（分钟）	RMSE（分钟）	枢纽航司	MAE（分钟）	RMSE（分钟）
	MU	10.65	13.89	MU	8.10	10.36
	CZ	10.39	13.07	FM	7.37	9.51
109121	FM	9.64	12.69	HO	8.46	11.74
	HO	10.09	12.88	KN	7.44	9.69
	CA	9.86	12.74	CZ	9.07	11.52

表 6.18 上海浦东机场（PVG）2018 年测试集单个航班延误计算结果

机场航班量	到达机场规模					
	枢纽机场			非枢纽机场		
	枢纽航司	MAE（分钟）	RMSE（分钟）	枢纽航司	MAE（分钟）	RMSE（分钟）
103975	MU	8.44	10.86	MU	7.47	10.18
	CZ	8.26	10.69	FM	6.19	8.47
	FM	7.36	9.74	HO	7.36	10.05
	HO	7.55	9.74	HU	5.22	7.08
	CA	8.01	10.60	9C	5.77	7.49

在上海浦东机场（PVG）数据的计算过程中，每个机场根据到达机场的枢纽规模，共建立 10 个深度网络模型。由于篇幅限制，在此仅列出两个模型在计算过程中 Cost function 的变化。2017 年，到达机场为枢纽机场、枢纽航司为 MU 时，训练集和验证集的计算过程如图 6.22 所示。2018 年，到达机场为非枢纽机场、枢纽航司为 9C 时，训练集和验证集的计算过程如图 6.23 所示。从图中可以看出，随着迭代次数不断增加，loss 函数逐渐下降，验证集的 loss 要低于训练集，说明了模型训练的有效性。

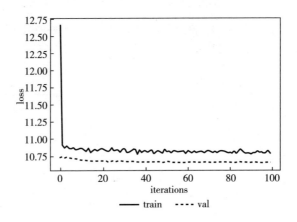

图 6.22 PVG 机场 2017 年延误计算过程

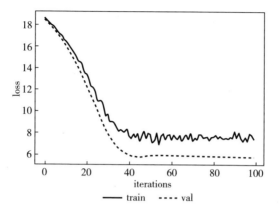

图 6.23　PVG 机场 2018 年延误计算过程

6.4.1.10　杭州萧山机场（HGH）2017 年和 2018 年测试集计算结果如表 6.19 和表 6.20 所示

从表 6.19 和表 6.20 中可以计算出，到达机场为枢纽机场时，2017 年和 2018 年的平均绝对误差 MAE 的中位数分别为 11.84 分钟和 8.44 分钟，均方根误差 RMSE 的中位数分别为 15.02 分钟和 10.68 分钟；到达机场为非枢纽机场时，2017 年和 2018 年的平均绝对误差 MAE 的中位数分别为 9.18 分钟和 7.17 分钟，均方根误差 RMSE 的中位数分别为 11.53 分钟和 8.92 分钟。

表 6.19　杭州萧山机场（HGH）2017 年测试集单个航班延误计算结果

机场航班量	到达机场规模					
	枢纽机场			非枢纽机场		
	枢纽航司	MAE（分钟）	RMSE（分钟）	枢纽航司	MAE（分钟）	RMSE（分钟）
103202	CA	11.90	14.65	GJ	8.60	11.53
	CZ	12.25	15.62	JD	9.94	11.94
	MF	11.31	15.02	HU	9.18	11.15
	MU	11.01	14.24	CA	9.61	11.74
	HU	11.84	15.27	MU	7.62	10.59

表 6.20 杭州萧山机场（HGH）2018 年测试集单个航班延误计算结果

机场航班量	到达机场规模					
	枢纽机场			非枢纽机场		
	枢纽航司	MAE（分钟）	RMSE（分钟）	枢纽航司	MAE（分钟）	RMSE（分钟）
93517	CA	7.91	10.60	GJ	7.17	9.79
	CZ	9.04	11.64	HU	5.29	6.90
	MF	7.92	10.41	MU	7.51	9.49
	MU	8.90	11.33	CA	7.51	8.82
	HU	8.44	10.68	UQ	6.10	8.92

在杭州萧山机场（HGH）数据的计算过程中，每个机场根据到达机场的枢纽规模，共建立 10 个深度网络模型。由于篇幅限制，在此仅列出两个模型在计算过程中 Cost function 的变化。2017 年，到达机场为枢纽机场、枢纽航司为 CZ 时，训练集和测试集的计算过程如图 6.24 所示。2018 年，到达机场为非枢纽机场、枢纽航司为 MU 时，训练集和测试集的计算过程如图 6.25 所示。从图中可以看出，随着迭代次数不断增加，loss 函数逐渐下降，验证集的 loss 要低于训练集，说明了模型训练的有效性。

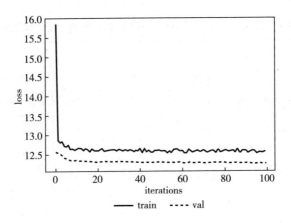

图 6.24 HGH 机场 2017 年延误计算过程

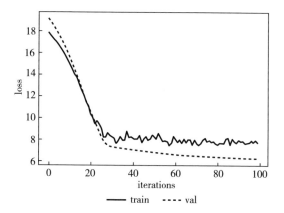

图 6.25 HGH 机场 2018 年延误计算过程

6.4.2 模型分类器对比分析

本节使用决策树模型、随机森林、组合分类器（Adaboost）与本章提出的组合模型进行对比分析，预测性能由两个指标描述，即平均绝对误差（MAE）、均方根误差（RMSE），得到的结果如下：

（1）北京首都机场（PEK）2017 年和 2018 年航班延误各分类器对比计算结果如表 6.21 和表 6.22 所示。

从表 6.21 和表 6.22 中可以看出，本书提出的组合预测模型相比其他模型，各项误差都相对较小，出发延误的平均绝对误差大部分在 9 分钟之内，均方根误差大部分在 12 分钟之内。其他分类器计算结果中，随机森林模型相比其他模型，延误平均绝对误差和均方根误差相对较小。其中，到达机场为枢纽机场时，2017 年和 2018 年的平均绝对误差 MAE 的中位数分别为 14.27 分钟和 13.53 分钟，比本书提出的组合预测模型结果增加了 4.76 分钟和 4.51 分钟。到达机场为非枢纽机场时，2017 年和 2018 年的平均绝对误差 MAE 的中位数分别为 13.19 分钟和 13.32 分钟，比本书提出的组合预测模型结果增加了 4.40 分钟和 4.44 分钟。

表 6.21 北京首都机场（PEK）2017年单个航班延误各分类器计算结果对比

模型	到达机场规模					
	枢纽机场			非枢纽机场		
	枢纽航司	MAE（分钟）	RMSE（分钟）	枢纽航司	MAE（分钟）	RMSE（分钟）
组合模型	CA	9.97	12.41	CA	9.35	11.94
	CZ	9.77	11.85	CZ	10.28	12.84
	HU	9.08	11.59	HU	8.79	11.39
	MF	9.51	11.93	JD	8.27	10.53
	MU	9.16	11.37	MU	8.33	11.25
决策树	CA	20.04	24.94	CA	18.79	24.00
	CZ	19.64	23.82	CZ	20.66	25.81
	HU	18.25	23.30	HU	17.67	22.89
	MF	19.12	23.98	JD	16.62	21.17
	MU	18.41	22.85	MU	16.74	22.61
随机森林	CA	14.96	18.62	CA	14.03	17.91
	CZ	14.66	17.78	CZ	15.42	19.26
	HU	13.62	17.39	HU	13.19	17.09
	MF	14.27	17.90	JD	12.41	15.80
	MU	13.74	17.06	MU	12.50	16.88
Adaboost	CA	17.95	22.34	CA	16.83	21.49
	CZ	17.59	21.33	CZ	18.50	23.11
	HU	16.34	20.86	HU	15.82	20.50
	MF	17.12	21.47	JD	14.89	18.95
	MU	16.49	20.47	MU	14.99	20.25

表 6.22 北京首都机场（PEK）2018年单个航班延误各分类器计算结果对比

模型	到达机场规模					
	枢纽机场			非枢纽机场		
	枢纽航司	MAE（分钟）	RMSE（分钟）	枢纽航司	MAE（分钟）	RMSE（分钟）
组合模型	CA	9.09	11.52	CA	8.28	10.82
	CZ	9.02	11.45	CZ	9.83	12.17
	HU	8.41	10.92	HU	8.94	11.20
	MF	9.40	11.85	JD	7.92	9.90
	MU	8.94	11.21	MU	8.88	11.41

续表

模型	到达机场规模					
	枢纽机场			非枢纽机场		
	枢纽航司	MAE（分钟）	RMSE（分钟）	枢纽航司	MAE（分钟）	RMSE（分钟）
决策树	CA	18.27	23.16	CA	16.64	21.75
	CZ	18.13	23.01	CZ	19.76	24.46
	HU	16.90	21.95	HU	17.97	22.51
	MF	18.89	23.82	JD	15.92	19.90
	MU	17.97	22.53	MU	17.85	22.93
随机森林	CA	13.64	17.28	CA	12.42	16.23
	CZ	13.53	17.18	CZ	14.75	18.26
	HU	12.62	16.38	HU	13.41	16.80
	MF	14.10	17.78	JD	11.88	14.85
	MU	13.41	16.82	MU	13.32	17.12
Adaboost	CA	16.36	20.74	CA	14.90	19.48
	CZ	16.24	20.61	CZ	17.69	21.91
	HU	15.14	19.66	HU	16.09	20.16
	MF	16.92	21.33	JD	14.26	17.82
	MU	16.09	20.18	MU	15.98	20.54

（2）广州白云机场（CAN）2017年和2018年测试集单个航班延误各分类器对比计算结果如表 6.23 和表 6.24 所示。

从表 6.23 和表 6.24 中可以看出，本书提出的组合预测模型相比其他模型，各项误差都相对较小，出发延误的平均绝对误差都在 9 分钟之内，均方根误差在 12 分钟之内。其他分类器计算结果中，随机森林模型相比其他模型，延误平均绝对误差和均方根误差较小。其中，到达机场为枢纽机场时，2017年和 2018 年的平均绝对误差 MAE 的中位数分别为 11.96 分钟和 11.75 分钟，比本书提出的组合预测模型结果增加了 3.99 分钟和 3.92 分钟。到达机场为非枢纽机场时，2017 年和 2018 年的平均绝对误差 MAE 的中位数分别为 12.74 分钟和 10.62 分钟，比本书提出的组合预测模型结果增加了 4.25 分钟和 3.54 分钟。

表 6.23 广州白云机场（CAN）2017 年单个航班延误各分类器计算结果对比

模型	到达机场规模					
	枢纽机场			非枢纽机场		
	枢纽航司	MAE（分钟）	RMSE（分钟）	枢纽航司	MAE（分钟）	RMSE（分钟）
组合模型	CA	7.97	10.38	CA	7.86	9.98
	CZ	8.74	11.16	CZ	8.94	11.31
	HU	7.87	10.20	HU	8.71	11.14
	MU	8.18	10.46	MU	8.49	10.55
	ZH	7.54	10.01	ZH	8.07	10.78
决策树	CA	16.02	20.86	CA	15.80	20.06
	CZ	17.57	22.43	CZ	17.97	22.73
	HU	15.82	20.50	HU	17.51	22.39
	MU	16.44	21.02	MU	17.06	21.21
	ZH	15.16	20.12	ZH	16.22	21.67
随机森林	CA	11.96	15.57	CA	11.79	14.97
	CZ	13.11	16.74	CZ	13.41	16.97
	HU	11.81	15.30	HU	13.07	16.71
	MU	12.27	15.69	MU	12.74	15.83
	ZH	11.31	15.02	ZH	12.11	16.17
Adaboost	CA	14.35	18.68	CA	14.15	17.96
	CZ	15.73	20.09	CZ	16.09	20.36
	HU	14.17	18.36	HU	15.68	20.05
	MU	14.72	18.83	MU	15.28	18.99
	ZH	13.57	18.02	ZH	14.53	19.40

表 6.24 广州白云机场（CAN）2018 年单个航班延误各分类器计算结果对比

模型	到达机场规模					
	枢纽机场			非枢纽机场		
	枢纽航司	MAE（分钟）	RMSE（分钟）	枢纽航司	MAE（分钟）	RMSE（分钟）
组合模型	CA	7.83	10.16	CZ	7.08	9.28
	CZ	8.18	10.60	ZH	7.51	9.43
	HU	7.56	9.93	MU	7.82	9.66
	MU	8.04	10.26	HU	6.73	9.28
	ZH	7.23	9.45	CA	7.04	9.27

续表

模型	到达机场规模					
	枢纽机场			非枢纽机场		
	枢纽航司	MAE（分钟）	RMSE（分钟）	枢纽航司	MAE（分钟）	RMSE（分钟）
决策树	CA	15.74	21.13	CZ	14.23	18.65
	CZ	16.44	22.05	ZH	15.10	18.95
	HU	15.20	20.65	MU	15.72	19.42
	MU	16.16	21.34	HU	13.53	18.65
	ZH	14.53	19.66	CA	14.15	18.63
随机森林	CA	11.75	15.24	CZ	10.62	13.92
	CZ	12.27	15.90	ZH	11.27	14.15
	HU	11.34	14.90	MU	11.73	14.49
	MU	12.06	15.39	HU	10.10	13.92
	ZH	10.85	14.18	CA	10.56	13.91
Adaboost	CA	14.09	18.29	CZ	12.74	16.70
	CZ	14.72	19.08	ZH	13.52	16.97
	HU	13.61	17.87	MU	14.08	17.39
	MU	14.47	18.47	HU	12.11	16.70
	ZH	13.01	17.01	CA	12.67	16.69

　　（3）昆明长水机场（KMG）2017 年和 2018 年航班延误各分类器对比计算结果如表 6.25 和表 6.26 所示。

　　从表 6.25 和表 6.26 中可以看出，本书提出的组合预测模型相比其他模型，各项误差都相对较小，出发延误的平均绝对误差大部分在 10 分钟之内，均方根误差大部分在 13 分钟之内。其他分类器计算结果中，随机森林模型相比其他模型，延误平均绝对误差和均方根误差较小。根据随机森林模型的计算结果，到达机场为枢纽机场时，2017 年和 2018 年的平均绝对误差 MAE 的中位数分别为 14.75 分钟和 12.06 分钟，比本书提出的组合预测模型结果增加了 4.92 分钟和 4.02 分钟。到达机场为非枢纽机场时，2017 年和 2018 年的平均绝对误差 MAE 的中位数分别为 13.53 分钟和 12.15 分钟，比本书提出的组合预测模型结果增加了 4.51 分钟和 4.05 分钟。

表 6.25　昆明长水机场（KMG）2017 年单个航班延误各分类器计算结果对比

模型	到达机场规模					
	枢纽机场			非枢纽机场		
	枢纽航司	MAE（分钟）	RMSE（分钟）	枢纽航司	MAE（分钟）	RMSE（分钟）
组合模型	MU	9.26	12.27	MU	8.09	10.36
	CZ	10.97	13.99	8L	9.22	11.85
	8L	9.64	12.89	KY	8.85	11.40
	3U	9.83	12.74	DR	9.37	11.96
	KY	10.18	13.16	CZ	9.02	12.20
决策树	MU	18.61	24.66	MU	16.26	20.82
	CZ	22.05	28.12	8L	18.53	23.82
	8L	19.38	25.91	KY	17.79	22.91
	3U	19.76	25.61	DR	18.83	24.04
	KY	20.46	26.45	CZ	18.13	24.52
随机森林	MU	13.89	18.41	MU	12.14	15.54
	CZ	16.46	20.99	8L	13.83	17.78
	8L	14.46	19.34	KY	13.28	17.10
	3U	14.75	19.11	DR	14.06	17.94
	KY	15.27	19.74	CZ	13.53	18.30
Adaboost	MU	16.67	22.09	MU	14.56	18.65
	CZ	19.75	25.18	8L	16.60	21.33
	8L	17.35	23.20	KY	15.93	20.52
	3U	17.69	22.93	DR	16.87	21.53
	KY	18.32	23.69	CZ	16.24	21.96

表 6.26　昆明长水机场（KMG）2018 年单个航班延误各分类器计算结果对比

模型	到达机场规模					
	枢纽机场			非枢纽机场		
	枢纽航司	MAE（分钟）	RMSE（分钟）	枢纽航司	MAE（分钟）	RMSE（分钟）
组合模型	MU	7.80	10.20	MU	7.74	10.07
	CZ	8.17	10.67	8L	8.17	10.50
	8L	8.04	10.54	KY	8.10	10.60
	3U	8.18	10.90	DR	9.27	12.04
	KY	7.88	10.36	CA	7.76	10.22

续表

模型	到达机场规模					
	枢纽机场			非枢纽机场		
	枢纽航司	MAE（分钟）	RMSE（分钟）	枢纽航司	MAE（分钟）	RMSE（分钟）
决策树	MU	15.68	20.50	MU	15.56	20.24
	CZ	16.42	21.45	8L	16.42	21.11
	8L	16.16	21.19	KY	16.28	21.31
	3U	16.44	21.91	DR	18.63	24.20
	KY	15.84	20.82	CA	15.60	20.54
随机森林	MU	11.70	15.30	MU	11.61	15.11
	CZ	12.26	16.01	8L	12.26	15.75
	8L	12.06	15.81	KY	12.15	15.90
	3U	12.27	16.35	DR	13.91	18.06
	KY	11.82	15.54	CA	11.64	15.33
Adaboost	MU	14.04	18.36	MU	13.93	18.13
	CZ	14.71	19.21	8L	14.71	18.90
	8L	14.47	18.97	KY	14.58	19.08
	3U	14.72	19.62	DR	16.69	21.67
	KY	14.18	18.65	CA	13.97	18.40

（4）西安咸阳机场（XIY）2017 年和 2018 年航班延误各分类器对比计算结果如表 6.27 和表 6.28 所示。

从表 6.27 和表 6.28 中可以看出，本书提出的组合预测模型相比其他模型，各项误差都相对较小，出发延误的平均绝对误差大部分在 10 分钟之内，均方根误差在 13 分钟之内。其他分类器计算结果中，随机森林模型相比其他模型，延误平均绝对误差和均方根误差较小。其中，到达机场为枢纽机场时，2017 年和 2018 年的平均绝对误差 MAE 的中位数分别为 14.09 分钟和 11.88 分钟，比本书提出的组合预测模型结果增加了 4.70 分钟和 3.96 分钟。到达机场为非枢纽机场时，2017 年和 2018 年的平均绝对误差 MAE 的中位数分别为 11.93 分钟和 10.74 分钟，比本书提出的组合预测模型结果增加了 3.98 分钟和 3.58 分钟。

表 6.27　西安咸阳机场（XIY）2017 年单个航班延误各分类器计算结果对比

模型	到达机场规模					
	枢纽机场			非枢纽机场		
	枢纽航司	MAE（分钟）	RMSE（分钟）	枢纽航司	MAE（分钟）	RMSE（分钟）
组合模型	MU	9.48	13.05	MU	8.11	10.62
	CZ	9.39	12.51	GS	6.50	9.05
	HU	10.48	13.31	G5	6.84	9.85
	GS	8.17	11.64	3U	7.95	10.37
	ZH	9.28	12.50	SC	9.20	12.46
决策树	MU	19.05	26.23	MU	16.30	21.35
	CZ	18.87	25.15	GS	13.07	18.19
	HU	21.06	26.75	G5	13.75	19.80
	GS	16.42	23.40	3U	15.98	20.84
	ZH	18.65	25.13	SC	18.49	25.04
随机森林	MU	14.22	19.58	MU	12.17	15.93
	CZ	14.09	18.77	GS	9.75	13.58
	HU	15.72	19.97	G5	10.26	14.78
	GS	12.26	17.46	3U	11.93	15.56
	ZH	13.92	18.75	SC	13.80	18.69
Adaboost	MU	17.06	23.49	MU	14.60	19.12
	CZ	16.90	22.52	GS	11.70	16.29
	HU	18.86	23.96	G5	12.31	17.73
	GS	14.71	20.95	3U	14.31	18.67
	ZH	16.70	22.50	SC	16.56	22.43

表 6.28　西安咸阳机场（XIY）2018 年单个航班延误各分类器计算结果对比

模型	到达机场规模					
	枢纽机场			非枢纽机场		
	枢纽航司	MAE（分钟）	RMSE（分钟）	枢纽航司	MAE（分钟）	RMSE（分钟）
组合模型	MU	8.05	10.57	MU	7.16	9.59
	CZ	8.00	10.65	GS	7.94	11.19
	HU	7.92	10.34	G5	5.82	8.70
	GS	7.30	10.08	3U	5.82	8.35
	ZH	7.88	10.63	SC	8.14	10.65

续表

模型	到达机场规模					
	枢纽机场			非枢纽机场		
	枢纽航司	MAE（分钟）	RMSE（分钟）	枢纽航司	MAE（分钟）	RMSE（分钟）
决策树	MU	16.18	21.25	MU	14.39	19.28
	CZ	16.08	21.41	GS	15.96	22.49
	HU	15.92	20.78	G5	11.70	17.49
	GS	14.67	20.26	3U	11.70	16.78
	ZH	15.84	21.37	SC	16.36	21.41
随机森林	MU	12.08	15.86	MU	10.74	14.39
	CZ	12.00	15.98	GS	11.91	16.79
	HU	11.88	15.51	G5	8.73	13.05
	GS	10.95	15.12	3U	8.73	12.53
	ZH	11.82	15.95	SC	12.21	15.98
Adaboost	MU	14.49	19.03	MU	12.89	17.26
	CZ	14.40	19.17	GS	14.29	20.14
	HU	14.26	18.61	G5	10.48	15.66
	GS	13.14	18.14	3U	10.48	15.03
	ZH	14.18	19.13	SC	14.65	19.17

（5）成都双流机场（CTU）2017 年和 2018 年单个航班延误各分类器对比计算结果如表 6.29 和表 6.30 所示。

从表 6.29 和表 6.30 中可以看出，本书提出的组合预测模型相比其他模型，各项误差都较小，出发延误的平均绝对误差都在 10 分钟之内，均方根误差在 13 分钟之内。其他分类器计算结果中，随机森林模型相比其他模型，延误平均绝对误差和均方根误差较小。其中，到达机场为枢纽机场时，2017 年和 2018 年的平均绝对误差 MAE 的中位数分别为 14.37 分钟和 11.66 分钟，比本书提出的组合预测模型结果增加了 4.79 分钟和 3.89 分钟。到达机场为非枢纽机场时，2017 年和 2018 年的平均绝对误差 MAE 的中位数分别为 12.09 分钟和 10.49 分钟，比本书提出的组合预测模型结果增加了 4.03 分钟和 3.50 分钟。

表 6.29　成都双流机场（CTU）2017 年单个航班延误各分类器计算结果对比

模型	到达机场规模					
	枢纽机场			非枢纽机场		
	枢纽航司	MAE（分钟）	RMSE（分钟）	枢纽航司	MAE（分钟）	RMSE（分钟）
组合模型	CA	9.33	12.72	CA	7.96	10.77
	3U	9.80	13.11	3U	8.69	11.80
	MU	9.58	12.95	MU	8.14	11.19
	CZ	10.53	14.40	8L	8.06	11.11
	EU	8.71	11.79	TV	6.77	8.86
决策树	CA	18.75	25.57	CA	16.00	21.65
	3U	19.70	26.35	3U	17.47	23.72
	MU	19.26	26.03	MU	16.36	22.49
	CZ	21.17	28.94	8L	16.20	22.33
	EU	17.51	23.70	TV	13.61	17.81
随机森林	CA	14.00	19.08	CA	11.94	16.16
	3U	14.70	19.67	3U	13.04	17.70
	MU	14.37	19.43	MU	12.21	16.79
	CZ	15.80	21.60	8L	12.09	16.67
	EU	13.07	17.69	TV	10.16	13.29
Adaboost	CA	16.79	22.90	CA	14.33	19.39
	3U	17.64	23.60	3U	15.64	21.24
	MU	17.24	23.31	MU	14.65	20.14
	CZ	18.95	25.92	8L	14.51	20.00
	EU	15.68	21.22	TV	12.19	15.95

表 6.30　成都双流机场（CTU）2018 年单个航班延误各分类器计算结果对比

模型	到达机场规模					
	枢纽机场			非枢纽机场		
	枢纽航司	MAE（分钟）	RMSE（分钟）	枢纽航司	MAE（分钟）	RMSE（分钟）
组合模型	CA	7.96	10.81	CA	6.99	9.78
	3U	7.39	10.10	3U	7.93	10.66
	MU	7.77	10.45	MU	7.98	10.79
	CZ	8.32	10.92	TV	5.38	7.67
	EU	6.91	9.21	8L	6.83	9.78

模型	到达机场规模					
	枢纽机场			非枢纽机场		
	枢纽航司	MAE（分钟）	RMSE（分钟）	枢纽航司	MAE（分钟）	RMSE（分钟）
决策树	CA	16.00	21.73	CA	14.05	19.66
	3U	14.85	20.30	3U	15.94	21.43
	MU	15.62	21.00	MU	16.04	21.69
	CZ	16.72	21.95	TV	10.81	15.41
	EU	13.89	18.51	8L	13.73	19.66
随机森林	CA	11.94	16.22	CA	10.49	14.68
	3U	11.09	15.15	3U	11.90	16.00
	MU	11.66	15.68	MU	11.97	16.19
	CZ	12.48	16.38	TV	8.07	11.51
	EU	10.37	13.82	8L	10.25	14.68
Adaboost	CA	14.33	19.46	CA	12.58	17.61
	3U	13.30	18.18	3U	14.27	19.19
	MU	13.99	18.81	MU	14.37	19.42
	CZ	14.98	19.66	TV	9.69	13.81
	EU	12.44	16.58	8L	12.30	17.61

（6）深圳宝安机场（SZX）2017 年和 2018 年航班延误各分类器对比计算结果如表 6.31 和表 6.32 所示。

从表 6.31 和表 6.32 中可以看出，本书提出的组合预测模型相比其他模型，各项误差都相对较小，出发延误的平均绝对误差都在 10 分钟之内，均方根误差在 13 分钟之内。其他分类器计算结果中，随机森林模型相比其他模型，延误平均绝对误差和均方根误差较小。其中，到达机场为枢纽机场时，2017 年和 2018 年的平均绝对误差 MAE 的中位数分别为 14.93 分钟和 12.06 分钟，比本书提出的组合预测模型结果增加了 4.98 分钟和 4.02 分钟。到达机场为非枢纽机场时，2017 年和 2018 年的平均绝对误差 MAE 的中位数分别为 12.33 分钟和 12.50 分钟，比本书提出的组合预测模型结果增加了 4.11 分钟和 4.17 分钟。

表 6.31 深圳宝安机场（SZX）2017 年单个航班延误各分类器计算结果对比

模型	到达机场规模					
	枢纽机场			非枢纽机场		
	枢纽航司	MAE（分钟）	RMSE（分钟）	枢纽航司	MAE（分钟）	RMSE（分钟）
组合模型	ZH	9.76	13.43	ZH	8.51	11.45
	CZ	9.49	13.17	CZ	8.22	11.02
	HU	9.95	12.70	DZ	7.39	10.10
	MU	10.20	13.70	MU	7.76	10.72
	CA	10.41	13.54	CA	10.45	13.87
决策树	ZH	19.62	26.99	ZH	17.11	23.01
	CZ	19.07	26.47	CZ	16.52	22.15
	HU	20.00	25.53	DZ	14.85	20.30
	MU	20.50	27.54	MU	15.60	21.55
	CA	20.92	27.22	CA	21.00	27.88
随机森林	ZH	14.64	20.15	ZH	12.77	17.18
	CZ	14.24	19.76	CZ	12.33	16.53
	HU	14.93	19.05	DZ	11.09	15.15
	MU	15.30	20.55	MU	11.64	16.08
	CA	15.62	20.31	CA	15.68	20.81
Adaboost	ZH	17.57	24.17	ZH	15.32	20.61
	CZ	17.08	23.71	CZ	14.80	19.84
	HU	17.91	22.86	DZ	13.30	18.18
	MU	18.36	24.66	MU	13.97	19.30
	CA	18.74	24.37	CA	18.81	24.97

表 6.32 深圳宝安机场（SZX）2018 年单个航班延误各分类器计算结果对比

模型	到达机场规模					
	枢纽机场			非枢纽机场		
	枢纽航司	MAE（分钟）	RMSE（分钟）	枢纽航司	MAE（分钟）	RMSE（分钟）
组合模型	ZH	7.98	10.76	ZH	7.86	10.25
	CZ	8.04	10.96	MU	9.89	13.80
	HU	7.70	10.33	CA	8.33	11.03
	MU	8.34	10.99	DZ	4.34	5.26
	CA	8.10	10.59	GJ	8.40	12.28

续表

模型	到达机场规模					
	枢纽机场			非枢纽机场		
	枢纽航司	MAE（分钟）	RMSE（分钟）	枢纽航司	MAE（分钟）	RMSE（分钟）
决策树	ZH	16.04	21.63	ZH	15.80	20.60
	CZ	16.16	22.03	MU	19.88	27.74
	HU	15.48	20.76	CA	16.74	22.17
	MU	16.76	22.09	DZ	8.72	10.57
	CA	16.28	21.29	GJ	16.88	24.68
随机森林	ZH	11.97	16.14	ZH	11.79	15.38
	CZ	12.06	16.44	MU	14.84	20.70
	HU	11.55	15.50	CA	12.50	16.55
	MU	12.51	16.49	DZ	6.51	7.89
	CA	12.15	15.89	GJ	12.60	18.42
Adaboost	ZH	14.36	19.37	ZH	14.15	18.45
	CZ	14.47	19.73	MU	17.80	24.84
	HU	13.86	18.59	CA	14.99	19.85
	MU	15.01	19.78	DZ	7.81	9.47
	CA	14.58	19.06	GJ	15.12	22.10

（7）重庆江北机场（CKG）2017 年和 2018 年单个航班延误各分类器对比计算结果如表 6.33 和表 6.34 所示。

从表 6.33 和表 6.34 中可以看出，本书提出的组合预测模型相比其他模型，各项误差都较小，出发延误的平均绝对误差都在 9 分钟之内，均方根误差在 12 分钟之内。其他分类器计算结果中，随机森林模型相比其他模型，延误平均绝对误差和均方根误差较小。其中，到达机场为枢纽机场时，2017 年和 2018 年的平均绝对误差 MAE 的中位数分别为 13.43 分钟和 11.64 分钟，比本书提出的组合预测模型结果增加了 4.48 分钟和 3.88 分钟。到达机场为非枢纽机场时，2017 年和 2018 年的平均绝对误差 MAE 的中位数分别为 9.2 分钟和 8.57 分钟，比本书提出的组合预测模型结果增加了 3.07 分钟和 2.86 分钟。

表6.33 重庆江北机场（CKG）2017年单个航班延误各分类器计算结果对比

模型	到达机场规模					
	枢纽机场			非枢纽机场		
	枢纽航司	MAE（分钟）	RMSE（分钟）	枢纽航司	MAE（分钟）	RMSE（分钟）
组合模型	CZ	9.74	13.35	G5	8.56	11.06
	3U	8.25	11.56	CZ	7.65	10.71
	CA	8.67	12.42	3U	6.13	10.65
	PN	8.95	11.63	TV	5.83	7.87
	MU	10.08	12.65	CA	6.10	8.70
决策树	CZ	19.58	26.83	G5	17.21	22.23
	3U	16.58	23.24	CZ	15.38	21.53
	CA	17.43	24.96	3U	12.32	21.41
	PN	17.99	23.38	TV	11.72	15.82
	MU	20.26	25.43	CA	12.26	17.49
随机森林	CZ	14.61	20.03	G5	12.84	16.59
	3U	12.38	17.34	CZ	11.48	16.07
	CA	13.01	18.63	3U	9.20	15.98
	PN	13.43	17.45	TV	8.75	11.81
	MU	15.12	18.98	CA	9.15	13.05
Adaboost	CZ	17.53	24.03	G5	15.41	19.91
	3U	14.85	20.81	CZ	13.77	19.28
	CA	15.61	22.36	3U	11.03	19.17
	PN	16.11	20.93	TV	10.49	14.17
	MU	18.14	22.77	CA	10.98	15.66

表6.34 重庆江北机场（CKG）2018年单个航班延误各分类器计算结果对比

模型	到达机场规模					
	枢纽机场			非枢纽机场		
	枢纽航司	MAE（分钟）	RMSE（分钟）	枢纽航司	MAE（分钟）	RMSE（分钟）
组合模型	CZ	7.76	11.12	G5	6.47	9.15
	3U	7.19	11.18	CZ	5.71	8.89
	CA	7.43	10.82	3U	4.02	6.07
	PN	8.03	11.22	TV	4.20	6.50
	MU	8.75	11.34	KY	10.06	12.87

模型	到达机场规模					
	枢纽机场			非枢纽机场		
	枢纽航司	MAE（分钟）	RMSE（分钟）	枢纽航司	MAE（分钟）	RMSE（分钟）
决策树	CZ	15.60	22.35	G5	13.00	18.39
	3U	14.45	22.47	CZ	11.48	17.87
	CA	14.93	21.75	3U	8.08	12.20
	PN	16.14	22.55	TV	8.44	13.07
	MU	17.59	22.79	KY	20.22	25.87
随机森林	CZ	11.64	16.68	G5	9.71	13.73
	3U	10.79	16.77	CZ	8.57	13.34
	CA	11.15	16.23	3U	6.03	9.11
	PN	12.05	16.83	TV	6.30	9.75
	MU	13.13	17.01	KY	15.09	19.31
Adaboost	CZ	13.97	20.02	G5	11.65	16.47
	3U	12.94	20.12	CZ	10.28	16.00
	CA	13.37	19.48	3U	7.24	10.93
	PN	14.45	20.20	TV	7.56	11.70
	MU	15.75	20.41	KY	18.11	23.17

（8）上海虹桥机场（SHA）2017年和2018年单个航班延误各分类器对比计算结果如表6.35和表6.36所示。

从表6.35和表6.36中可以看出，本书提出的组合预测模型相比其他模型，各项误差都较小，出发延误的平均绝对误差都在10分钟之内，均方根误差在13分钟之内。其他分类器计算结果中，随机森林模型相比其他模型，延误平均绝对误差和均方根误差较小。其中，到达机场为枢纽机场时，2017年和2018年的平均绝对误差MAE的中位数分别为15.02分钟和12.11分钟，比本书提出的组合预测模型结果增加了5.01分钟和4.04分钟。到达机场为非枢纽机场时，2017年和2018年的平均绝对误差MAE的中位数分别为12.15分钟和11.60分钟，比本书提出的组合预测模型结果增加了4.05分钟和3.87分钟。

表 6.35　上海虹桥机场（SHA）2017 年单个航班延误各分类器计算结果对比

模型	到达机场规模					
	枢纽机场			非枢纽机场		
	枢纽航司	MAE（分钟）	RMSE（分钟）	枢纽航司	MAE（分钟）	RMSE（分钟）
组合模型	MU	8.53	10.91	MU	7.91	10.51
	FM	9.71	12.82	FM	8.10	10.53
	HO	10.01	13.39	9C	7.23	10.47
	CZ	11.54	14.48	8L	10.17	12.43
	CA	11.00	13.93	ZH	8.58	10.46
决策树	MU	17.15	21.93	MU	15.90	21.13
	FM	19.52	25.77	FM	16.28	21.17
	HO	20.12	26.91	9C	14.53	21.04
	CZ	23.20	29.10	8L	20.44	24.98
	CA	22.11	28.00	ZH	17.25	21.02
随机森林	MU	12.80	16.37	MU	11.87	15.77
	FM	14.57	19.23	FM	12.15	15.80
	HO	15.02	20.09	9C	10.85	15.71
	CZ	17.31	21.72	8L	15.26	18.65
	CA	16.50	20.90	ZH	12.87	15.69
Adaboost	MU	15.35	19.64	MU	14.24	18.92
	FM	17.48	23.08	FM	14.58	18.95
	HO	18.02	24.10	9C	13.01	18.85
	CZ	20.77	26.06	8L	18.31	22.37
	CA	19.80	25.07	ZH	15.44	18.83

表 6.36　上海虹桥机场（SHA）2018 年单个航班延误各分类器计算结果对比

模型	到达机场规模					
	枢纽机场			非枢纽机场		
	枢纽航司	MAE（分钟）	RMSE（分钟）	枢纽航司	MAE（分钟）	RMSE（分钟）
组合模型	MU	8.07	10.82	MU	5.28	7.29
	FM	8.08	10.66	FM	8.36	10.90
	HO	7.81	10.48	HO	3.52	5.37
	CZ	8.35	11.10	8L	7.73	9.77
	CA	7.51	10.10	ZH	8.13	10.25

续表

模型	到达机场规模					
	枢纽机场			非枢纽机场		
	枢纽航司	MAE（分钟）	RMSE（分钟）	枢纽航司	MAE（分钟）	RMSE（分钟）
决策树	MU	16.22	21.75	MU	10.61	14.65
	FM	16.24	21.43	FM	16.80	21.91
	HO	15.70	21.06	HO	7.08	10.79
	CZ	16.78	22.31	8L	15.54	19.64
	CA	15.10	20.30	ZH	16.34	20.60
随机森林	MU	12.11	16.23	MU	7.92	10.94
	FM	12.12	15.99	FM	12.54	16.35
	HO	11.72	15.72	HO	5.28	8.06
	CZ	12.53	16.65	8L	11.60	14.66
	CA	11.27	15.15	ZH	12.20	15.38
Adaboost	MU	14.53	19.48	MU	9.50	13.12
	FM	14.54	19.19	MU	15.05	19.62
	HO	14.06	18.86	FM	6.34	9.67
	CZ	15.03	19.98	HO	13.91	17.59
	CA	13.52	18.18	8L	14.63	18.45

（9）上海浦东机场（PVG）2017年和2018年单个航班延误各分类器对比计算结果如表6.37和表6.38所示。

从表6.37和表6.38中可以看出，本书提出的组合预测模型相比其他模型，各项误差都较小，出发延误的平均绝对误差都在9分钟之内，均方根误差在13分钟之内。其他分类器计算结果中，随机森林模型相比其他模型，延误平均绝对误差和均方根误差较小。其中，到达机场为枢纽机场时，2017年和2018年的平均绝对误差 MAE 的中位数分别为15.14分钟和12.02分钟，比本书提出的组合预测模型结果增加了5.05分钟和4.01分钟。到达机场为非枢纽机场时，2017年和2018年的平均绝对误差 MAE 的中位数分别为12.15分钟和9.29分钟，比本书提出的组合预测模型结果增加了4.05分钟和3.10分钟。

表 6.37　上海浦东机场（PVG）2017 年单个航班延误各分类器计算结果对比

模型	到达机场规模					
	枢纽机场			非枢纽机场		
	枢纽航司	MAE（分钟）	RMSE（分钟）	枢纽航司	MAE（分钟）	RMSE（分钟）
组合模型	MU	10.65	13.89	MU	8.10	10.36
	CZ	10.39	13.07	FM	7.37	9.51
	FM	9.64	12.69	HO	8.46	11.74
	HO	10.09	12.88	KN	7.44	9.69
	CA	9.86	12.74	CZ	9.07	11.52
决策树	MU	21.41	27.92	MU	16.28	20.82
	CZ	20.88	26.27	FM	14.81	19.12
	FM	19.38	25.51	HO	17.00	23.60
	HO	20.28	25.89	KN	14.95	19.48
	CA	19.82	25.61	CZ	18.23	23.16
随机森林	MU	15.98	20.84	MU	12.15	15.54
	CZ	15.59	19.61	FM	11.06	14.27
	FM	14.46	19.04	HO	12.69	17.61
	HO	15.14	19.32	KN	11.16	14.54
	CA	14.79	19.11	CZ	13.61	17.28
Adaboost	MU	19.17	25.00	MU	14.58	18.65
	CZ	18.70	23.53	FM	13.27	17.12
	FM	17.35	22.84	HO	15.23	21.13
	HO	18.16	23.18	KN	13.39	17.44
	CA	17.75	22.93	CZ	16.33	20.74

表 6.38　上海浦东机场（PVG）2018 年单个航班延误各分类器计算结果对比

模型	到达机场规模					
	枢纽机场			非枢纽机场		
	枢纽航司	MAE（分钟）	RMSE（分钟）	枢纽航司	MAE（分钟）	RMSE（分钟）
组合模型	MU	8.44	10.86	MU	7.47	10.18
	CZ	8.26	10.69	FM	6.19	8.47
	FM	7.36	9.74	HO	7.36	10.05
	HO	7.55	9.74	HU	5.22	7.08
	CA	8.01	10.60	9C	5.77	7.49

模型	到达机场规模					
	枢纽机场			非枢纽机场		
	枢纽航司	MAE（分钟）	RMSE（分钟）	枢纽航司	MAE（分钟）	RMSE（分钟）
决策树	MU	16.96	21.83	MU	15.01	20.46
	CZ	16.60	21.49	FM	12.44	17.02
	FM	14.79	19.58	HO	14.79	20.20
	HO	15.18	19.58	HU	10.49	14.23
	CA	16.10	21.31	9C	11.60	15.05
随机森林	MU	12.66	16.29	MU	11.21	15.27
	CZ	12.39	16.04	FM	9.29	12.71
	FM	11.04	14.61	HO	11.04	15.08
	HO	11.33	14.61	HU	7.83	10.62
	CA	12.02	15.90	9C	8.66	11.24
Adaboost	MU	15.19	19.55	MU	13.45	18.32
	CZ	14.87	19.24	FM	11.14	15.25
	FM	13.25	17.53	HO	13.25	18.09
	HO	13.59	17.53	HU	9.40	12.74
	CA	14.42	19.08	9C	10.39	13.48

（10）杭州萧山机场（HGH）2017年和2018年单个航班延误各分类器对比计算结果如表6.39和表6.40所示。

从表6.39和表6.40中可以看出，本书提出的组合预测模型相比其他模型，各项误差都较小，出发延误的平均绝对误差都在12分钟之内，均方根误差在14分钟之内。其他分类器计算结果中，随机森林模型相比其他模型，延误平均绝对误差和均方根误差较小。其中，到达机场为枢纽机场时，2017年和2018年的平均绝对误差MAE的中位数分别为17.76分钟和12.66分钟，比本书提出的组合预测模型结果增加了5.92分钟和4.22分钟。到达机场为非枢纽机场时，2017年和2018年的平均绝对误差MAE的中位数分别为13.77分钟和10.76分钟，比本书提出的组合预测模型结果增加了4.59分钟和3.59分钟。

表 6.39 杭州萧山机场（HGH）2017 年单个航班延误各分类器计算结果对比

模型	到达机场规模					
	枢纽机场			非枢纽机场		
	枢纽航司	MAE（分钟）	RMSE（分钟）	枢纽航司	MAE（分钟）	RMSE（分钟）
组合模型	CA	11.90	14.65	GJ	8.60	11.53
	CZ	12.25	15.62	JD	9.94	11.94
	MF	11.31	15.02	HU	9.18	11.15
	MU	11.01	14.24	CA	9.61	11.74
	HU	11.84	15.27	MU	7.62	10.59
决策树	CA	23.92	29.45	GJ	17.29	23.18
	CZ	24.62	31.40	JD	19.98	24.00
	MF	22.73	30.19	HU	18.45	22.41
	MU	22.13	28.62	CA	19.32	23.60
	HU	23.80	30.69	MU	15.32	21.29
随机森林	CA	17.85	21.98	GJ	12.90	17.30
	CZ	18.38	23.43	JD	14.91	17.91
	MF	16.97	22.53	HU	13.77	16.73
	MU	16.52	21.36	CA	14.42	17.61
	HU	17.76	22.91	MU	11.43	15.89
Adaboost	CA	21.42	26.37	GJ	15.48	20.75
	CZ	22.05	28.12	JD	17.89	21.49
	MF	20.36	27.04	HU	16.52	20.07
	MU	19.82	25.63	CA	17.30	21.13
	HU	21.31	27.49	MU	13.72	19.06

表 6.40 杭州萧山机场（HGH）2018 年单个航班延误各分类器计算结果对比

模型	到达机场规模					
	枢纽机场			非枢纽机场		
	枢纽航司	MAE（分钟）	RMSE（分钟）	枢纽航司	MAE（分钟）	RMSE（分钟）
组合模型	CA	7.91	10.60	GJ	7.17	9.79
	CZ	9.04	11.64	HU	5.29	6.90
	MF	7.92	10.41	MU	7.51	9.49
	MU	8.90	11.33	CA	7.51	8.82
	HU	8.44	10.68	UQ	6.10	8.92

续表

模型	到达机场规模					
	枢纽机场			非枢纽机场		
	枢纽航司	MAE（分钟）	RMSE（分钟）	枢纽航司	MAE（分钟）	RMSE（分钟）
决策树	CA	15.90	21.31	GJ	14.41	19.68
	CZ	18.17	23.40	HU	10.63	13.87
	MF	15.92	20.92	MU	15.10	19.07
	MU	17.89	22.77	CA	15.10	17.73
	HU	16.96	21.47	UQ	12.26	17.93
随机森林	CA	11.87	15.90	GJ	10.76	14.69
	CZ	13.56	17.46	HU	7.94	10.35
	MF	11.88	15.62	MU	11.27	14.24
	MU	13.35	17.00	CA	11.27	13.23
	HU	12.66	16.02	UQ	9.15	13.38
Adaboost	CA	14.24	19.08	GJ	12.91	17.62
	CZ	16.27	20.95	HU	9.52	12.42
	MF	14.26	18.74	MU	13.52	17.08
	MU	16.02	20.39	CA	13.52	15.88
	HU	15.19	19.22	UQ	10.98	16.06

6.5　本章小结

　　本章通过建立基于多项式回归和改进深度神经网络的机场航班延误预测模型，对国内机场单个航班的延误进行预测，主要解决研究问题④。首先，采用多项式回归对机场航班延误的分布进行估计和模拟。其次，建立了改进的 DBN-SVR 神经网络模型，构建基于多项式回归和改进深度神经网络的机场航班延误预测组合模型框架。最后，对模型参数进行了设置，针对国内十大枢纽机场进行了实证分析，并根据预测结果和不同的分类器以及在不同的特征下进行了对比分析。

结果表明，对比其他分类器，本书提出的组合预测模型具有更好的预测效果。当到达机场为枢纽机场时，十大枢纽机场的出发延误在 2017 年和 2018 年平均绝对误差 MAE 的中位数范围为 9.71±2.13 分钟和 8.02±1.0 分钟，RMSE 的中位数范围为 12.92±2.54 分钟和 10.63±0.82 分钟。当到达机场为非枢纽机场时，十大枢纽机场的出发延误在 2017 年和 2018 年平均绝对误差 MAE 的中位数范围为 8.16±2.03 分钟和 7.17±1.71 分钟，RMSE 的中位数范围为 10.9±0.49 分钟和 9.68±1.52 分钟。大部分机场航班测试集出发延误的平均绝对误差在 10 分钟之内，均方根误差在 12 分钟之内，表明了提出的预测模型能够很好地预测单个航班延误。

7 基于平滑样条和 LSTM 神经网络的航线航班延误预测模型构建

　　航班延误不仅给机场带来巨大损失，还会增加航空公司的运营成本甚至影响航空公司的信誉。航空公司承担的主要任务是机场连接，航线（机场间）延误也会影响机场延误。现有文献研究机场延误的比较多，研究航空公司延误的相对较少，同时研究机场和航空公司的延误具有现实意义。

　　航空业具有竞争性、动态性和随机性的特征，从而导致航班计划具有很大的不确定性。航班延误不仅直接影响旅客对航空公司的满意度，而且影响航空公司的航班计划，从而造成极大的经济损失。由延误导致的飞行计划的不确定性给航空公司带来了极高的成本，航线航班延误的准确预测对航空公司快速改善规划、防止延误传播具有重要意义。近年来，航空公司一直寻求减少延误的办法，由航空公司主导的航线延误预测成为很重要的研究课题。本书以机场和航空公司为研究对象，从机场和航线两个维度分别建立了基于延误分布和深度学习的组合预测模型，本书第 6 章建立了基于机场的航班延误预测模型，本章将建立基于航线的航班延误预测模型。

　　从前文可知，航班延误分布具有明显的季节性特征，在建立模型前对航班延误分布进行估计和拟合，处理数据中的季节性特征，之后再将数据作为输入变量输入系统中，将会极大提高模型的预测效果。人工神经网络（ANN）方法能够处理高维、复杂的数据集，具有输入变量更灵活等优点（Xu 等，2020）[194]。Lv 等（2014）提出了一种基于时间的深度学习模型，该模型表明，深度学习可以有效地用于交通流量预测[195]。Huang 等（2014）提出了一种具有多任务学习的深度学习网络，该网络可以预测短期交通流量[196]。在上述文献中，都采用了航班的时间特征变量作为输入变量。事实上，航班延误预测也可以看作时间序列的网络预测问题，时间属性可以在很大程度上确定空中交通网络的拥堵，例如，航班在高峰时间更容易出现延误、在夏季平均延误更大等。长短期记忆（Long Short-Term Memory，LSTM）神经网络针对时间序列数据，有很好的预测效果。针对航班延误数据中的时间特征，本章采用深度学习模型中的长短期记忆网络（LSTM），解决网络结构中的航线航班延误预测问题。

　　基于上述分析，本章提出基于平滑样条和 LSTM 神经网络的航线航班延误预测模型，首先通过平滑样条方法对航线航班延误的分布进行估计和模拟，其次采用 LSTM 神经网络模型进行航线航班的延误预测。

7.1　基于平滑样条的航线航班延误分布的估计和拟合

　　本书第 3 章分析了延误的季节性特征。以北京—上海航线中的航班 MU5112 为例，图 7.1 为航班 MU5112 在 2017 年每日的平均延误。

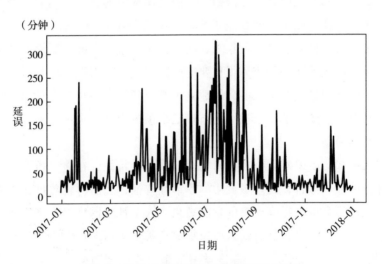

图 7.1　2017 年 MU5112 航班每日平均延误

　　从图 7.1 中可以看出，季节性趋势明显，夏季延误明显增多。采用平滑样条方法（Meng 等，2020）[197] 对数据的季节性趋势进行处理。这种非参数方法不需要假设因变量和自变量之间的函数，就可以跟踪季节性趋势。平滑样条将时间视为连续因素，因为一个月末的延迟与下个月初的延迟不会有很大的不同。在全天的整个过程中，延迟也会出现类似的平稳波动，这使平滑样条曲线也成为解决日常传播效果问题的一种有利方法。另外，平滑样条可以很好地拟合数据，而不会表现出过多的局部变异性。

经过平滑样条处理后的数据，季节性趋势明显减弱。将处理后的数据作为输入变量输入预测模型，可以很好地避免因季节性特征带来的波动，提高模型的预测效果。

7.2 基于 LSTM 神经网络的航线航班延误预测模型构建

长短时记忆（Long Short-Term Memory，LSTM）神经网络是一种特殊的递归神经网络（RNN），属于时间递归神经网络（Park 等，2020）[198]。机场航班延误数据具有很强的时间相关性，利用 LSTM 网络来完成机场航班延误数据的特征提取，可以有效利用过去时刻机场航班延误状态对当前时刻的影响，同时 LSTM 网络可以弥补 RNN 无法记忆长时间信息的缺陷。

LSTM 网络中有一个单元来决定信息是否有用，RNN 模型中并没有类似单元，而且 LSTM 比 RNN 增加了多个门单元和记忆单元，用于保持和传递长时间信息。所以 LSTM 适合处理时间间隔长且延迟时间长的事件。通过时间戳，LSTM 能够组织单元之间连接，通过增加记忆单元，更好地保持一段时间的记忆。记忆单元由输入门、遗忘门和输出门共同控制（Ai 等，2019）[199]。

通过输入门，输入向量序列被传输到记忆单元。遗忘门的功能是选择性删除输入信息，被处理后的信息将被激活作为下一存储单元的输入信息。最后，基于单元状态，经过 T 次迭代后的隐藏序列经过输出门被输出。LSTM 的内部结构从一组输入开始，如图 7.2 所示。

图 7.2 中的 $f(\ )$ 和 $h(\ )$ 分别代表不同的激活函数。X_t 为 t 时刻的输入，h_t 为 t 时刻的隐藏层状态，i_t 为 t 时刻的输入门输出，f_t 为 t 时刻的遗忘门输出，o_t 为 t 时刻的输出门输出，上述定义用下列公式表示：

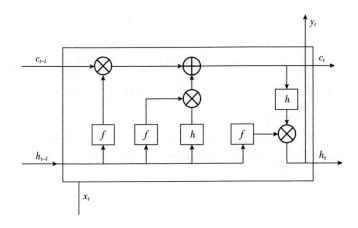

图 7.2　LSTM 神经网络结构

$$i_t = f(w_{xi}X_t + w_{hi}h_{t-1} + b_i) \tag{7.1}$$

$$f_t = f(w_{xf}X_t + w_{hf}h_{t-1} + b_f) \tag{7.2}$$

$$o_t = f(w_{xo}X_t + w_{ho}h_{t-1} + b_o) \tag{7.3}$$

其中，w_{xi}、w_{xf} 和 w_{xo} 为输入门、遗忘门和输出门的输入权重矩阵，w_{hi}、w_{hf} 和 w_{ho} 为对应每个门的反馈权重矩阵，b_i、b_f 和 b_o 为每个门对应的偏置向量。

数据的输入需要符合 LSTM 神经网络的要求，为此设计了表 7.1 所示的时间序列数据构造方法。该方法构造了一个序列函数，该序列含有 3 个参数：LSTM 的输入自变量序列 sequenceX、因变量序列 sequenceY、时间窗口 T 的参数 n_steps。根据该步骤，将原序列构造成按照时间窗口的新的序列。

表 7.1　时间序列函数构造步骤

```
def split_sequences (sequenceX, sequenceY, n_steps):
    X, Y=list (), list ()
    for i in range (len (sequenceX)):
        end_ix=i+n_steps
        if end_ix>len (sequenceX):
            break
        seq_x, seq_y=sequenceX [i: end_ix,:], sequenceY [end_ix-1,:]
        X. append (seq_x)
        Y. append (seq_y)
    return array (X), array (Y)
```

7.3   基于平滑样条和 LSTM 神经网络的组合延误预测模型

7.3.1   模型框架

基于前述分析，本书提出基于平滑样条和 LSTM 神经网络的组合航班延误预测模型。首先，根据预测目标建立航班延误决策系统，采用平滑样条方法对航线航班延误的分布进行估计和拟合；其次，构造时间序列函数，确定 LSTM 神经网络的输入层指标；最后，根据输入层和输出层指标个数确定网络的最佳结构，进行模型训练和测试，得到决策结果。模型的框架如图 7.3 所示。

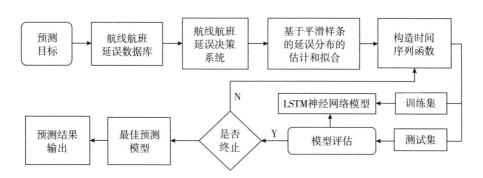

图 7.3   基于平滑样条和 LSTM 神经网络的航线航班延误组合预测模型

基于平滑样条和 LSTM 神经网络的组合延误预测模型的具体实施过程如下：

（1）根据预测需求确定决策目标，从航线航班延误数据库中提取数据，确定条件属性集 C 和决策属性集 D，构建邻域粗糙集航班延误决策系统 $S = \langle U, C, D, V, F \rangle$，$C = \{C_1, C_2, \cdots, C_m\}$，$D = \{D_1, D_2, \cdots, D_n\}$，$m \geqslant 1$，$n \geqslant 1$。

（2）采用平滑样条对航线航班延误决策系统中的延误数据进行季节性趋势的评估和拟合。

（3）构造时间序列函数，将原序列构造成按照时间窗口的新序列。

（4）构建训练集和测试集。对每个 S_r 构建训练集和测试集，并将 R_r 作为

LSTM 神经网络的输入指标，将决策属性 D 作为模型的输出指标。

（5）训练 LSTM 神经网络。根据输入输出指标确定模型参数，用构建好的训练样本集训练分类器，通过多次实验不断调整参数，得到 r 个训练好的 LSTM 神经网络分类器 $\{BBnn_1, BBnn_2, \cdots, BBnn_r\}$，$r \geq 1$。

（6）模型预测。用测试样本集在训练好的 r 个 LSTM 神经网络模型上进行测算，得到 r 个预测结果 $\{P_1, P_2, \cdots, P_r\}$，$r \geq 1$。

（7）模型预测效果评估。对 r 个预测结果进行评估，选出最佳的预测模型。如果对决策结果满意，进行步骤（8）；如果对决策结果不满意，返回步骤（3），调整参数。

（8）输出最佳预测模型的预测结果。

7.3.2 航线航班延误数据预处理

建立模型前，需要对航线航班数据进行预处理。LSTM 学习算法需要将原始数据进行编码，得到相应的矩阵或者矢量，然后将其输入模型中进行学习。本节的航线航班延误数据的特征中既包括连续型特征，也包括离散型特征。在处理连续型特征过程中，采用 Min-Max 归一化的方式对连续型特征进行归一化处理，将所有的特征值映射到 $[0, 1]$ 内。对于离散型数据，本节采用 One-Hot 编码，使数据特征的欧氏距离一致，从而使特征重要性保持一致。特征中的连续变量和离散变量进行编码后，将作为 LSTM 神经网络的输入部分输入模型。

7.3.3 模型参数设置

隐藏层通过激活函数对输入层进行非线性转换，激活函数仍旧选择 ReLU 函数（Min 等，2017）[190]。由于网络结构比较深，深度神经网络容易出现训练时间长和过拟合等问题。本书使用 Dropout 方法[192,193] 防止模型出现过拟合，从而提高模型的泛化能力。由于本书的输出值是连续值（延误分钟），目标函数采用 mean_squared_error（均方误差），网络层采用 1~10 层分层实验。在第 6 章中，由于数据被航空公司和到达机场分割，每层神经元采用 8、32、64 依次展开实验。在本章中，航线数据较多，每层神经元采用 128、256 依次展开实验。在建立模型之前，已经采用平滑样条对航线航班延误分布做了估计和拟合，去除了数据中的季节性趋势，所以将数据中的 80% 作为训练集，20% 作为测试集，本书的模型实践部分使用 Python 里的 TensorFlow 框架实现。

7.4 航线航班的延误预测实证分析

7.4.1 航线航班延误结果分析

选取国内主要航线数据进行分析，将构造好的时间序列数据作为 LSTM 神经网络的输入，通过多次实验，得到每个航线预测模型的最佳参数。预测性能由两个指标描述，即平均绝对误差（MAE）、均方根误差（RMSE），本书所有实验均在 Python 里实现。2017 年和 2018 年全国十大航线数据测试集的计算结果如下所示。

7.4.1.1 北京首都机场（PEK）至上海虹桥机场（SHA）航线分析

从表 7.2 中可以计算出，2017 年和 2018 年的平均绝对误差的中位数分别为 7.92 分钟和 7.04 分钟，均方根误差的中位数分别为 9.50 分钟和 8.44 分钟。平均绝对误差和均方根误差大多在 10 分钟之内，表明了 LSTM 神经网络预测的有效性。

表 7.2 北京首都机场至上海虹桥机场航线 **2017** 年和 **2018** 年的出发延误

单位：分钟

主要航班	三字码	航空公司	平均绝对误差（MAE）		均方根误差（RMSE）	
			2017 年	2018 年	2017 年	2018 年
CA1501	CA	中国航空	7.68	6.08	9.21	7.30
CA1519	CA	中国航空	8.52	6.51	10.22	7.81
CA1557	CA	中国航空	8.98	7.86	10.78	9.43
CA1831	CA	中国航空	7.78	6.18	9.33	6.81
CZ3951	CZ	南方航空	8.06	6.93	9.67	8.31
HU7605	HU	海南航空	4.83	5.08	5.79	6.09
MU5106	MU	东方航空	7.38	7.78	8.86	9.33
MU5112	MU	东方航空	7.73	7.15	9.28	8.58
MU5114	MU	东方航空	10.23	8.67	12.28	10.40
MU5152	MU	东方航空	8.28	7.58	9.94	9.09

图 7.4 和图 7.5 分别为 CA1501 航班数据和 MU5112 航班数据训练集和验证集的计算过程，从图中可以看出，随着迭代次数不断增加，Loss 函数逐渐下降，验证集的 Loss 要低于训练集，也表明了模型训练的有效性。

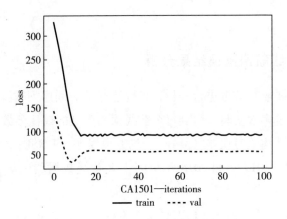

图 7.4　CA1501 航班延误的计算过程

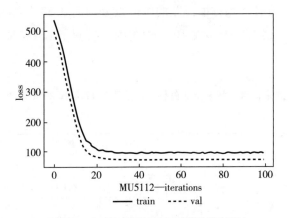

图 7.5　MU5112 航班延误的计算过程

7.4.1.2　上海虹桥机场（SHA）至深圳宝安机场（SZX）航线分析

从表 7.3 中可以计算出，2017 年和 2018 年的平均绝对误差的中位数分别为 7.23 分钟和 7.29 分钟，均方根误差的中位数分别为 8.67 分钟和 8.75 分钟。航线内主要航班测试集的平均绝对误差和均方根误差大多在 10 分钟之内，特别是 CZ3554 航班，测试集的平均绝对误差和均方根误差在 7 分钟之内，表明了 LSTM

神经网络预测的有效性。

表 7.3   上海虹桥机场至深圳宝安机场航线 2017 年和 2018 年的出发延误

单位：分钟

主要航班	三字码	航空公司	平均绝对误差（MAE）		均方根误差（RMSE）	
			2017 年	2018 年	2017 年	2018 年
CZ3554	CZ	南方航空	5.64	5.18	6.77	6.22
CZ3558	CZ	南方航空	7.18	7.32	8.61	8.78
CZ3576	CZ	南方航空	6.92	5.56	8.30	6.67
CZ3966	CZ	南方航空	10.38	7.63	12.46	9.16
HO1111	HO	吉祥航空	7.29	7.27	8.75	8.72
HO1155	HO	吉祥航空	10.85	6.01	13.02	7.21
HO1201	HO	吉祥航空	7.03	8.13	8.43	9.76
MF8317	MF	厦门航空	7.28	6.12	8.74	7.34
MF8371	MF	厦门航空	7.08	7.64	8.49	9.17
MF8377	MF	厦门航空	7.33	9.87	8.80	11.84

图 7.6 和图 7.7 分别为 MF8317 航班数据和 CZ3966 航班数据训练集和验证集的计算过程，从图中可以看出，随着迭代次数不断增加，Loss 函数逐渐下降，验证集的 Loss 要低于训练集，也表明了模型训练的有效性。

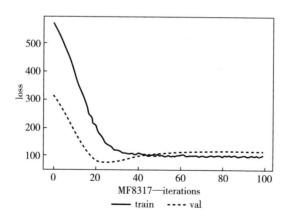

图 7.6   MF8317 航班延误的计算过程

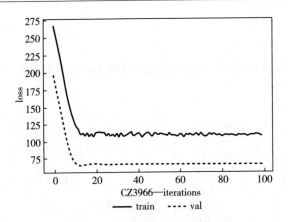

图 7.7　CZ3966 航班延误的计算过程

7.4.1.3　北京首都机场（PEK）至成都双流机场（CTU）航线分析

从表 7.4 中可以计算出，2017 年和 2018 年的平均绝对误差 MAE 的中位数分别为 8.30 分钟和 7.85 分钟，均方根误差的中位数分别为 9.95 分钟和 9.42 分钟。航线内主要航班测试集的平均绝对误差和均方根误差大多在 10 分钟之内，特别是 CZ6183 航班，测试集的平均绝对误差和均方根误差在 9 分钟之内，表明了 LSTM 神经网络预测的有效性。

表 7.4　北京首都机场至成都双流机场航线 2017 年和 2018 年的出发延误

单位：分钟

主要航班	三字码	航空公司	平均绝对误差（MAE）		均方根误差（RMSE）	
			2017 年	2018 年	2017 年	2018 年
3U8882	3U	四川航空	8.93	8.37	10.71	10.04
3U8884	3U	四川航空	10.38	7.13	12.46	8.55
CA1415	CA	中国航空	9.43	8.38	11.31	10.05
CA4102	CA	中国航空	7.98	6.14	9.57	7.37
CA4108	CA	中国航空	8.18	9.22	9.81	11.06
CA4112	CA	中国航空	7.13	8.08	8.55	9.70
CA4114	CA	中国航空	6.61	7.87	7.93	9.44
CA4116	CA	中国航空	8.42	7.84	10.10	9.41
CZ3903	CZ	南方航空	9.33	5.56	11.19	6.67
CZ6183	CZ	南方航空	6.81	7.29	8.17	8.75

图 7.8 和图 7.9 分别为 CA4102 航班数据和 CA4112 航班数据训练集和验证集的计算过程，从图中可以看出，随着迭代次数不断增加，Loss 函数逐渐下降，验证集的 Loss 要低于训练集，也表明了模型训练的有效性。

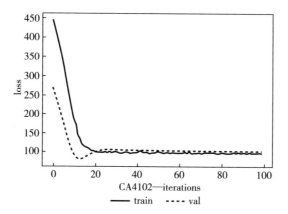

图 7.8　CA4102 航班延误的计算过程

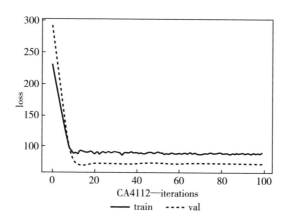

图 7.9　CA4112 航班延误的计算过程

7.4.1.4　北京首都机场（PEK）至广州白云机场（CAN）航线分析

从表 7.5 中可以计算出，2017 年和 2018 年的平均绝对误差的中位数分别为 7.82 分钟和 8 分钟，均方根误差的中位数分别为 9.38 分钟和 9.60 分钟。航线内主要航班测试集的平均绝对误差和均方根误差大多在 10 分钟之内，特别是 CA1327 航班，测试集的平均绝对误差和均方根误差在 8 分钟之内，表明了 LSTM

神经网络预测的有效性。

表7.5　北京首都机场至广州白云机场航线 2017 年和 2018 年的出发延误

单位：分钟

主要航班	三字码	航空公司	平均绝对误差（MAE）		均方根误差（RMSE）	
			2017 年	2018 年	2017 年	2018 年
CA1315	CA	中国航空	7.99	6.03	9.59	4.83
CA1321	CA	中国航空	7.65	8.20	9.18	9.84
CA1327	CA	中国航空	6.53	6.64	7.84	7.97
CZ3000	CZ	南方航空	8.46	8.73	10.15	10.48
CZ3102	CZ	南方航空	8.51	8.66	10.21	10.39
CZ323	CZ	南方航空	7.53	8.25	9.03	9.90
HU7801	HU	海南航空	9.39	7.80	11.27	9.36
HU7805	HU	海南航空	6.14	6.82	7.37	8.18
HU7807	HU	海南航空	8.53	8.23	10.23	9.87
MU5181	MU	海南航空	5.83	7.58	6.99	9.10

图 7.10 和图 7.11 分别为 CA1315 航班数据和 CA1321 航班数据训练集和验证集的计算过程，从图中可以看出，随着迭代次数不断增加，Loss 函数逐渐下降，验证集的 Loss 要低于训练集，也表明了模型训练的有效性。

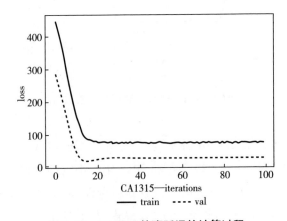

图 7.10　CA1315 航班延误的计算过程

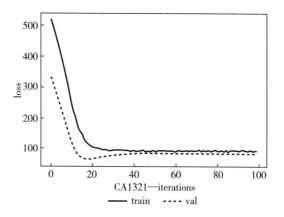

图 7.11   CA1321 航班延误的计算过程

7.4.1.5   上海虹桥机场（SHA）至广州白云机场（CAN）航线分析

从表 7.6 中可以计算出，2017 年和 2018 年的平均绝对误差的中位数分别为 6.36 分钟和 6.51 分钟，均方根误差的中位数分别为 7.64 分钟和 7.81 分钟。航线内主要航班测试集的平均绝对误差和均方根误差大多在 10 分钟之内，特别是 CZ3538 航班，测试集的平均绝对误差和均方根误差在 7 分钟之内，表明了 LSTM 神经网络预测的有效性。

表 7.6   上海虹桥机场至广州白云机场航线 2017 年和 2018 年的出发延误

单位：分钟

主要航班	三字码	航空公司	平均绝对误差（MAE）		均方根误差（RMSE）	
			2017 年	2018 年	2017 年	2018 年
CA1837	CA	中国航空	7.28	8.90	8.73	10.68
CZ3524	CZ	南方航空	5.70	6.53	6.84	7.84
CZ3532	CZ	南方航空	6.23	7.13	7.47	8.55
CZ3538	CZ	南方航空	5.30	5.74	6.36	6.89
CZ3596	CZ	南方航空	5.43	6.45	6.51	7.74
FM9301	FM	上海航空	6.50	8.23	7.80	9.87
FM9305	FM	上海航空	8.07	6.48	9.68	7.78
FM9313	FM	上海航空	9.73	4.55	11.67	5.46
MU5301	MU	东方航空	8.93	8.48	10.71	10.17
MU5307	MU	东方航空	6.03	5.89	7.23	4.67

图 7.12 和图 7.13 分别为 FM9301 航班数据和 CZ3596 航班数据训练集和验证集的计算过程，从图中可以看出，随着迭代次数不断增加，Loss 函数逐渐下降，验证集的 Loss 要低于训练集，也表明了模型训练的有效性。

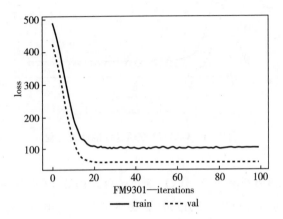

图 7.12　FM9301 航班延误的计算过程

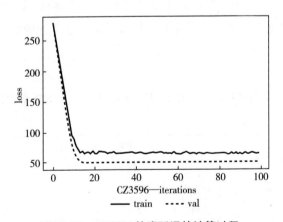

图 7.13　CZ3596 航班延误的计算过程

7.4.1.6　北京首都机场（PEK）至深圳宝安机场（SZX）航线分析

从表 7.7 中可以计算出，2017 年和 2018 年的平均绝对误差的中位数分别为 10.25 分钟和 8.73 分钟，均方根误差的中位数分别为 12.32 分钟和 10.72 分钟。航线内主要航班测试集的平均绝对误差和均方根误差大多在 13 分钟之内，特别是 CZ3152 航班，测试集的平均绝对误差和均方根误差在 11 分钟之内，表明了

LSTM 神经网络预测的有效性。

表 7.7　北京首都机场至深圳宝安机场航线 2017 年和 2018 年的出发延误

单位：分钟

主要航班	三字码	航空公司	平均绝对误差（MAE）		均方根误差（RMSE）	
			2017 年	2018 年	2017 年	2018 年
CA1303	CA	中国航空	12.32	8.83	15.00	10.56
CA1313	CA	中国航空	11.40	8.64	13.40	10.74
CA1367	CA	中国航空	10.79	7.14	12.42	9.28
CZ3152	CZ	南方航空	8.12	8.38	9.78	10.48
CZ3160	CZ	南方航空	8.30	8.33	10.48	9.90
HU7703	HU	海南航空	8.74	8.23	11.41	10.70
HU7705	HU	海南航空	9.50	11.93	11.60	15.12
HU7709	HU	海南航空	10.94	9.95	13.75	12.08
HU7711	HU	海南航空	10.74	9.39	12.78	12.10
MF8142	MF	厦门航空	9.77	10.01	12.22	12.34

图 7.14 和图 7.15 分别为 CZ3152 航班数据和 CZ3160 航班数据训练集和验证集的计算过程，从图中可以看出，随着迭代次数不断增加，Loss 函数逐渐下降，验证集的 Loss 要低于训练集，也表明了模型训练的有效性。

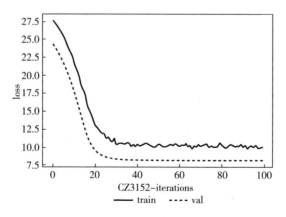

图 7.14　CZ3152 航班延误的计算过程

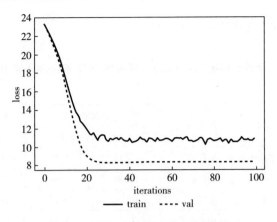

图 7.15 CZ3160 航班延误的计算过程

7.4.1.7 西安咸阳机场（XIY）至北京首都机场（PEK）航线分析

从表 7.8 中可以计算出，2017 年和 2018 年的平均绝对误差的中位数分别为 8.44 分钟和 8.2 分钟，均方根误差的中位数分别为 10.69 分钟和 10.19 分钟。航线内主要航班测试集的平均绝对误差和均方根误差大多在 12 分钟之内，特别是 MU2101 航班，测试集的平均绝对误差和均方根误差在 9 分钟之内，表明了 LSTM 神经网络预测的有效性。

表 7.8 西安咸阳机场至北京首都机场航线 2017 年和 2018 年的出发延误

单位：分钟

主要航班	三字码	航空公司	平均绝对误差（MAE）		均方根误差（RMSE）	
			2017 年	2018 年	2017 年	2018 年
CA1202	CA	中国航空	8.85	10.93	11.22	14.49
CA1224	CA	中国航空	10.91	9.35	14.76	12.39
CA1232	CA	中国航空	7.16	6.17	10.25	8.33
CA1236	CA	中国航空	10.64	10.16	13.87	12.73
CA1472	CA	中国航空	9.12	8.07	11.13	10.32
MU2101	MU	东方航空	7.47	6.43	5.79	8.61
MU2103	MU	东方航空	8.04	6.86	10.17	6.20
MU2115	MU	东方航空	7.43	8.33	9.48	11.18
HU7138	HU	海南航空	10.02	8.40	13.98	9.30
HU7238	HU	海南航空	7.53	7.44	9.30	10.07

图 7.16 和图 7.17 分别为 CA1202 航班数据和 CA1472 航班数据训练集和验证集的计算过程，从图中可以看出，随着迭代次数不断增加，Loss 函数逐渐下降，验证集的 Loss 要低于训练集，也表明了模型训练的有效性。

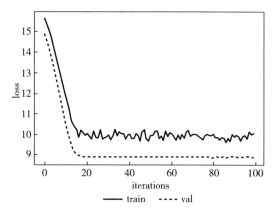

图 7.16　CA1202 航班延误的计算过程

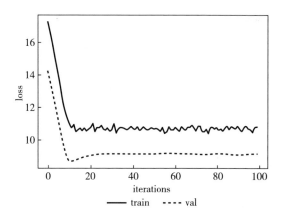

图 7.17　CA1472 航班延误的计算过程

7.4.1.8　昆明长水机场（KMG）至西双版纳嘎洒机场（JHG）航线分析

从表 7.9 中可以计算出，2017 年和 2018 年的平均绝对误差的中位数分别为 8.33 分钟和 7.31 分钟，均方根误差的中位数分别为 11.13 分钟和 9.30 分钟。航线内主要航班测试集的平均绝对误差和均方根误差大多在 10 分钟之内，特别是 MU5901 航班，测试集的平均绝对误差和均方根误差在 9 分钟之内，表明了 LSTM

神经网络预测的有效性。

表 7.9　昆明长水机场至西双版纳嘎洒机场航线 2017 年和 2018 年的出发延误

单位：分钟

主要航班	三字码	航空公司	平均绝对误差（MAE）		均方根误差（RMSE）	
			2017 年	2018 年	2017 年	2018 年
8L9904	8L	祥鹏航空	8.40	7.51	10.76	9.70
BK2743	BK	奥凯航空	11.37	7.52	14.3	9.53
CZ3491	CZ	南方航空	7.45	6.43	10.50	9.08
CZ6369	CZ	南方航空	8.25	7.44	11.60	9.89
EU2225	EU	成都航空	7.83	7.18	10.03	8.88
FM9453	FM	上海航空	8.06	6.40	10.92	8.65
MU5645	MU	东方航空	8.71	5.44	11.36	6.79
MU5724	MU	东方航空	8.56	9.18	11.35	11.56
MU5748	MU	东方航空	8.79	7.73	11.58	11.37
MU5901	MU	东方航空	6.01	6.46	8.04	8.70

　　图 7.18 和图 7.19 分别为 EU2225 航班数据和 MU5901 航班数据训练集和测试集的计算过程，从图中可以看出，随着迭代次数不断增加，Loss 函数逐渐下降，验证集的 Loss 要低于训练集，也表明了模型训练的有效性。

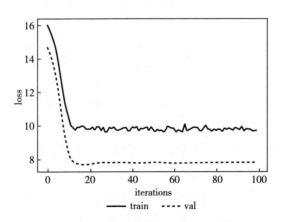

图 7.18　EU2225 航班延误的计算过程

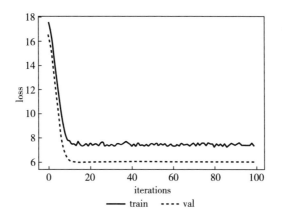

图 7.19 MU5901 航班延误的计算过程

7.4.1.9 重庆江北机场（CKG）至广州白云机场（CAN）航线分析

从表 7.10 中可以计算出，2017 年和 2018 年的平均绝对误差的中位数分别为 7.89 分钟和 8.55 分钟，均方根误差的中位数分别为 10.38 分钟和 11.43 分钟。航线内主要航班测试集的平均绝对误差和均方根误差大多都在 13 分钟之内，特别是 3U8741 航班，测试集的平均绝对误差和均方根误差在 10 分钟之内，表明了 LSTM 神经网络预测的有效性。

表 7.10 重庆江北机场至广州白云机场航线 2017 年和 2018 年的出发延误

单位：分钟

主要航班	三字码	航空公司	平均绝对误差（MAE）		均方根误差（RMSE）	
			2017 年	2018 年	2017 年	2018 年
CZ3426	CZ	南方航空	9.11	11.18	12.52	12.04
CZ3464	CZ	南方航空	8.64	11.34	12.92	12.45
CA4319	CA	中国航空	6.06	5.47	8.36	9.80
CA4341	CA	中国航空	7.98	8.27	11.58	11.43
CA4353	CA	中国航空	6.46	10.07	9.35	11.44
CZ8105	CZ	南方航空	7.81	5.17	10.57	8.32
CZ8117	CZ	南方航空	8.32	8.83	10.19	11.85
3U8741	3U	四川航空	7.21	5.66	9.73	7.35
3U8794	3U	四川航空	8.59	9.43	12.66	12.35
CA4349	CA	中国航空	6.13	7.68	8.20	11.35

图 7.20 和图 7.21 分别为 CZ3426 航班数据和 CZ8117 航班数据训练集和测试集的计算过程，从图中可以看出，随着迭代次数不断增加，Loss 函数逐渐下降，验证集的 Loss 要低于训练集，也表明了模型训练的有效性。

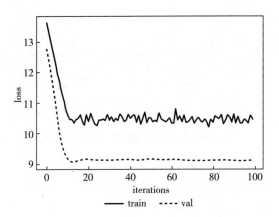

图 7.20　CZ3426 航班延误的计算过程

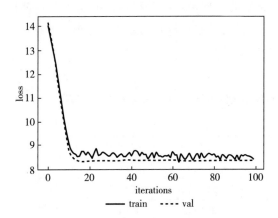

图 7.21　CZ8117 航班延误的计算过程

7.4.1.10　杭州萧山机场（HGH）至广州白云机场（CAN）航线分析

从表 7.11 中可以计算出，2017 年和 2018 年的平均绝对误差的中位数分别为 8.96 分钟和 7.51 分钟，均方根误差的中位数分别为 11.22 分钟和 10.27 分钟。航线内主要航班测试集的平均绝对误差和均方根误差大多在 12 分钟之内，特别是 CA1719 航班，测试集的平均绝对误差和均方根误差在 9 分钟之内，表明了

LSTM 神经网络预测的有效性。

表 7.11　杭州萧山机场至广州白云机场航线 2017 年和 2018 年的出发延误

单位：分钟

主要航班	三字码	航空公司	平均绝对误差（MAE）		均方根误差（RMSE）	
			2017 年	2018 年	2017 年	2018 年
CA1719	CA	中国航空	6.03	6.91	8.12	8.66
CA1721	CA	中国航空	9.80	10.21	11.28	11.67
CZ3522	CZ	南方航空	8.99	9.83	10.89	12.21
CZ3804	CZ	南方航空	8.25	10.14	9.68	12.60
MU5211	MU	东方航空	9.62	6.90	11.97	10.45
MU5215	MU	东方航空	8.47	7.80	10.90	10.10
HU7262	HU	海南航空	8.93	5.77	11.75	7.06
MF8381	MF	厦门航空	8.90	7.23	12.17	9.01
GJ8699	GJ	长龙航空	9.95	6.78	12.39	8.53
FM9351	FM	上海航空	10.61	9.29	11.17	11.30

图 7.22 和图 7.23 分别为 CA1721 航班数据和 CZ3804 航班数据训练集和验证集的计算过程，从图中可以看出，随着迭代次数不断增加，Loss 函数逐渐下降，验证集的 Loss 要低于训练集，也表明了模型训练的有效性。

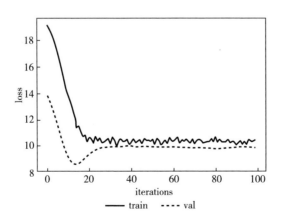

图 7.22　CA1721 航班延误的计算过程

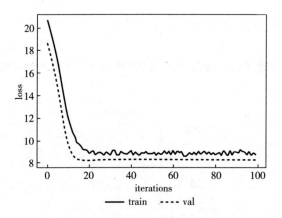

图 7.23　CZ3804 航班延误的计算过程

7.4.2　模型分类器对比分析

本节使用决策树模型、随机森林、组合分类器（Adaboost）与 LSTM 神经网络模型进行对比分析，预测性能由两个指标描述，即平均绝对误差（MAE）和均方根误差（RMSE），得到的结果如下：

（1）北京首都机场（PEK）至上海虹桥机场（SHA）航线 2017 年和 2018 年航班延误各分类器对比计算结果如表 7.12 所示。

表 7.12　北京首都机场至上海虹桥机场航线 2017 年和 2018 年的各分类器延误结果对比

单位：分钟

| 模型 | 北京首都机场（PEK）至上海虹桥机场（SHA）航线 | | | | | | |
| | 主要航班 | 三字码 | 航空公司 | 平均绝对误差（MAE） | | 均方根误差（RMSE） | |
				2017 年	2018 年	2017 年	2018 年
组合模型	CA1501	CA	中国航空	7.68	6.08	9.21	7.30
	CA1519	CA	中国航空	8.52	6.51	10.22	7.81
	CA1557	CA	中国航空	8.98	7.86	10.78	9.43
	CA1831	CA	中国航空	7.78	6.18	9.33	6.81
	CZ3951	CZ	南方航空	8.06	6.93	9.67	8.31
	HU7605	HU	海南航空	5.83	5.08	5.79	6.09
	MU5106	MU	东方航空	7.38	7.78	8.86	9.33
	MU5112	MU	东方航空	7.73	7.15	9.28	8.58
	MU5114	MU	东方航空	10.23	8.67	12.28	10.40
	MU5152	MU	东方航空	8.28	7.58	9.94	9.09

续表

模型	北京首都机场（PEK）至上海虹桥机场（SHA）航线						
	主要航班	三字码	航空公司	平均绝对误差（MAE）		均方根误差（RMSE）	
				2017 年	2018 年	2017 年	2018 年
决策树	CA1501	CA	中国航空	19.31	12.22	22.13	14.68
	CA1519	CA	中国航空	19.15	13.08	21.81	15.70
	CA1557	CA	中国航空	20.82	15.79	24.62	18.95
	CA1831	CA	中国航空	18.19	12.42	21.39	13.69
	CZ3951	CZ	南方航空	19.68	13.93	22.07	16.70
	HU7605	HU	海南航空	12.14	10.21	13.91	12.24
	MU5106	MU	东方航空	16.58	15.64	18.91	18.75
	MU5112	MU	东方航空	17.93	14.37	21.20	17.25
	MU5114	MU	东方航空	23.91	17.42	28.15	20.91
	MU5152	MU	东方航空	20.22	15.24	22.69	18.27
随机森林	CA1501	CA	中国航空	14.42	9.12	16.52	10.95
	CA1519	CA	中国航空	14.29	9.77	16.28	11.72
	CA1557	CA	中国航空	15.54	11.79	18.38	14.15
	CA1831	CA	中国航空	13.57	9.27	15.97	10.22
	CZ3951	CZ	南方航空	14.69	10.40	16.48	12.47
	HU7605	HU	海南航空	9.07	7.62	10.39	9.14
	MU5106	MU	东方航空	12.38	11.67	14.12	14.00
	MU5112	MU	东方航空	13.38	10.73	15.82	12.87
	MU5114	MU	东方航空	17.85	13.01	21.01	15.60
	MU5152	MU	东方航空	15.09	11.37	16.94	13.64
Adaboost	CA1501	CA	中国航空	17.30	10.94	19.82	13.14
	CA1519	CA	中国航空	17.15	11.72	19.53	14.06
	CA1557	CA	中国航空	18.64	14.15	22.05	16.98
	CA1831	CA	中国航空	16.28	11.12	19.15	12.26
	CZ3951	CA	中国航空	17.63	12.47	19.77	14.96
	HU7605	CZ	南方航空	10.88	9.14	12.46	10.96
	MU5106	HU	海南航空	14.85	14.01	16.93	16.79
	MU5112	MU	东方航空	16.05	12.87	18.98	15.45
	MU5114	MU	东方航空	21.41	15.61	25.21	18.72
	MU5152	MU	东方航空	18.11	13.64	20.33	16.36

从表 7.12 中可以看出，组合模型相比其他模型，各项误差都较小。其他分类器计算结果中，随机森林模型相比其他模型，延误的平均绝对误差和均方根误差都较小。其中，2017 年和 2018 年的平均绝对误差的中位数分别为 14.35 分钟和 10.57 分钟，比本书提出的组合预测模型结果增加了 6.43 分钟和 3.52 分钟。

　　（2）上海虹桥机场（SHA）至深圳宝安机场（SZX）航线 2017 年和 2018 年航班延误各分类器对比计算结果如表 7.13 所示。

表 7.13　上海虹桥机场至深圳宝安机场航线 2017 年和 2018 年的各分类器延误结果对比

单位：分钟

模型	上海虹桥机场（SHA）至深圳宝安机场（SZX）航线						
	主要航班	三字码	航空公司	平均绝对误差（MAE）		均方根误差（RMSE）	
				2017 年	2018 年	2017 年	2018 年
组合模型	CZ3554	CZ	南方航空	5.64	5.18	6.77	6.22
	CZ3558	CZ	南方航空	7.18	7.32	8.61	8.78
	CZ3576	CZ	南方航空	6.92	5.56	8.30	6.67
	CZ3966	CZ	南方航空	10.38	7.63	12.46	9.16
	HO1111	HO	吉祥航空	7.29	7.27	8.75	8.72
	HO1155	HO	吉祥航空	10.85	6.01	13.02	7.21
	HO1201	HO	吉祥航空	7.03	8.13	8.43	9.76
	MF8317	MF	厦门航空	7.28	6.12	8.74	7.34
	MF8371	MF	厦门航空	7.08	7.64	8.49	9.17
	MF8377	MF	厦门航空	7.33	9.87	8.80	11.84
决策树	CZ3554	CZ	南方航空	14.18	10.41	16.27	12.50
	CZ3558	CZ	南方航空	16.13	14.71	18.38	17.64
	CZ3576	CZ	南方航空	16.05	11.17	18.96	13.41
	CZ3966	CZ	南方航空	24.26	15.33	28.57	18.41
	HO1111	HO	吉祥航空	17.80	14.61	19.97	17.53
	HO1155	HO	吉祥航空	27.28	12.08	31.28	14.50
	HO1201	HO	吉祥航空	15.80	16.34	17.99	19.61
	MF8317	MF	厦门航空	16.88	12.30	19.96	14.75
	MF8371	MF	厦门航空	16.55	15.35	19.46	18.43
	MF8377	MF	厦门航空	17.90	19.84	20.09	23.80

续表

模型	上海虹桥机场（SHA）至深圳宝安机场（SZX）航线						
	主要航班	三字码	航空公司	平均绝对误差（MAE）		均方根误差（RMSE）	
				2017 年	2018 年	2017 年	2018 年
随机森林	CZ3554	CZ	南方航空	10.59	7.77	12.14	9.33
	CZ3558	CZ	南方航空	12.04	10.98	13.72	13.17
	CZ3576	CZ	南方航空	11.98	8.34	14.15	10.01
	CZ3966	CZ	南方航空	18.11	11.45	21.32	13.74
	HO1111	HO	吉祥航空	13.28	10.91	14.91	13.08
	HO1155	HO	吉祥航空	20.37	9.02	23.36	10.82
	HO1201	HO	吉祥航空	11.79	12.20	13.43	14.64
	MF8317	MF	厦门航空	12.60	9.18	14.90	11.01
	MF8371	MF	厦门航空	12.35	11.46	14.53	13.76
	MF8377	MF	厦门航空	13.36	14.81	15.00	17.77
Adaboost	CZ3554	CZ	南方航空	14.45	13.18	16.46	15.80
	CZ3558	CZ	南方航空	14.37	10.01	16.97	12.01
	CZ3576	CZ	南方航空	21.72	13.73	25.58	16.49
	CZ3966	CZ	南方航空	15.94	13.08	17.89	15.70
	HO1111	HO	吉祥航空	24.44	10.82	28.02	12.98
	HO1155	HO	吉祥航空	14.15	14.64	16.11	17.57
	HO1201	HO	吉祥航空	15.12	11.02	17.87	13.21
	MF8317	MF	厦门航空	14.82	13.75	17.43	16.51
	MF8371	MF	厦门航空	16.03	17.76	18.00	21.31
	MF8377	MF	厦门航空	16.83	18.66	18.90	22.39

从表 7.13 中可以看出，组合模型相比其他模型，各项误差都较小。其他分类器计算结果中，随机森林模型相比其他模型，延误的平均绝对误差和均方根误差都较小。其中，2017 年和 2018 年的平均绝对误差的中位数分别为 12.47 分钟和 10.94 分钟，比本书提出的预测模型结果增加了 5.24 分钟和 3.65 分钟。

（3）北京首都机场（PEK）至成都双流机场（CTU）航线 2017 年和 2018 年航班延误各分类器对比计算结果如表 7.14 所示。

表 7.14　北京首都机场至成都双流机场航线 2017 年和 2018 年的各分类器延误结果对比

单位：分钟

模型	北京首都机场（PEK）至成都双流机场（CTU）航线						
	主要航班	三字码	航空公司	平均绝对误差（MAE）		均方根误差（RMSE）	
				2017 年	2018 年	2017 年	2018 年
组合模型	3U8882	3U	四川航空	8.93	8.37	10.71	10.04
	3U8884	3U	四川航空	10.38	7.13	12.46	8.55
	CA1415	CA	中国航空	9.43	8.38	11.31	10.05
	CA4102	CA	中国航空	7.98	6.14	9.57	7.37
	CA4108	CA	中国航空	8.18	9.22	9.81	11.06
	CA4112	CA	中国航空	7.13	8.08	8.55	9.70
	CA4114	CA	中国航空	6.61	7.87	7.93	9.44
	CA4116	CA	中国航空	8.42	7.84	10.10	9.41
	CZ3903	CZ	南方航空	9.33	5.56	11.19	6.67
	CZ6183	CZ	南方航空	6.81	7.29	8.17	8.75
决策树	3U8882	3U	四川航空	22.45	16.82	25.73	20.18
	3U8884	3U	四川航空	23.33	14.33	26.59	17.19
	CA1415	CA	中国航空	21.87	16.84	25.84	20.20
	CA4102	CA	中国航空	18.65	12.34	21.94	14.81
	CA4108	CA	中国航空	19.97	18.53	22.39	22.23
	CA4112	CA	中国航空	17.93	16.24	20.54	19.50
	CA4114	CA	中国航空	14.85	15.82	16.93	18.97
	CA4116	CA	中国航空	19.53	15.75	23.07	18.91
	CZ3903	CZ	南方航空	21.81	11.17	25.65	13.40
	CZ6183	CZ	南方航空	16.63	14.65	18.65	17.59
随机森林	3U8882	3U	四川航空	16.76	12.56	19.21	15.07
	3U8884	3U	四川航空	17.41	10.70	19.85	12.83
	CA1415	CA	中国航空	16.32	12.57	19.28	15.08
	CA4102	CA	中国航空	13.92	9.21	16.38	11.06
	CA4108	CA	中国航空	14.91	13.83	16.72	16.59
	CA4112	CA	中国航空	13.38	12.12	15.34	14.56
	CA4114	CA	中国航空	11.09	11.81	12.63	14.16
	CA4116	CA	中国航空	14.57	11.76	17.22	14.12
	CZ3903	CZ	南方航空	16.28	8.34	19.15	10.01
	CZ6183	CZ	南方航空	12.41	10.94	13.92	13.13

续表

模型	北京首都机场（PEK）至成都双流机场（CTU）航线						
	主要航班	三字码	航空公司	平均绝对误差（MAE）		均方根误差（RMSE）	
				2017 年	2018 年	2017 年	2018 年
Adaboost	3U8882	3U	四川航空	22.88	20.94	26.04	21.08
	3U8884	3U	四川航空	20.89	12.84	23.81	15.39
	CA1415	3U	中国航空	19.58	15.09	23.13	18.09
	CA4102	CA	中国航空	16.70	11.05	19.64	13.27
	CA4108	CA	中国航空	17.89	16.59	20.06	19.91
	CA4112	CA	中国航空	16.06	14.54	18.40	17.46
	CA4114	CA	中国航空	13.30	14.17	15.16	17.00
	CA4116	CA	中国航空	17.48	14.11	20.66	16.94
	CZ3903	CA	南方航空	19.53	10.01	22.97	12.01
	CZ6183	CZ	南方航空	14.89	13.12	16.71	15.75

从表 7.14 中可以看出，组合模型相比其他模型，各项误差都较小。其他分类器计算结果中，随机森林模型相比其他模型，延误的平均绝对误差和均方根误差都较小。其中，2017 年和 2018 年的平均绝对误差的中位数分别为 14.74 分钟和 11.78 分钟，比本书提出的组合预测模型结果增加了 6.44 分钟和 3.93 分钟。

（4）北京首都机场（PEK）至广州白云机场（CAN）航线 2017 年和 2018 年航班延误各分类器对比计算结果如表 7.15 所示。

表 7.15　北京首都机场至广州白云机场航线 2017 年和 2018 年的各分类器延误结果对比

单位：分钟

模型	北京首都机场（PEK）至广州白云机场（CAN）航线						
	主要航班	三字码	航空公司	平均绝对误差（MAE）		均方根误差（RMSE）	
				2017 年	2018 年	2017 年	2018 年
LSTM	CA1315	CA	中国航空	7.99	6.03	9.59	4.83
	CA1321	CA	中国航空	7.65	8.20	9.18	9.84
	CA1327	CA	中国航空	6.53	6.64	7.84	7.97
	CZ3000	CZ	南方航空	8.46	8.73	10.15	10.48
	CZ3102	CZ	南方航空	8.51	8.66	10.21	10.39

续表

模型	北京首都机场（PEK）至广州白云机场（CAN）航线						
	主要航班	三字码	航空公司	平均绝对误差（MAE）		均方根误差（RMSE）	
				2017 年	2018 年	2017 年	2018 年
LSTM	CZ323	CZ	南方航空	7.53	8.25	9.03	9.90
	HU7801	HU	海南航空	9.39	7.80	11.27	9.36
	HU7805	HU	海南航空	6.14	6.82	7.37	8.18
	HU7807	HU	海南航空	8.53	8.23	10.23	9.87
	MU5181	MU	东方航空	5.83	7.58	6.99	9.10
决策树	CA1315	CA	中国航空	20.09	12.12	23.04	9.71
	CA1321	CA	中国航空	17.19	16.48	19.59	19.77
	CA1327	CA	中国航空	15.14	13.34	17.91	16.02
	CZ3000	CZ	南方航空	19.77	17.54	23.27	21.07
	CZ3102	CZ	南方航空	20.78	17.41	23.31	20.88
	CZ323	CZ	南方航空	18.93	16.58	21.70	19.90
	HU7801	HU	海南航空	21.10	15.68	24.05	18.81
	HU7805	HU	海南航空	14.24	13.70	16.84	16.44
	HU7807	HU	海南航空	19.94	16.54	23.45	19.84
	MU5181	MU	东方航空	14.23	15.24	15.96	18.29
随机森林	CA1315	CA	中国航空	15.00	9.05	17.20	7.25
	CA1321	CA	中国航空	12.83	12.30	14.63	14.76
	CA1327	CA	中国航空	11.30	9.96	13.37	11.96
	CZ3000	CZ	南方航空	14.76	13.10	17.37	15.72
	CZ3102	CZ	南方航空	15.51	12.99	17.40	15.59
	CZ323	CZ	南方航空	14.13	12.38	16.20	14.85
	HU7801	HU	海南航空	15.75	11.70	17.96	14.04
	HU7805	HU	海南航空	10.63	10.23	12.57	12.27
	HU7807	HU	海南航空	14.88	12.35	17.51	14.81
	MU5181	MU	东方航空	10.62	11.37	11.91	13.65
Adaboost	CA1315	CA	中国航空	15.40	14.76	17.55	17.71
	CA1321	CA	中国航空	13.56	11.95	16.03	14.35
	CA1327	CA	中国航空	17.71	15.71	20.83	18.86
	CZ3000	CZ	南方航空	18.61	15.59	20.88	18.70
	CZ3102	CZ	南方航空	16.96	14.85	19.43	17.82

模型	北京首都机场（PEK）至广州白云机场（CAN）航线						
	主要航班	三字码	航空公司	平均绝对误差（MAE）		均方根误差（RMSE）	
				2017 年	2018 年	2017 年	2018 年
Adaboost	CZ323	CZ	南方航空	18.90	14.04	21.54	16.85
	HU7801	HU	海南航空	12.75	12.28	15.07	14.73
	HU7805	HU	海南航空	17.85	14.81	21.00	17.77
	HU7807	HU	海南航空	12.75	13.64	14.29	16.38
	MU5181	MU	东方航空	13.39	14.33	15.01	17.21

从表 7.15 中可以看出，组合模型相比其他模型，各项误差都较小。其他分类器计算结果中，随机森林模型相比其他模型，延误的平均绝对误差和均方根误差都较小。其中，2017 年和 2018 年的平均绝对误差的中位数分别为 14.44 分钟和 12 分钟，比本书提出的预测模型结果增加了 6.62 分钟和 4 分钟。

（5）上海虹桥机场（SHA）至广州白云机场（CAN）航线 2017 年和 2018 年航班延误各分类器对比计算结果如表 7.16 所示。

表 7.16　上海虹桥机场至广州白云机场航线 2017 年和 2018 年的各分类器延误结果对比

单位：分钟

模型	上海虹桥机场（SHA）至广州白云机场（CAN）航线						
	主要航班	三字码	航空公司	平均绝对误差（MAE）		均方根误差（RMSE）	
				2017 年	2018 年	2017 年	2018 年
组合模型	CA1837	CA	中国航空	7.28	8.90	8.73	10.68
	CZ3524	CZ	南方航空	5.70	6.53	6.84	7.84
	CZ3532	CZ	南方航空	6.23	7.13	7.47	8.55
	CZ3538	CZ	南方航空	5.30	5.74	6.36	6.89
	CZ3596	CZ	南方航空	5.43	6.45	6.51	7.74
	FM9301	FM	上海航空	6.50	8.23	7.80	9.87
	FM9305	FM	上海航空	8.07	6.48	9.68	7.78
	FM9313	FM	上海航空	9.73	4.55	11.67	5.46
	MU5301	MU	东方航空	8.93	8.48	10.71	10.17
	MU5307	MU	东方航空	6.03	5.89	7.23	4.67

续表

模型	上海虹桥机场（SHA）至广州白云机场（CAN）航线						
	主要航班	三字码	航空公司	平均绝对误差（MAE）		均方根误差（RMSE）	
				2017 年	2018 年	2017 年	2018 年
决策树	CA1837	CA	中国航空	18.31	17.89	20.98	21.47
	CZ3524	CZ	南方航空	12.81	13.13	14.60	15.76
	CZ3532	CZ	南方航空	14.45	14.33	17.06	17.19
	CZ3538	CZ	南方航空	12.39	11.53	14.58	13.85
	CZ3596	CZ	南方航空	13.26	12.96	14.86	15.56
	FM9301	FM	上海航空	16.34	16.54	18.74	19.84
	FM9305	FM	上海航空	18.13	13.02	20.66	15.63
	FM9313	FM	上海航空	22.56	9.14	26.66	10.98
	MU5301	MU	东方航空	20.87	17.04	24.55	20.44
	MU5307	MU	东方航空	14.72	11.84	16.50	9.39
随机森林	CA1837	CA	中国航空	13.66	13.35	15.66	16.02
	CZ3524	CZ	南方航空	9.56	9.80	10.90	11.76
	CZ3532	CZ	南方航空	10.78	10.70	12.74	12.83
	CZ3538	CZ	南方航空	9.25	8.61	10.88	10.34
	CZ3596	CZ	南方航空	9.89	9.68	11.09	11.61
	FM9301	FM	上海航空	12.20	12.35	13.99	14.81
	FM9305	FM	上海航空	13.54	9.72	15.42	11.67
	FM9313	FM	上海航空	16.84	6.83	19.90	8.19
	MU5301	MU	东方航空	15.58	12.72	18.33	15.26
	MU5307	MU	东方航空	10.99	8.84	12.32	7.01
Adaboost	CA1837	CA	中国航空	18.65	22.26	21.23	22.43
	CZ3524	CZ	南方航空	11.47	11.76	13.07	14.11
	CZ3532	CZ	南方航空	12.93	12.84	15.28	15.39
	CZ3538	CZ	南方航空	11.09	10.33	13.05	12.40
	CZ3596	CZ	南方航空	11.88	11.61	13.31	13.93
	FM9301	FM	上海航空	14.64	14.81	16.79	17.77
	FM9305	FM	上海航空	16.24	11.67	18.50	14.00
	FM9313	FM	上海航空	20.20	8.19	23.87	9.83
	MU5301	MU	东方航空	18.69	15.26	21.98	18.31
	MU5307	MU	东方航空	13.19	10.60	14.79	8.41

从表7.16中可以看出，组合模型相比其他模型，各项误差都较小。其他分类器计算结果中，随机森林模型相比其他模型，延误的平均绝对误差和均方根误差都较小。其中，2017年和2018年的平均绝对误差的中位数分别为11.59分钟和9.76分钟，比本书提出的预测模型结果增加了5.23分钟和3.25分钟。

（6）北京首都机场（PEK）至深圳宝安机场（SZX）航线2017年和2018年航班延误各分类器对比计算结果如表7.17所示。

表 7.17　北京首都机场至深圳宝安机场航线 2017 年和 2018 年的各分类器延误结果对比

单位：分钟

模型	北京首都机场（PEK）至深圳宝安机场（SZX）航线						
	主要航班	三字码	航空公司	平均绝对误差（MAE）		均方根误差（RMSE）	
				2017 年	2018 年	2017 年	2018 年
组合模型	CA1303	CA	中国航空	12.32	8.83	15.00	10.56
	CA1313	CA	中国航空	11.40	8.64	13.40	10.74
	CA1367	CA	中国航空	10.79	7.14	12.42	9.28
	CZ3152	CZ	南方航空	8.12	8.38	9.78	10.48
	CZ3160	CZ	南方航空	8.30	8.33	10.48	9.90
	HU7703	HU	海南航空	8.74	8.23	11.41	10.70
	HU7705	HU	海南航空	9.50	11.93	11.60	15.12
	HU7709	HU	海南航空	10.94	9.95	13.75	12.08
	HU7711	HU	海南航空	10.74	9.39	12.78	12.10
	MF8142	MF	厦门航空	9.77	10.01	12.22	12.34
决策树	CA1303	CA	中国航空	30.98	17.75	36.04	21.23
	CA1313	CA	中国航空	25.62	17.37	28.60	21.58
	CA1367	CA	中国航空	25.02	14.35	28.37	18.65
	CZ3152	CZ	南方航空	18.98	16.84	22.42	21.07
	CZ3160	CZ	南方航空	20.27	16.74	23.92	19.90
	HU7703	HU	海南航空	21.98	16.54	27.41	21.51
	HU7705	HU	海南航空	21.35	23.98	24.76	30.39
	HU7709	HU	海南航空	25.37	19.99	31.41	24.28
	HU7711	HU	海南航空	25.10	18.87	29.30	24.32
	MF8142	MF	厦门航空	23.85	20.12	27.89	24.80

模型	北京首都机场（PEK）至深圳宝安机场（SZX）航线						
	主要航班	三字码	航空公司	平均绝对误差（MAE）		均方根误差（RMSE）	
				2017 年	2018 年	2017 年	2018 年
随机森林	CA1303	CA	中国航空	23.13	13.25	26.91	15.84
	CA1313	CA	中国航空	19.12	12.96	21.35	16.11
	CA1367	CA	中国航空	18.67	10.71	21.17	13.92
	CZ3152	CZ	南方航空	14.17	12.57	16.74	15.72
	CZ3160	CZ	南方航空	15.12	12.50	17.86	14.85
	HU7703	HU	海南航空	16.41	12.35	20.47	16.05
	HU7705	HU	海南航空	15.93	17.90	18.48	22.69
	HU7709	HU	海南航空	18.93	14.93	23.44	18.12
	HU7711	HU	海南航空	18.74	14.09	21.87	18.16
	MF8142	MF	厦门航空	17.80	15.02	20.83	18.52
Adaboost	CA1303	CA	中国航空	28.59	18.68	31.97	22.18
	CA1313	CA	中国航空	22.94	15.56	25.61	19.33
	CA1367	CA	中国航空	22.40	12.85	25.40	16.71
	CZ3152	CZ	南方航空	16.99	15.08	20.07	18.86
	CZ3160	CZ	南方航空	18.15	14.99	21.43	17.82
	HU7703	HU	海南航空	19.68	14.81	24.56	19.26
	HU7705	HU	海南航空	19.12	21.48	22.17	27.22
	HU7709	HU	海南航空	22.71	17.91	28.12	21.75
	HU7711	HU	海南航空	22.48	16.90	26.23	21.78
	MF8142	MF	厦门航空	21.37	18.02	24.99	22.21

从表 7.17 中可以看出，组合模型相比其他模型，各项误差都较小。其他分类器计算结果中，随机森林模型相比其他模型，延误的平均绝对误差和均方根误差都较小。其中，2017 年和 2018 年的平均绝对误差的中位数分别为 18.23 分钟和 13.10 分钟，比本书提出的预测模型结果增加了 7.98 分钟和 4.37 分钟。

（7）西安咸阳机场（XIY）至北京首都机场（PEK）航线 2017 年和 2018 年航班延误各分类器对比计算结果如表 7.18 所示。

表 7.18 西安咸阳机场至北京首都机场航线 2017 年和 2018 年的各分类器延误结果对比

单位：分钟

模型	西安咸阳机场（XIY）至北京首都机场（PEK）						
	主要航班	三字码	航空公司	平均绝对误差（MAE）		均方根误差（RMSE）	
				2017 年	2018 年	2017 年	2018 年
组合模型	CA1202	CA	中国航空	8.85	10.93	11.22	14.49
	CA1224	CA	中国航空	10.91	9.35	14.76	12.39
	CA1232	CA	中国航空	7.16	6.17	10.25	8.33
	CA1236	CA	中国航空	10.64	10.16	13.87	12.73
	CA1472	CA	中国航空	9.12	8.07	11.13	10.32
	MU2101	MU	东方航空	7.47	6.43	5.79	8.61
	MU2103	MU	东方航空	8.04	6.86	10.17	6.20
	MU2115	MU	东方航空	7.43	8.33	9.48	11.18
	HU7138	HU	海南航空	10.02	8.40	13.98	9.30
	HU7238	HU	海南航空	7.53	7.44	9.30	10.07
决策树	CA1202	CA	中国航空	22.25	21.97	26.96	29.13
	CA1224	CA	中国航空	24.52	18.79	31.50	24.90
	CA1232	CA	中国航空	16.60	12.40	23.41	16.74
	CA1236	CA	中国航空	24.87	20.42	31.80	25.59
	CA1472	CA	中国航空	22.27	16.22	25.41	20.74
	MU2101	MU	东方航空	18.78	12.92	13.91	17.31
	MU2103	MU	东方航空	18.07	13.79	21.71	12.46
	MU2115	MU	东方航空	17.23	16.74	21.66	22.47
	HU7138	HU	海南航空	23.42	16.88	32.05	18.69
	HU7238	HU	海南航空	18.39	14.95	21.23	20.24
随机森林	CA1202	CA	中国航空	16.61	16.40	20.13	21.74
	CA1224	CA	中国航空	18.30	14.03	23.52	18.59
	CA1232	CA	中国航空	12.39	9.26	17.48	12.50
	CA1236	CA	中国航空	18.56	15.24	23.74	19.10
	CA1472	CA	中国航空	16.62	12.11	18.97	15.48
	MU2101	MU	东方航空	14.02	9.65	10.39	12.92
	MU2103	MU	东方航空	13.49	10.29	16.20	9.30
	MU2115	MU	东方航空	12.86	12.50	16.16	16.77
	HU7138	HU	海南航空	17.48	12.60	23.92	13.95
	HU7238	HU	海南航空	13.72	11.16	15.85	15.11

续表

模型	西安咸阳机场（XIY）至北京首都机场（PEK）						
	主要航班	三字码	航空公司	平均绝对误差（MAE）		均方根误差（RMSE）	
				2017 年	2018 年	2017 年	2018 年
Adaboost	CA1202	CA	中国航空	17.81	19.67	21.44	26.08
	CA1224	CA	中国航空	21.96	16.83	28.21	22.30
	CA1232	CA	中国航空	14.87	11.11	20.96	15.00
	CA1236	CA	中国航空	22.27	18.29	28.47	22.91
	CA1472	CA	中国航空	19.95	14.52	22.76	18.58
	MU2101	MU	东方航空	16.82	11.57	12.46	15.50
	MU2103	MU	东方航空	16.18	12.35	19.44	11.16
	MU2115	MU	东方航空	15.43	15.00	19.39	20.13
	HU7138	HU	海南航空	20.97	15.12	28.70	16.74
	HU7238	HU	海南航空	16.47	13.39	19.02	18.13

从表 7.18 中可以看出，组合模型相比其他模型，各项误差都较小。其他分类器计算结果中，随机森林模型相比其他模型，延误的平均绝对误差和均方根误差都较小。其中，2017 年和 2018 年的平均绝对误差的中位数分别为 15.23 分钟和 12.30 分钟，比本书提出的预测模型结果增加了 6.87 分钟和 4.11 分钟。

（8）昆明长水机场（KMG）至西双版纳嘎洒机场（JHG）航线 2017 年和 2018 年航班延误各分类器对比计算结果如表 7.19 所示。

表 7.19　昆明长水机场至西双版纳嘎洒机场航线 2017 年和 2018 年的各分类器延误结果对比

单位：分钟

模型	昆明长水机场（KMG）至西双版纳嘎洒机场（JHG）航线						
	主要航班	三字码	航空公司	平均绝对误差（MAE）		均方根误差（RMSE）	
				2017 年	2018 年	2017 年	2018 年
组合模型	8L9904	8L	祥鹏航空	8.40	7.51	10.76	9.70
	BK2743	BK	奥凯航空	11.37	7.52	14.30	9.53
	CZ3491	CZ	南方航空	7.45	6.43	10.50	9.08
	CZ6369	CZ	南方航空	8.25	7.44	11.60	9.89
	EU2225	EU	成都航空	7.83	7.18	10.03	8.88

续表

模型	昆明长水机场（KMG）至西双版纳嘎洒机场（JHG）航线						
	主要航班	三字码	航空公司	平均绝对误差（MAE）		均方根误差（RMSE）	
				2017 年	2018 年	2017 年	2018 年
组合模型	FM9453	FM	上海航空	8.06	6.40	10.92	8.65
	MU5645	MU	东方航空	8.71	5.44	11.36	6.79
	MU5724	MU	东方航空	8.56	9.18	11.35	11.56
	MU5748	MU	东方航空	8.79	7.73	11.58	11.37
	MU5901	MU	东方航空	6.01	6.46	8.04	8.70
决策树	8L9904	8L	祥鹏航空	21.12	15.09	25.85	19.50
	BK2743	BK	奥凯航空	25.55	15.12	30.52	19.15
	CZ3491	CZ	南方航空	17.28	12.92	23.99	18.25
	CZ6369	CZ	南方航空	19.28	14.95	26.59	19.88
	EU2225	EU	成都航空	19.12	14.43	22.90	17.85
	FM9453	FM	上海航空	20.27	12.86	26.24	17.39
	MU5645	MU	东方航空	19.57	10.93	24.25	13.65
	MU5724	MU	东方航空	19.85	18.45	25.93	23.24
	MU5748	MU	东方航空	20.55	15.53	26.55	22.86
	MU5901	MU	东方航空	14.67	12.99	18.35	17.49
随机森林	8L9904	8L	祥鹏航空	15.77	11.27	19.30	14.55
	BK2743	BK	奥凯航空	19.07	11.28	22.78	14.30
	CZ3491	CZ	南方航空	12.89	9.65	17.90	13.62
	CZ6369	CZ	南方航空	14.39	11.16	19.85	14.84
	EU2225	EU	成都航空	14.27	10.77	17.09	13.32
	FM9453	FM	上海航空	15.13	9.60	19.59	12.98
	MU5645	MU	东方航空	14.61	8.16	18.10	10.19
	MU5724	MU	东方航空	14.81	13.78	19.35	17.34
	MU5748	MU	东方航空	15.33	11.60	19.82	17.06
	MU5901	MU	东方航空	10.95	9.69	13.70	13.05
Adaboost	8L9904	8L	祥鹏航空	16.90	13.52	20.56	17.46
	BK2743	BK	奥凯航空	22.88	13.54	27.33	17.15
	CZ3491	CZ	南方航空	15.47	11.58	21.47	16.35
	CZ6369	CZ	南方航空	17.27	13.39	23.81	17.80
	EU2225	EU	成都航空	17.12	12.92	20.51	15.99

续表

模型	昆明长水机场（KMG）至西双版纳嘎洒机场（JHG）航线						
	主要航班	三字码	航空公司	平均绝对误差（MAE）		均方根误差（RMSE）	
				2017 年	2018 年	2017 年	2018 年
Adaboost	FM9453	FM	上海航空	18. 15	11. 52	23. 50	15. 57
	MU5645	MU	东方航空	17. 53	9. 79	21. 71	12. 22
	MU5724	MU	东方航空	17. 77	16. 53	23. 21	20. 81
	MU5748	MU	东方航空	18. 40	13. 91	23. 77	20. 47
	MU5901	MU	东方航空	13. 14	11. 63	16. 44	15. 66

从表 7. 19 中可以看出，组合模型相比其他模型，各项误差都较小。其他分类器计算结果中，随机森林模型相比其他模型，延误的平均绝对误差和均方根误差都较小。其中，2017 年和 2018 年的平均绝对误差的中位数分别为 14.71 分钟和 10.96 分钟，比本书提出的预测模型结果增加了 6.38 分钟和 3.65 分钟。

（9）重庆江北机场（CKG）至广州白云机场（CAN）航线 2017 年和 2018 年航班延误各分类器对比计算结果如表 7. 20 所示。

表 7. 20　重庆江北机场至广州白云机场航线 2017 年和 2018 年的各分类器延误结果对比

单位：分钟

模型	重庆江北机场（CKG）至广州白云机场（CAN）航线						
	主要航班	三字码	航空公司	平均绝对误差（MAE）		均方根误差（RMSE）	
				2017 年	2018 年	2017 年	2018 年
组合模型	CZ3426	CZ	南方航空	9. 11	11. 18	12. 52	12. 04
	CZ3464	CZ	南方航空	8. 64	11. 34	12. 92	12. 45
	CA4319	CA	中国航空	6. 06	5. 47	8. 36	9. 80
	CA4341	CA	中国航空	7. 98	8. 27	11. 58	11. 43
	CA4353	CA	中国航空	6. 46	10. 07	9. 35	11. 44
	CZ8105	CZ	南方航空	7. 81	5. 17	10. 57	8. 32
	CZ8117	CZ	南方航空	8. 32	8. 83	10. 19	11. 85
	3U8741	3U	四川航空	7. 21	5. 66	9. 73	7. 35
	3U8794	3U	四川航空	8. 59	9. 43	12. 66	12. 35
	CA4349	CA	中国航空	6. 13	7. 68	8. 20	11. 35

续表

模型	重庆江北机场（CKG）至广州白云机场（CAN）航线						
	主要航班	三字码	航空公司	平均绝对误差（MAE）		均方根误差（RMSE）	
				2017 年	2018 年	2017 年	2018 年
决策树	CZ3426	CZ	南方航空	22.91	22.47	30.08	24.21
	CZ3464	CZ	南方航空	19.42	22.79	27.58	25.02
	CA4319	CA	中国航空	14.05	10.99	19.10	19.70
	CA4341	CA	中国航空	18.65	16.62	26.55	22.98
	CA4353	CA	中国航空	15.77	20.24	21.34	22.99
	CZ8105	CZ	南方航空	19.64	10.39	25.40	16.73
	CZ8117	CZ	南方航空	18.70	17.75	21.75	23.81
	3U8741	3U	四川航空	16.72	11.37	22.23	14.77
	3U8794	3U	四川航空	20.08	18.95	29.02	24.83
	CA4349	CA	中国航空	14.97	15.44	18.72	22.81
随机森林	CZ3426	CZ	南方航空	17.10	16.78	22.46	18.06
	CZ3464	CZ	南方航空	14.49	17.01	20.58	18.68
	CA4319	CA	中国航空	10.49	8.21	14.25	14.70
	CA4341	CA	中国航空	13.92	12.41	19.82	17.15
	CA4353	CA	中国航空	11.77	15.11	15.94	17.17
	CZ8105	CZ	南方航空	14.66	7.76	18.96	12.48
	CZ8117	CZ	南方航空	13.96	13.25	16.23	17.78
	3U8741	3U	四川航空	12.48	8.49	16.59	11.03
	3U8794	3U	四川航空	14.99	14.15	21.66	18.53
	CA4349	CA	中国航空	11.17	11.52	13.98	17.03
Adaboost	CZ3426	CZ	南方航空	20.52	20.12	26.95	21.68
	CZ3464	CZ	南方航空	17.39	20.42	24.69	22.41
	CA4319	CA	中国航空	12.58	9.85	17.10	17.64
	CA4341	CA	中国航空	16.70	14.89	23.77	20.57
	CA4353	CA	中国航空	14.13	18.12	19.12	20.59
	CZ8105	CZ	南方航空	17.59	9.30	22.75	14.98
	CZ8117	CZ	南方航空	16.74	15.90	19.48	21.33
	3U8741	3U	四川航空	14.97	10.19	19.90	13.23
	3U8794	3U	四川航空	17.98	16.97	25.99	22.23
	CA4349	CA	中国航空	13.41	13.82	16.77	20.43

从表 7.20 中可以看出，组合模型相比其他模型，各项误差都较小。其他分类器计算结果中，随机森林模型相比其他模型，延误的平均绝对误差和均方根误差都较小。其中，2017 年和 2018 年的平均绝对误差的中位数分别为 13.94 分钟和 12.83 分钟，比本书提出的预测模型结果增加了 6.04 分钟和 4.28 分钟。

（10）杭州萧山机场（HGH）至广州白云机场（CAN）航线 2017 年和 2018 年航班延误各分类器对比计算结果如表 7.21 所示。

表 7.21　杭州萧山机场至广州白云机场航线 2017 年和 2018 年的各分类器延误结果对比

单位：分钟

模型	杭州萧山机场（HGH）至广州白云机场（CAN）航线						
	主要航班	三字码	航空公司	平均绝对误差（MAE）		均方根误差（RMSE）	
				2017 年	2018 年	2017 年	2018 年
组合模型	CA1719	CA	中国航空	6.03	6.91	8.12	8.66
	CA1721	CA	中国航空	9.80	10.21	11.28	11.67
	CZ3522	CZ	南方航空	8.99	9.83	10.89	12.21
	CZ3804	CZ	南方航空	8.25	10.14	9.68	12.60
	MU5211	MU	东方航空	9.62	6.90	11.97	10.45
	MU5215	MU	东方航空	8.47	7.80	10.90	10.10
	HU7262	HU	海南航空	8.93	5.77	11.75	7.06
	MF8381	MF	厦门航空	8.90	7.23	12.17	9.01
	GJ8699	GJ	长龙航空	9.95	6.78	12.39	8.53
	FM9351	FM	上海航空	10.61	9.29	11.17	11.30
决策树	CA1719	CA	中国航空	15.16	13.89	19.51	17.41
	CA1721	CA	中国航空	22.02	20.52	24.08	23.45
	CZ3522	CZ	南方航空	20.85	19.75	24.88	24.54
	CZ3804	CZ	南方航空	19.28	20.38	22.19	25.33
	MU5211	MU	东方航空	23.49	13.87	27.32	21.00
	MU5215	MU	东方航空	21.30	15.68	26.19	20.31
	HU7262	HU	海南航空	20.07	11.60	25.08	14.19
	MF8381	MF	厦门航空	20.64	14.53	27.80	18.11
	GJ8699	GJ	长龙航空	23.26	13.62	28.40	17.15
	FM9351	FM	上海航空	25.91	18.67	25.50	22.71

续表

模型	杭州萧山机场（HGH）至广州白云机场（CAN）航线						
	主要航班	三字码	航空公司	平均绝对误差（MAE）		均方根误差（RMSE）	
				2017 年	2018 年	2017 年	2018 年
随机森林	CA1719	CA	中国航空	11. 32	10. 37	14. 57	12. 99
	CA1721	CA	中国航空	16. 44	15. 32	17. 97	17. 51
	CZ3522	CZ	南方航空	15. 56	14. 75	18. 57	18. 32
	CZ3804	CZ	南方航空	14. 39	15. 21	16. 57	18. 91
	MU5211	MU	东方航空	17. 53	10. 35	20. 40	15. 68
	MU5215	MU	东方航空	15. 90	11. 70	19. 55	15. 15
	HU7262	HU	海南航空	14. 98	8. 66	18. 72	10. 59
	MF8381	MF	厦门航空	15. 40	10. 85	20. 75	13. 52
	GJ8699	GJ	长龙航空	17. 36	10. 17	21. 20	12. 80
	FM9351	FM	上海航空	19. 33	13. 94	19. 04	16. 96
Adaboost	CA1719	CA	中国航空	12. 13	12. 44	15. 52	15. 58
	CA1721	CA	中国航空	19. 72	18. 38	21. 56	21. 01
	CZ3522	CZ	南方航空	18. 67	17. 70	22. 27	21. 98
	CZ3804	CZ	南方航空	17. 27	18. 25	19. 87	22. 68
	MU5211	MU	东方航空	21. 04	12. 42	24. 48	18. 81
	MU5215	MU	东方航空	19. 08	14. 04	23. 46	18. 18
	HU7262	HU	海南航空	17. 97	10. 39	22. 46	12. 71
	MF8381	MF	厦门航空	18. 48	13. 02	24. 89	16. 22
	GJ8699	GJ	长龙航空	20. 82	12. 20	25. 43	15. 35
	FM9351	FM	上海航空	23. 20	16. 72	22. 84	20. 34

从表 7.21 中可以看出，组合模型相比其他模型，各项误差都较小。其他分类器计算结果中，随机森林模型相比其他模型，延误的平均绝对误差和均方根误差都较小。其中，2017 年和 2018 年的平均绝对误差的中位数分别为 15.73 分钟和 11.27 分钟，比本书提出的预测模型结果增加了 6.77 分钟和 3.76 分钟。

7.5　本章小结

　　本章建立了基于平滑样条和 LSTM 神经网络的航线航班延误预测模型，对国内航线的单个航班的延误进行预测，主要解决本书第一章中提到的研究问题④。首先，采用平滑样条对航线航班延误的分布进行估计和模拟，之后建立了 LSTM 神经网络模型，构建基于平滑样条和 LSTM 神经网络的航线航班延误预测组合模型框架。建立模型前，对数据进行了预处理，对连续变量采用 Min-Max 归一化方法编码，对离散变量采用 One-Hot 编码，之后构造了时间序列函数，并对模型参数进行设置。

　　本章最后针对国内十大主要航线进行了实证分析。通过分析北京首都机场至上海虹桥机场航线、上海虹桥机场至深圳宝安机场航线、北京首都机场至成都双流机场航线等十大航线，得出 2017 年和 2018 年出发延误的平均绝对误差的中位数范围为 8.11±2.14 分钟和 7.68±1.17 分钟，均方根误差的中位数范围为 10.16±2.16 分钟和 9.51±1.92 分钟。大部分航班测试集出发延误的平均绝对误差和均方根误差在 10 分钟之内，表明本章提出的预测模型能够很好地预测航线内的单个航班延误。通过分析航班数据训练集和验证集的计算过程图，可以看出，随着迭代次数不断增加，Loss 函数逐渐下降，验证集的 Loss 要低于训练集，也表明了模型训练的有效性。

8　结论与展望

8.1　结论

　　针对航班延误预测，本书主要展开两大方面的研究：国内航班延误的特征分析以及航班延误的预测模型构建。通过对国内航班延误的特征进行分析，构建航班延误的预测模型。本书主要有以下几方面的结论：

　　（1）国内航班延误大数据的获取和基本特征分析。通过对机场航班的延误特征、航空公司航班的延误特征、整体航班的延误特征以及气候性等外部因素的航班延误特征的分析来探讨国内航班延误的基本特征和分布特征。在机场航班延误特征分析中，包括机场航班延误的基本特征、机场航班延误的分布特征；在航空公司航班延误特征分析中，包括航空公司航班延误的基本特征、航空公司航班延误的分布特征；在整体航班的延误特征分析中，包括出发时间、到达时间的延误特征和飞行时间的延误特征；在气候性等外部因素的航班延误特征分析中，包括天气因素的航班延误特征、航班延误分布的季节性特征。

　　（2）基于拥堵内部化的国内航班延误特征分析。首先，介绍了机场拥堵内部化假设，并依据该假设分析了相关特征，给出了针对中国航班延误情况的枢纽机场、枢纽航空公司、机场集中度的定义。其次，基于航空公司和旅客双重视角，采用额外旅行时间（Excess Travel Time）和出发延误（Departure Delay）两个因变量测量拥堵；采用枢纽机场、枢纽航空公司、机场集中度三个自变量以及出发区域、天气、节假日、出发时间和到达时间、季节等控制变量建立了基于OLS 的两个模型：基础模型以及加入枢纽航空公司效应后的模型。得到的主要结论为：①机场集中度系数仍为负数，表明国内机场符合拥堵内部化假设，机场集中度越高，延误越小；集中度越低，延误越大。②枢纽机场的出发延误要大于非枢纽机场的延误。航班从枢纽机场出发或者到达，平均出发延误都要大于非枢纽机场。不管是出发机场还是到达机场，大中型枢纽机场航班延误要大于小型枢纽机场。但是2018年数据加入枢纽航空公司变量后，系数变化较大，相比2017年，2018年机场航班延误更易受航空公司影响。本书中的枢纽机场规模按照美国和欧洲的标准划分，中型枢纽机场数量较少，未来有必要对枢纽机场规模进行进一步探讨，这也是本书接下来的研究方向之一。③枢纽航空公司的延误要比非枢纽航空公司大，表明乘坐枢纽航空公司从其枢纽机场出发或者到达其枢纽机场，延误都要比非枢纽航空公司大。在出发机场，小型枢纽航空公司延误要略大于大型枢纽航空公司；而在到达机场，大型枢纽航空公司延误更大。

（3）基于决策树的国内航班延误特征的对比和交互作用研究。通过建立基于决策树的航班延误模型，对单个因素影响延误的能力进行对比，探讨交叉因素对延误的交互影响作用。建立了单变量的航班延误决策树模型和交叉变量的航班延误决策树模型。通过对单变量航班延误决策树模型的分析，得到了机场变量对延误的影响对比、航班变量对延误的影响对比、季节性等外部变量对延误的影响对比三大方面的重要结论。通过对交叉变量航班延误决策树模型的分析，得到了机场变量与季节性等外部变量对延误的交互作用、航班变量与季节性等外部变量对延误的交互作用以及机场变量和航班变量对延误的交互作用三大方面的重要结论。

（4）建立了基于多项式回归和改进深度神经网络的机场航班延误预测模型。通过建立基于多项式回归和改进深度神经网络的机场航班延误预测模型，对国内机场单个航班的延误进行预测。首先，采用多项式回归对机场航班延误的分布进行估计和模拟；其次，建立了改进的DBN-SVR神经网络模型，构建基于多项式回归和改进深度神经网络的机场航班延误预测组合模型框架；最后，对模型参数进行了设置。针对国内十大枢纽机场分别进行了实证分析，预测每个机场单个航班的出发延误，并根据预测结果和不同的分类器进行了对比分析。结果表明，对比其他分类器，改进的深度神经网络模型（DBN-SVR）具有更好的预测效果。当到达机场为枢纽机场时，十大枢纽机场的出发延误在2017年和2018年平均绝对误差的中位数范围为9.71±2.13分钟和8.02±1.0

分钟，均方根误差的中位数范围为 12.92±2.54 分钟和 10.63±0.82 分钟。当到达机场为非枢纽机场时，十大枢纽机场的出发延误在 2017 年和 2018 年平均绝对误差的中位数范围为 8.16±2.03 分钟和 7.17±1.71 分钟，均方根误差的中位数范围为 10.9±0.49 分钟和 9.68±1.52 分钟。大部分机场航班测试集出发延误的平均绝对误差在 10 分钟之内，均方根误差在 12 分钟之内，表明了模型的有效性。

（5）建立了基于平滑样条和 LSTM 神经网络的航线航班延误预测模型。通过建立基于平滑样条和 LSTM 神经网络的航线航班延误预测模型，对国内航线的单个航班的延误进行预测。先采用平滑样条对航线航班延误的分布进行估计和模拟，之后建立了 LSTM 神经网络模型，构建基于平滑样条和 LSTM 神经网络的航线航班延误预测组合模型框架。在建立模型前，对数据进行了预处理，对连续变量采用 Min-Max 归一化方法编码，对离散变量采用 One-Hot 编码，之后构造了时间序列函数，并对模型参数进行设置。本书最后针对国内十大主要航线进行了实证分析。对比其他分类器，LSTM 模型具有更好的预测效果。2017 年和 2018 年出发延误的平均绝对误差的中位数范围为 8.11±2.14 分钟和 7.68±1.17 分钟，均方根误差的中位数范围为 10.16±2.16 分钟和 9.51±1.92 分钟。大部分航线测试集出发延误的平均绝对误差和均方根误差在 10 分钟之内，表明模型能够很好地预测单个航班延误。

8.2　进一步研究的方向

本书的研究虽然取得了初步成果，但仍有部分内容需进一步深入，主要有以下几个方面：

（1）延误特征方面，枢纽机场和枢纽航空公司的规模需要进一步研究。现有文献中枢纽规模的划分按照美国和欧洲的标准，但我国机场和航空公司在数量、规模和地理划分上并不完全与美国、欧洲一致，特别是中型枢纽机场数量相对较少，未来将对枢纽机场规模进行进一步探讨。

（2）进一步增加重要预测指标。进一步增加能见度、风力等天气指标，在接下来的研究中，会收集更多重要的预测指标。

（3）预测模型进一步改进。本书使用深度神经网络预测出发延误，目标值为连续变量——分钟，会增加预测结果的种类，不只预测连续型变量（延误分钟），也会建立分类模型。例如，分别以 15 分钟、60 分钟、120 分钟、180 分钟为阈值，建立分类模型，预测每个类别的误差或者每个类别出现的概率等。

参考文献

［1］2019年民航行业发展统计公报［R］.中国民航航空局，2019.

［2］Li M. Air Traffic Delay Prediction Based on Machine Learning and Delay Propagation［D］.Purdue University，2018.

［3］Bb A，Aag B. Flight Delays in European Airline Networks［J］.Research in Transportation Business & Management，2021，41：1-13.

［4］Yazdi M F，Kamel S R，Chabok S J M，et al. Flight Delay Prediction Based on Deep Learning and Levenberg-Marquart Algorithm［J］.Journal of Big Data，2020，7（1）：1-28.

［5］关于印发民航航班正常统计办法的通知［Z］.民航空发〔2003〕96号.

［6］Cheng S，Zhang Y，Hao S，et al. Study of Flight Departure Delay and Causal Factor Using Spatial Analysis［J］.Journal of Advanced Transportation，2019：1-12.

［7］Asfe M，Zehi M，Tash M，et al. Ranking Different Factors Influencing Flight Delay［J］.Management Science Letters，2014，4（7）：1397-1400.

［8］Demirel S，Çınar E. Optimizing Aircraft Operations in Case of Increasing Demand for Limited Airport Capacity［J］.European Journal of Transport and Infrastructure Research，2025，25（1）：86-101.

［9］Qu J，Zhao T，Ye M，et al. Flight Delay Prediction Using Deep Convolutional Neural Network Based on Fusion of Meteorological Data［J］.Neural Processing Letters，2020，52（2）：1461-1484.

［10］Shandi M G A，Adhitama R，Arifa A B. Application of Long Short-Term Memory to Predict Flight Delay on Commercial Flights［J］.Jurnal RESTI（Rekayasa

Sistem Dan Teknologi Informasi), 2020, 4 (3): 447-453.

［11］Aghdam M Y, Tabbakh S R K, Chabok S J M, et al. Optimization of Air Traffic Management Efficiency Based on Deep Learning Enriched by the Long Short-term Memory (LSTM) and Extreme Learning Machine (ELM) [J]. Journal of Big Data, 2021, 8 (1): 1-26.

［12］Schneider R, Chen X. Predicting Flight Demand under Uncertainty [J]. KSCE Journal of Civil Engineering, 2020, 24 (2): 635-646.

［13］Gui G, Liu F, Sun J, et al. Flight Delay Prediction Based on Aviation Big Data and Machine Learning [J]. IEEE Transactions on Vehicular Technology, 2020, 69 (1): 140-150.

［14］吴仁彪, 赵娅倩, 屈景怡, 等. 基于 CBAM-CondenseNet 的航班延误波及预测模型 [J]. 电子与信息学报, 2021, 43 (1): 187-195.

［15］Yuwei C, Zhengyong Z, Zhengren L, et al. A Task Scheduling Method for Network Distributed Flight Control System [C] //2019 Chinese Automation Congress (CAC). IEEE, 2019: 480-483.

［16］Gürbüz F, Özbakir L, Yapici H. Data Mining and Preprocessing Application on Component Reports of an Airline Company in Turkey [J]. Expert Systems with Applications, 2011, 38 (6): 6618-6626.

［17］Akhavan-Hejazi H, Mohsenian-Rad H. Power Systems Big Data Analytics: An Assessment of Paradigm Shift Barriers and Prospects [J]. Energy Reports, 2018 (4): 91-100.

［18］Han J, Pei J, Kamber M. Data Mining: Concepts and Techniques [M]. Elsevier, 2011.

［19］Nibareke T, Laassiri J. Using Big Data-machine Learning Models for Diabetes Prediction and Flight Delays Analytics [J]. Journal of Big Data, 2020, 7 (1): 1-18.

［20］Yazdi M F, Kamel S R, Chabok S J M, et al. Flight Delay Prediction Based on Deep Learning and Levenberg-Marquart Algorithm [J]. Journal of Big Data, 2020, 7 (1): 1-28.

［21］Sanaei R, Pinto B A, Gollnick V. Toward ATM Resiliency: A Deep CNN to Predict Number of Delayed Flights and ATFM Delay [J]. Aerospace, 2021,

8（2）：1-22.

［22］Gui G, Zhou Z, Wang J, et al. Machine Learning Aided Air Traffic Flow Analysis Based on Aviation Big Data［J］. IEEE Transactions on Vehicular Technology, 2020, 69（5）：4817-4826.

［23］Al-Tabbakh S M, El-Zahed H. Machine Learning Techniques for Analysis of Egyptian Flight Delay［J］. Journal of Scientific Research in Science, 2018, 35（1）：390-399.

［24］Rodríguez-Sanz Á, Comendador F G, Valdés R A, et al. Assessment of Airport Arrival Congestion and Delay：Prediction and Reliability［J］. Transportation Research Part C：Emerging Technologies, 2019（98）：255-283.

［25］Güvercin M, Ferhatosmanoglu N, Gedik B. Forecasting Flight Delays Using Clustered Models Based on Airport Networks［J］. IEEE Transactions on Intelligent Transportation Systems, 2020, 22（5）：3179-3189.

［26］Li Q, Jing R. Generation and Prediction of Flight Delays in Air Transport ［J］. IET Intelligent Transport Systems, 2021（15）：740-753.

［27］Qu J, Zhao T, Ye M, et al. Flight Delay Prediction Using Deep Convolutional Neural Network Based on Fusion of Meteorological Data［J］. Neural Processing Letters, 2020, 52（2）：1461-1484.

［28］Kim Y J, Choi S, Briceno S, et al. A Deep Learning Approach to Flight Delay Prediction［C］//2016 IEEE/AIAA 35th Digital Avionics Systems Conference（DASC）. IEEE, 2016：1-6.

［29］Rebollo J J, Balakrishnan H. Characterization and Prediction of Air Traffic Delays［J］. Transportation Research Part C：Emerging Technologies, 2014（44）：231-241.

［30］Choi S, Kim Y J, Briceno S, et al. Prediction of Weather-induced Airline Delays Based on Machine Learning Algorithms［C］//2016 IEEE/AIAA 35th Digital Avionics Systems Conference（DASC）. IEEE, 2016：1-6.

［31］Santos G, Robin M. Determinants of Delays at European Airports［J］. Transportation Research Part B：Methodological, 2010, 44（3）：392-403.

［32］陈昱君, 孙樊荣, 沐瑶, 等. 离港航班延误时间预测方法［J］. 科学技术与工程, 2022, 22（15）：6354-6361.

［33］Mayer C，Sinai T. Network Effects，Congestion Externalities，and Air Traffic Delays：Or Why Not All Delays are Evil［J］. American Economic Review，2003，93（4）：1194-1215.

［34］Brueckner J K. Airport Congestion When Carriers Have Market Power［J］. American Economic Review，2002，92（5）：1357-1375.

［35］Rupp N G. Do Carriers Internalize Congestion Costs? Empirical Evidence on the Internalization Question［J］. Journal of Urban Economics，2009，65（1）：24-37.

［36］陈海燕，王建东，顾彬. 基于融合先验知识 SVM 的航班延误预警模型［J］. 南京航空航天大学学报，2009，41（2）：243-247.

［37］徐涛，丁建立，顾彬，等. 基于增量式排列支持向量机的机场航班延误预警［J］. 航空学报，2009，30（7）：1256-1263.

［38］Newell G F. Airport Capacity and Delays［J］. Transportation Science，1979，13（3）：201-241.

［39］Ng K K H，Lee C K M，Chan F T S，et al. Robust Aircraft Sequencing and Scheduling Problem with Arrival/Departure Delay Using the Min-Max Regret Approach［J］. Transportation Research Part E：Logistics and Transportation Review，2017（106）：115-136.

［40］张玉州，张子为，江克勤. 多跑道进离港地面等待问题建模及协同优化［J］. 南京大学学报（自然科学版），2020，56（1）：137-146.

［41］李雄，刘光才，颜明池，等. 航班延误引发的航空公司及旅客经济损失［J］. 系统工程，2007，25（12）：20-23.

［42］李鹏. 航班延误分析及传播机理研究［D］. 南京航空航天大学，2016.

［43］吴薇薇，孟亭婷，张皓瑜. 基于机场延误预测的航班计划优化研究［J］. 交通运输系统工程与信息，2016，16（6）：189-195.

［44］Xu N，Sherry L，Laskey K B. Multifactor Model for Predicting Delays at US Airports［J］. Transportation Research Record，2008，2052（1）：62-71.

［45］Kim A. The Impacts of Changing Flight Demands and Throughput Performance on Airport Delays through the Great Recession［J］. Transportation Research Part A：Policy and Practice，2016（86）：19-34.

［46］Pyrgiotis N，Malone K M，Odoni A. Modelling Delay Propagation within an

Airport Network ［J］. Transportation Research Part C：Emerging Technologies，2013（27）：60-75.

［47］ Cai K，Li Y，Fang Y P，et al. A Deep Learning Approach for Flight Delay Prediction through Time-evolving Graphs ［J］. lEEE Transactions on Intelligent Transportation Systems，2021，23（8）：11397-11407.

［48］ Ateş S S，Kafalı H，Çeliktaş M. Analysis of Internal/External Factors Affecting Time Management and the Reasons of Delay in Aviation ［J］. Journal of Aviation，2018，2（2）：105-118.

［49］ Alipio J，Castro P，Kaing H，et al. Dynamic Airspace Super Sectors（DASS）as High-Density Highways in the Sky for A New US Air Traffic Management System ［C］// IEEE Systems and Information Engineering Design Symposium，2003：57-66.

［50］ 石丽娜. 多等级模糊评价方法在航班延误中的应用 ［J］. 上海工程技术大学学报，2006，20（3）：276- 279.

［51］ 王时敏. 恶劣天气对航班延误影响的初步量化研究 ［D］. 南京航空航天大学，2017.

［52］ 杨新湼，王倩，刘俊. 大数据时代下的航班延误组合预测 ［J］. 中国科技论文，2016，11（19）：2205-2208.

［53］ Ballesteros J A A，Hitchens N M. Meteorological Factors Affecting Airport Operations During the Winter Season in the Midwest ［J］. Weather，Climate，and Society，2018，10（2）：307-322.

［54］ 吕晓杰，王红. 大型枢纽机场大面积航班延误预警方法研究 ［J］. 计算机工程与设计，2009（30）：64-66.

［55］ Mukherjee A，Sridhar B，Grabbe S. Optimizing Flight Departure Delay and Route Selection under En Route Convective Weather ［J］. Airspace Utilization，2011，19（2）：63-64.

［56］ Schaefer L，Millner D. Flight Delay Propagation Analysis with the Detailed Policy Assessment Tool ［C］//2001 IEEE International Conference on Systems，Man and Cybernetics. E－Systems and E－Man for Cybernetics in Cyberspace（Cat. No. 01CH37236）. IEEE，2001（2）：1299-1303.

［57］ Abdel-Aty M，Lee C，Bai Y，et al. Detecting Periodic Patterns of Arrival Delay ［J］. Journal of Air Transport Management，2007，13（6）：355-361.

［58］Xiong J，Hansen M. Modelling Airline Flight Cancellation Decisions ［J］. Transportation Research Part E：Logistics and Transportation Review，2013（56）：64-80.

［59］Hao L，Hansen M，Zhang Y，Post J. New York，New York：Two Ways of Estimating the Delay Impact of New York Airports ［J］. Transportation Research Part E：Logistics and Transportation Review，2014（70）：245-260.

［60］Ballesteros J A A，Hitchens N M. Meteorological Factors Affecting Airport Operations during the Winter Season in the Midwest ［J］. Weather，Climate，and Society，2018，10（2）：307-322.

［61］程俊. 航班延误影响因素以及控制模型研究 ［D］. 广州大学，2020.

［62］张兆宁，王晶华. 机场大面积航班延误传播的状态空间模型 ［J］. 科学技术与工程，2018，18（31）：246-250.

［63］欧尚恒. 机场航班延误状况时间序列分析与预测研究 ［D］. 中国民航大学，2020.

［64］王春政，胡明华，杨磊，等. 基于 Agent 模型的机场网络延误预测 ［J］. 航空学报，2021（42）：1-14.

［65］屈景怡，叶萌，渠星. 基于区域残差和 LSTM 网络的机场延误预测模型 ［J］. 通信学报，2019，40（4）：149-159.

［66］Zeng W，Li J，Quan Z，et al. A Deep Graph-Embedded LSTM Neural Network Approach for Airport Delay Prediction ［J］. Journal of Advanced Transportation，2021（1）：1-15.

［67］Henriques R，Feiteira I. Predictive Modelling：Flight Delays and Associated Factors，Hartsfield-Jackson Atlanta International Airport ［J］. Procedia Computer Science，2018（138）：638-645.

［68］Yu B，Guo Z，Asian S，et al. Flight Delay Prediction for Commercial Air Transport：A Deep Learning Approach ［J］. Transportation Research Part E：Logistics and Transportation Review，2019（125）：203-221.

［69］Zhang H，Song C，Zhang J，et al. A Multi-step Airport Delay Prediction Model Based on Spatial-temporal Correlation and Auxiliary Features ［J］. IET Intelligent Transport Systems，2021，15（7）：1-13.

［70］McWillian de Oliveira，Ana Beatriz Rebouças Eufr′asio，Marcelo Xavier

Guterres, et al. Analysis of Airport Weather Impact on On-time Performance of Arrival Flights for the Brazilian Domestic Air Transportation System [J]. Journal of Air Transport Management, 2021 (91): 1-5.

[71] Borsky S, Unterberger C. Bad Weather and Flight Delays: The Impact of Sudden and Slow Onset Weather Events [J]. Economics of Transportation, 2019 (18): 10-26.

[72] Khaksar H, Sheikholeslami A. Airline Delay Prediction by Machine Learning Algorithms [J]. Scientia Iranica A, 2019, 26 (5): 2689-2702.

[73] Aydemir R, Seymour D T, Buyukdagli A, et al. An Empirical Analysis of Delays in the Turkish Airlines Network [J]. Journal of Air Transport Management, 2017 (65): 76-87.

[74] Wu C L, Law K. Modelling the Delay Propagation Effects of Multiple Resource Connections in an Airline Network Using a Bayesian Network Model [J]. Transportation Research, 2019 (122): 62-77.

[75] Hansen M, Hsiao C. Going South? Econometric Analysis of U. S. Airline Flight Delays from 2000 to 2004 [J]. Transportation Research Record Journal of the Transportation Research Board, 2005 (1915): 85-94.

[76] Tu Y, Ball M O, Jank W S. Estimating Flight Departure Delay Distributions—A Statistical Approach with Long-term Trend and Short-Term Pattern [J]. Journal of the American Statistical Association, 2008, 103 (481): 112-125.

[77] Wong J T, Tsai S C. A Survival Model for Flight Delay Propagation [J]. Journal of Air Transport Management, 2012 (23): 5-11.

[78] Bayen A, Grieder P, Meyer G, et al. Langrangian Delay Predictive Model for Sector-based Air Traffic Flow [J]. Journal of Guidance, Control, and Dynamics, 2005, 28 (5): 1015-1026.

[79] Kim A, Hansen M. Deconstructing Delay: A Non-parametric Approach to Analyzing Delay Changes in Single Server Queuing Systems [J]. Transportation Research Part B: Methodological, 2013 (58): 119-133.

[80] Dan W, Meng W, Xiaoxi W, et al. Ensemble of Incremental Learning Algorithm for Flight Delay Prediction [J]. Journal of Beijing University of Technology, 2020, 46 (11): 1239-1245.

［81］徐盈盈，钟才明. 基于集成学习的无监督离散化算法 ［J］. 计算机应用，2014，34（8）：2184-2187.

［82］Beatty R，Hsu R，Berry L，et al. Preliminary Evaluation of Flight Delay Propagation through an Airline Schedule ［J］. Air Traffic Control Quarterly，1999，7（4）：259-270.

［83］Rebollo J J，Balakrishnan H. Characterization and Prediction of Air Traffic Delays ［J］. Transportation Research Part C：Emerging Technologies，2014（44）：231-241.

［84］Markovic D，Hauf T，Röhner P，et al. A Statistical Study of the Weather Impact on Punctuality at Frankfurt Airport ［J］. Meteorological Applications：A Journal of Forecasting，Practical Applications，Training Techniques and Modelling，2008，15（2）：293-303.

［85］Wang P，Schaefer L A，Wojcik L A. Flight Connections and Their Impacts on Delay Propagation ［C］//Digital Avionics Systems Conference，2003. DASC'03. The 22nd. IEEE，2003.

［86］Xu N，Sherry L，Laskey K B. Multifactor Model for Predicting Delays at US Airports ［J］. Transportation Research Record，2008，2052（1）：62-71.

［87］张静，徐肖豪，王飞，等. 基于模糊线性回归模型的机场延误性能评估 ［J］. 交通运输工程学报，2010（4）：109-114.

［88］Eufrásio A B R，Eller R A G，Oliveira A V M. Are On-time Performance Statistics Worthless? An Empirical Study of the Flight Scheduling Strategies of Brazilian Airlines ［J］. Transportation Research Part E：Logistics and Transportation Review，2021（145）：102186.

［89］Pathomsiri S，Haghani A，Dresner M，Windle R J. Impact of Undesirable Outputs on the Productivity of US Airports ［J］. Transportation Research Part E：Logistics and Transportation Review，2008，44（2）：235-259.

［90］Reynolds-Feighan A J，Button K J. An Assessment of the Capacity and Congestion Levels at European Airports ［J］. Journal of Air Transport Management，1999，5（3）：113-134.

［91］Sternberg A，Carvalho D，Murta L，et al. An Analysis of Brazilian Flight Delays Based on Frequent Patterns ［J］. Transportation Research Part E：Logistics and

Transportation Review, 2016 (95): 282-298.

[92] Kim M S. Analysis of Short-term Forecasting for Flight Arrival Time [J]. Journal of Air Transport Management, 2016 (52): 35-41.

[93] Qin Q, Yu H. A Statistic Analysis of Flight Delays of Major US Airports: Illustrated by the Example of the JFK Airport [M]. LISS 2014. Springer, Berlin, Heidelberg, 2015: 469-474.

[94] 曹卫东, 林翔宇. 基于贝叶斯网络的航班过站时间分析与延误预测 [J]. 计算机工程与设计, 2011, 32 (5): 1770-1772.

[95] Xu N, Donohue G, Laskey K B, et al. Estimation of Delay Propagation in the National Aviation System Using Bayesian Networks [C] //6th USA/Europe Air Traffic Management Research and Development Seminar. Baltimore, MD: FAA and Eurocontrol, 2005.

[96] 刘玉洁. 基于贝叶斯网络的航班延误与波及预测 [D]. 天津大学, 2009.

[97] 曹卫东, 贺国光. 连续航班延误与波及的贝叶斯网络分析 [J]. 计算机应用, 2009, 29 (2): 606- 610.

[98] 李俊生, 丁建立. 基于贝叶斯网络的航班延误传播分析 [J]. 航空学报, 2008, 29 (6): 1598-1604.

[99] 邵荃, 罗雄, 吴抗抗. 基于贝叶斯网络的机场航班延误因素分析 [J]. 科学技术与工程, 2012, 12 (30): 8120-8124.

[100] Li Q, Jing R. Characterization of Delay Propagation in the Air Traffic Network [J]. Journal of Air Transport Management, 2021 (94): 102075.

[101] Boswell S B, Evans J E. Analysis of Downstream Impacts of Air Traffic Delay [M]. Lincoln Laboratory, Massachusetts Institute of Technology, 1997.

[102] Mueller E, Chatterji G. Analysis of Aircraft Arrival and Departure Delay Characteristics [C] //AIAA's Aircraft Technology, Integration, and Operations (ATIO) 2002 Technical Forum. 2002: 5866.

[103] Cao W, Fang X. Airport Flight Departure Delay Model on Improved BN Structure Learning [J]. Physics Procedia, 2012 (33): 597-603.

[104] 丁建立, 李学森, 吕晓杰. 基于 DCS-DES 组合的机场航班延误预测方法 [J]. 计算机工程与设计, 2010 (17): 3882-3885.

［105］丁建立，杨海彤，顾彬. 基于模糊免疫策略的机场航班延误自适应实时预测方法［J］. 南京航空航天大学学报，2011，43（2）：257-261.

［106］吕晓杰，王红. 大型枢纽机场大面积航班延误预警方法研究［J］. 计算机工程与设计，2009（19）：4564-4566.

［107］Alonso H，Loureiro A. Predicting Flight Departure Delay at Porto Airport：A Preliminary Study［C］//2015 7th International Joint Conference on Computational Intelligence（IJCCI）. IEEE，2015（3）：93-98.

［108］Lu M，Peng W，He M，et al. Flight Delay Prediction Using Gradient Boosting Machine Learning Classifiers［J］. Journal of Quantum Computing，2021，3（1）：1-13.

［109］Khaksar H，Sheikholeslami A. Airline Delay Prediction by Machine Learning Algorithms［J］. Scientia Iranica，2019，26（5）：2689-2702.

［110］Balakrishna P，Ganesan R，Sherry L. Accuracy of Reinforcement Learning Algorithms for Predicting Aircraft Taxi-out Times：A Case-study of Tampa Bay Departures［J］. Transportation Research Part C：Emerging Technologies，2010，18（6）：950-962.

［111］Balakrishna P，Ganesan R，Sherry L，et al. Estimating Taxi-out Times with a Reinforcement Learning Algorithm［C］//Digital Avionics Systems Conference. IEEE，2008：1-12.

［112］Khan W A，Ma H L，Chung S H，et al. Hierarchical Integrated Machine Learning Model for Predicting Flight Departure Delays and Duration in Series［J］. Transportation Research Part C：Emerging Technologies，2021（129）：103225.

［113］Tan Y E，Teong K S，Shabbir M，et al. Modelling Flight Delays in the Presence of Class Imbalance［C］//Proceedings of the 2018 Artificial Intelligence and Cloud Computing Conference. ACM，2018：186-191.

［114］Welch J，Ahmed S. Spectral Analysis of Airport Performance［C］//AIAA's 3rd Annual Aviation Technology，Integration，and Operations（ATIO）Forum. 2003：6715.

［115］Campanelli B，Fleurquin P，Arranz A，et al. Comparing the Modeling of Delay Propagation in the US and European Air Traffic Networks［J］. Journal of Air Transport Management，2016（56）：12-18.

［116］Belcastro L，Marozzo F，Talia D，et al. Using Scalable Data Mining for

Predicting Flight Delays ［J］. ACM Transactions on Intelligent Systems and Technology (TIST)，2016，8（1）：1–20.

［117］ Vapnik V. The Nature of Statistical Learning Theory ［M］. Springer Science & Business Media，2013.

［118］ Schölkopf B，Smola A J，Bach F. Learning with Kernels：Support Vector Machines，Regularization，Optimization，and Beyond ［M］. MIT Press，2002.

［119］ 罗赟骞，陈志杰，汤锦辉，等. 采用支持向量机回归的航班延误预测研究 ［J］. 交通运输系统工程与信息，2015，15（1）：143–149.

［120］ 何洋，朱金福，周秦炎. 基于支持向量机回归的机场航班延误预测 ［J］. 中国民航大学学报，2018，36（191）：33–39.

［121］ Hsu C W，Lin C J. A Comparison of Methods for Multiclass Support Vector Machines ［J］. IEEE Transactions on Neural Networks，2002，13（2）：415–425.

［122］ H P Huang，Y H Liu，Fuzzy Support Vector Machines for Pattern Recognition and Data Mining ［J］. International Journal of Fuzzy Systems，2002，4（3）：826–835.

［123］ Chiang J H，Hao P Y. A New Kernel–based Fuzzy Clustering Approach：Support Vector Clustering with Cell Growing ［J］. IEEE Transactions on Fuzzy Systems，2003，11（4）：518–527.

［124］ Chen H，Wang J，Yan X. A Fuzzy Support Vector Machine with Weighted Margin for Flight Delay Early Warning ［C］//2008 Fifth International Conference on Fuzzy Systems and Knowledge Discovery. IEEE，2008（3）：331–335.

［125］ 刘雄. 基于枢纽机场的航班延误预警评价研究 ［D］. 中国民用航空飞行学院，2012.

［126］ 王红，刘金兰，曹卫东，等. 航空公司航班延误预警管理模型与分析 ［J］. 计算机仿真，2009（4）：292–296.

［127］ Zonglei L，Jiandong W，Guansheng Z. A New Method to Alarm Large Scale of Flights Delay Based on Machine Learning ［C］//2008 International Symposium on Knowledge Acquisition and Modeling. IEEE，2008：589–592.

［128］ Najafabadi M M，Villanustre F，Khoshgoftaar T M，et al. Deep Learning Applications and Challenges in Big Data Analytics ［J］. Journal of Big Data，2015，2（1）：1–21.

[129] Kashyap H, Ahmed H A, Hoque N, et al. Big Data Analytics in Bioinformatics: A Machine Learning Perspective [J]. arXiv preprint arXiv: 1506.05101, 2015.

[130] Khanmohammadi S, Tutun S, Kucuk Y. A New Multilevel Input Layer Artificial Neural Network for Predicting Flight Delays at JFK Airport [J]. Procedia Computer Science, 2016 (95): 237-244.

[131] Lv Y, Duan Y, Kang W, et al. Traffic Flow Prediction with Big Data: A Deep Learning Approach [J]. IEEE Transactions on Intelligent Transportation Systems, 2014, 16 (2): 865-873.

[132] Bitzel Cortez, Berny Carrera, Young-Jin Kim, et al. An Architecture for Emergency Event Prediction Using LSTM Recurrent Neural Networks [J]. Expert Systems with Applications, 2017 (97): 315-324.

[133] Khanmohammadi S, Chou C A, Lewis H W, et al. A Systems Approach for Scheduling Aircraft Landings in JFK Airport [C] //2014 IEEE International Conference on Fuzzy Systems (FUZZ-IEEE). IEEE, 2014: 1578-1585.

[134] Qu J, Zhao T, Ye M, et al. Flight Delay Prediction Using Deep Convolutional Neural Network Based on Fusion of Meteorological Data [J]. Neural Processing Letters, 2020, 52 (2): 1461-1484.

[135] Venkatesh V, Arya A, Agarwal P, et al. Iterative Machine and Deep Learning Approach for Aviation Delay Prediction [C] //2017 4th IEEE Uttar Pradesh Section International Conference on Electrical, Computer and Electronics (UPCON). IEEE, 2017: 562-567.

[136] Shandi M G A, Adhitama R, Arifa A B. Application of Long Short Term Memory to Predict Flight Delay on Commercial Flights [J]. Jurnal RESTI (Rekayasa Sistem Dan Teknologi Informasi), 2020, 4 (3): 447-453.

[137] 朱志国, 周雨禾. 航班延误突发性群体事件疏导: 基于改进的情绪感染模型 [J]. 系统工程, 2018, 36 (5): 83-88.

[138] Wang Y, Cao Y, Zhu C, et al. Universal Patterns in Passenger Flight Departure Delays [J]. Scientific Reports, 2020, 10 (1): 1-10.

[139] Arnott R. Optimal Taxation in a Spatial Economy with Transport Costs [J]. Journal of Public Economics, 1979, 11 (3): 307-334.

[140] 葛伟. 不确定性枢纽航线网络优化设计方法研究 [D]. 南京航空航

天大学，2012.

[141] Miller R A. The Herfindahl-Hirschman Index as a Market Structure Variable: An Exposition for Antitrust Practitioners [J]. Antitrust Bull, 1982 (27): 593.

[142] Ater I. Internalization of Congestion at US Hub Airports [J]. Journal of Urban Economics, 2012, 72 (2-3): 196-209.

[143] Brueckner J K. Internalization of Airport Congestion [J]. Journal of Air Transport Management, 2002, 8 (3): 141-147.

[144] Daniel J I. Congestion Pricing and Capacity of Large Hub Airports: A Bottleneck Model with Stochastic Queues [J]. Econometrica: Journal of the Econometric Society, 1995, 63 (2): 327-370.

[145] Daniel J I, Harback K T. (When) Do Hub Airlines Internalize Their Self-imposed Congestion Delays? [J]. Journal of Urban Economics, 2008, 63 (2): 583-612.

[146] Baumgarten P, Malina R, Lange A. The Impact of Hubbing Concentration on Flight Delays within Airline Networks: An Empirical Analysis of the US Domestic Market [J]. Transportation Research Part E: Logistics and Transportation Review, 2014, 66: 103-114.

[147] Ahmad Beygi S, Cohn A, Guan Y, et al. Analysis of the Potential for Delay Propagation in Passenger Airline Networks [J]. Journal of Air Transport Management, 2008, 14 (5): 221-236.

[148] Wilken D, Berster P, Gelhausen M C. New Empirical Evidence on Airport Capacity Utilisation: Relationships between Hourly and Annual Air Traffic Volumes [J]. Research in Transportation Business & Management, 2011, 1 (1): 118-127.

[149] Hayes A F, Cai L. Using Heteroskedasticity-consistent Standard Error Estimators in OLS Regression: An Introduction and Software Implementation [J]. Behavior Research Methods, 2007, 39 (4): 709-722.

[150] Han J, Pei J, Kamber M. Data Mining: Concepts and Techniques [M]. Elsevier, 2011.

[151] 杨晓强. 一种进化半监督式模糊聚类的入侵检测算法 [J]. 计算机工程与应用, 2008, 44 (4): 33-35.

[152] 程华, 李艳梅, 罗谦, 等. 基于C4.5决策树方法的到港航班延误预测问题研究 [J]. 系统工程理论与实践, 2014, 34 (11): 239-247.

［153］Yu Z, Haghighat F, Fung B C M, et al. A Decision Tree Method for Building Energy Demand Modeling［J］. Energy and Buildings, 2010, 42（10）: 1637-1646.

［154］Ogheneovo E, Nlerum P. Iterative Dichotomizer 3（ID3）Decision Tree: A Machine Learning Algorithm for Data Classification and Predictive Analysis［J］. International Journal of Advanced Engineering Research and Science, 2020, 7（4）: 514-521.

［155］Zimmerman R K, Nowalk M P, Bear T, et al. Proposed Clinical Indicators for Efficient Screening and Testing for COVID-19 Infection Using Classification and Regression Trees（CART）Analysis［J］. Human Vaccines & Immunotherapeutics, 2020: 1-4.

［156］华斌, 何丽. 科技项目验收评估管理与决策模型研究［J］. 科学学与科学技术管理, 2007, 28（2）: 33-35.

［157］庞素琳, 巩吉璋. C5.0 分类算法及在银行个人信用评级中的应用［J］. 系统工程理论与实践, 2009（12）: 97-107.

［158］唐晓波, 谭明亮, 李诗轩, 等. 企业破产预测系统模型构建及实现研究［J］. 情报学报, 2019, 38（10）: 1051-1065.

［159］Yu L, Zhou R, Chen R, et al. Missing Data Preprocessing in Credit Classification: One-Hot Encoding or Imputation?［J］. Emerging Markets Finance and Trade, 2020: 1-11.

［160］Hinton G E, Salakhutdinov R R. Reducing the Dimensionality of Data with Neural Networks［J］. Science, 2006, 313（5786）: 504-507.

［161］刘建伟, 刘媛, 罗雄麟. 深度学习研究进展［J］. 计算机应用研究, 2014, 31（7）: 1921-1930.

［162］Bengio Y. Learning Deep Architectures for AI［J］. Foundations and Trends in Machine Learning, 2009, 2（1）: 1-127.

［163］Koesdwiady A, Soua R, Karray F. Improving Traffic Flow Prediction with Weather Information in Connected Cars: A Deep Learning Approach［J］. IEEE Transactions on Vehicular Technology, 2016, 65（12）: 9508-9517.

［164］Li H, Li X, Ramanathan M, et al. Identifying Informative Risk Factors and Predicting Bone Disease Progression Via Deep Belief Networks［J］. Methods,

2014, 69 (3): 257-265.

[165] Wang X F, Zhang C L, Zhang S W, et al. Forecasting of Cotton Diseases and Pests Based on Adaptive Discriminant Deep Belief Network [J]. Transactions of the Chinese Society of Agricultural Engineering, 2018, 34 (14): 157-164.

[166] Altan G. Diagnosis of Coronary Artery Disease Using Deep Belief Networks [J]. European Journal of Engineering and Natural Sciences, 2017, 2 (1): 29-36.

[167] Wan J J, Chen B L, Kong Y X, et al. An Early Intestinal Cancer Prediction Algorithm Based on Deep Belief Network [J]. Scientific Reports, 2019, 9 (1): 1-13.

[168] Zhao Z, Jiao L, Zhao J, et al. Discriminant Deep Belief Network for High-resolution SAR Image Classification [J]. Pattern Recognition, 2017, 61: 686-701.

[169] Samadi F, Akbarizadeh G, Kaabi H. Change Detection in SAR Images Using Deep Belief Network: A New Training Approach Based on Morphological Images [J]. IET Image Processing, 2019, 13 (12): 2255-2264.

[170] Wu F, Wang Z, Lu W, et al. Regularized Deep Belief Network for Image Attribute Detection [J]. IEEE Transactions on Circuits and Systems for Video Technology, 2016, 27 (7): 1464-1477.

[171] Khatami A, Khosravi A, Nguyen T, et al. Medical Image Analysis Using Wavelet Transform and Deep Belief Networks [J]. Expert Systems with Applications, 2017, 86: 190-198.

[172] Mughees A, Tao L. Multiple Deep-Belief-Network-Based Spectral-Spatial Classification of Hyperspectral Images [J]. Tsinghua Science and Technology, 2018, 24 (2): 183-194.

[173] Jiang M, Liang Y, Feng X, et al. Text Classification Based on Deep Belief Network and Softmax Regression [J]. Neural Computing and Applications, 2018, 29 (1): 61-70.

[174] Cuiping C. Text Categorization Based on Deep Belief Network [J]. Computer Systems & Applications, 2015, 2: 121-126.

[175] Sarikaya R, Hinton G E, Deoras A. Application of Deep Belief Networks for Natural Language Understanding [J]. IEEE/ACM Transactions on Audio, Speech,

and Language Processing, 2014, 22 (4): 778-784.

[176] Zhang C, Zhang Y, Hu C, et al. A Novel Intelligent Fault Diagnosis Method Based on Variational Mode Decomposition and Ensemble Deep Belief Network [J]. IEEE Access, 2020, 8: 36293-36312.

[177] Wang Y, Pan Z, Yuan X, et al. A Novel Deep Learning Based Fault Diagnosis Approach for Chemical Process with Extended Deep Belief Network [J]. ISA Transactions, 2020, 96: 457-467.

[178] Pukelsheim F, Studden W J. E-optimal Designs for Polynomial Regression [J]. The Annals of Statistics, 1993, 21 (1): 402-415.

[179] Coelho F, Neto J P. A Method for Regularization of Evolutionary Polynomial Regression [J]. Applied Soft Computing, 2017, 59: 223-228.

[180] Koesdwiady A, Soua R, Karray F. Improving Traffic Flow Prediction with Weather Information in Connected Cars: A Deep Learning Approach [J]. IEEE Transactions on Vehicular Technology, 2016, 65 (12): 9508-9517.

[181] Farabet C, Couprie C, Najman L, et al. Learning Hierarchical Features for Scene Labeling [J]. IEEE Transactions on Pattern Analysis and Machine Intelligence, 2012, 35 (8): 1915-1929.

[182] Tompson J J, Jain A, Lecun Y, et al. Joint Training of a Convolutional Network and a Graphical Model for Human Pose Estimation [C] //Advances in Neural Information Processing Systems, 2014: 1799-1807.

[183] Szegedy C, Liu W, Jia Y, et al. Going Deeper with Convolutions [C] //Proceedings of the IEEE Conference on Computer Vision and Pattern Recognition, 2015: 1-9.

[184] Choo S, Lee H. Learning Framework of Multimodal Gaussian-bernoulli RBM Handling Real-value Input Data [J]. Neurocomputing, 2018, 275: 1813-1822.

[185] Krizhevsky A, Hinton G. Learning Multiple Layers of Features from Tiny Images [R]. Technical Report. University of Toronto, 2009.

[186] Asif M T, Dauwels J, Goh C Y, et al. Spatiotemporal Patterns in Large-scale Traffic Speed Prediction [J]. IEEE Transactions on Intelligent Transportation Systems, 2013, 15 (2): 794-804.

［187］ Cheng K, Lu Z. Active learning Bayesian Support Vector Regression Model for Global Approximation ［J］. Information Sciences, 2021, 544: 549-563.

［188］ Shilton A, Lai D T H, Palaniswami M. A Division Algebraic Framework for Multidimensional Support Vector Regression ［J］. IEEE Transactions on Systems, Man, and Cybernetics, Part B (Cybernetics), 2009, 40 (2): 517-528.

［189］ 吴仁彪, 李佳怡, 屈景怡. 基于双通道卷积神经网络的航班延误预测模型 ［J］. 计算机应用, 2018, 38 (7): 2100-2112.

［190］ Min S, Lee B, Yoon S. Deep Learning in Bioinformatics ［J］. Briefings in Bioinformatics, 2017, 18 (5): 851-869.

［191］ Petersen P, Voigtlaender F. Optimal Approximation of Piecewise Smooth Functions Using Deep ReLU Neural Networks ［J］. Neural Networks, 2018, 108: 296-330.

［192］ Schmitz A, Bansho Y, Noda K, et al. Tactile Object Recognition Using Deep Learning and Dropout ［C］ //2014 IEEE-RAS International Conference on Humanoid Robots. IEEE, 2014: 1044-1050.

［193］ 王忠民, 王希, 宋辉. 基于随机 Dropout 深度信念网络的移动用户行为识别方法 ［J］. 计算机应用研究, 2017, 34 (12): 3797-3800.

［194］ Xu X, Cao D, Zhou Y, et al. Application of Neural Network Algorithm in Fault Diagnosis of Mechanical Intelligence ［J］. Mechanical Systems and Signal Processing, 2020 (141): 106625.

［195］ Lv Y, Duan Y, Kang W, et al. Traffic Flow Prediction with Big Data: A Deep Learning Approach ［J］. IEEE Transactions on Intelligent Transportation Systems, 2014, 16 (2): 865-873.

［196］ Huang W, Song G, Hong H, et al. Deep Architecture for Traffic Flow Prediction: Deep Belief Networks with Multitask Learning ［J］. IEEE Transactions on Intelligent Transportation Systems, 2014, 15 (5): 2191-2201.

［197］ Meng C, Zhang X, Zhang J, et al. More Efficient Approximation of Smoothing Splines Via Space-filling Basis Selection ［J］. Biometrika, 2020, 107 (3): 723-735.

［198］ Park K, Choi Y, Choi W J, et al. LSTM-based Battery Remaining Useful Life Prediction with Multi-channel Charging Profiles ［J］. IEEE Access, 2020

(8): 20786-20798.

[199] Ai Y, Li Z, Gan M, et al. A Deep Learning Approach on Short–term Spatiotemporal Distribution Forecasting of Dockless Bike–sharing System [J]. Neural Computing and Applications, 2019, 31 (5): 1665-1677.

附　录

附录 A　机场基本信息表

三字码	机场中文名	所在城市	所在省	经度	纬度	地区名称
AAT	阿勒泰机场	阿勒泰地区	新疆维吾尔自治区	88.09	47.75	西北地区
ACX	兴义万峰林机场	黔西南布依族苗族自治州	贵州省	104.97	25.16	西南地区
AEB	百色巴马机场	百色市	广西壮族自治区	106.95	23.73	华南地区
AHJ	阿坝红原机场	阿坝藏族羌族自治州	四川省	102.55	31.79	西南地区
AKA	安康机场	安康市	陕西省	108.93	32.71	西北地区
AKU	阿克苏机场	阿克苏地区	新疆维吾尔自治区	80.28	41.25	西北地区
AOG	鞍山腾鳌机场	鞍山市	辽宁省	122.99	41.11	东北地区
AQG	安庆天柱山机场	安庆市	安徽省	117.05	30.58	华东地区
AVA	安顺黄果树机场	安顺市	贵州省	105.87	26.26	西南地区
AXF	左旗巴彦浩特机场	阿拉善盟	内蒙古自治区	105.68	38.85	华北地区
BAR	琼海博鳌机场	琼海市	海南省	110.46	19.25	华南地区
BAV	包头二里半机场	包头市	内蒙古自治区	110.00	40.56	华北地区
BFJ	毕节飞雄机场	毕节地区	贵州省	105.47	27.27	西南地区
BHY	北海福城机场	北海市	广西壮族自治区	109.29	21.54	华南地区
BPE	秦皇岛北戴河机场	秦皇岛市	河北省	119.48	39.83	华北地区
BPL	博乐阿拉山口机场	博尔塔拉蒙古自治州	新疆维吾尔自治区	82.10	44.93	西北地区
BPX	昌都邦达机场	昌都地区	西藏自治区	97.11	30.55	西南地区

三字码	机场中文名	所在城市	所在省	经度	纬度	地区名称
BSD	保山云瑞机场	保山市	云南省	99.17	25.05	西南地区
CAN	广州白云机场	广州市	广东省	113.30	23.39	华南地区
CGD	常德桃花源机场	常德市	湖南省	111.64	28.92	华中地区
CGO	郑州新郑机场	郑州市	河南省	113.84	34.52	华中地区
CGQ	长春龙嘉机场	长春市	吉林省	125.69	44.00	东北地区
CHG	朝阳机场	朝阳市	辽宁省	120.47	41.56	东北地区
CIF	赤峰玉龙机场	赤峰市	内蒙古自治区	118.91	42.23	华北地区
CIH	长治王村机场	长治市	山西省	113.13	36.25	华北地区
CKG	重庆江北机场	重庆市	重庆市	106.64	29.72	西南地区
CNI	长海机场	大连市	辽宁省	122.66	39.27	东北地区
CSX	长沙黄花机场	长沙市	湖南省	113.22	28.19	华中地区
CTU	成都双流机场	成都市	四川省	103.95	30.58	西南地区
CZX	常州奔牛机场	常州市	江苏省	119.78	31.92	华东地区
DAT	大同云冈机场	大同市	山西省	113.48	40.06	华北地区
DAX	达州河市机场	达州市	四川省	107.43	31.13	西南地区
DCY	稻城亚丁机场	甘孜藏族自治州	四川省	103.31	29.04	西南地区
DDG	丹东浪头机场	丹东市	辽宁省	124.29	40.02	东北地区
DIG	迪庆香格里拉机场	迪庆藏族自治州	云南省	99.68	27.79	西南地区
DLC	大连周水子机场	大连市	辽宁省	121.54	38.96	东北地区
DLU	大理机场	大理白族自治州	云南省	100.32	25.65	西南地区
DNH	敦煌机场	酒泉市	甘肃省	94.80	40.16	西北地区
DOY	东营胜利机场	东营市	山东省	118.78	37.51	华东地区
DQA	大庆萨尔图机场	大庆市	黑龙江省	125.10	46.59	东北地区
DSN	鄂尔多斯伊金霍洛机场	鄂尔多斯市	内蒙古自治区	109.73	39.57	华北地区
DYG	张家界荷花机场	张家界市	湖南省	110.45	29.10	华中地区
EJN	额济纳旗桃来机场	阿拉善盟	内蒙古自治区	100.88	41.90	华北地区
ENH	恩施许家坪机场	恩施土家族苗族自治州	湖北省	109.48	30.32	华中地区
ENY	延安二十里铺机场	延安市	陕西省	109.55	36.64	西北地区
ERL	二连浩特赛乌苏国际机场	锡林郭勒盟	内蒙古自治区	111.98	43.65	华北地区
FOC	福州长乐机场	福州市	福建省	119.67	25.93	华东地区
FUG	阜阳西关机场	阜阳市	安徽省	115.73	32.88	华东地区
FUO	佛山沙堤机场	佛山市	广东省	112.97	23.32	华南地区

三字码	机场中文名	所在城市	所在省	经度	纬度	地区名称
FYJ	抚远东极机场	佳木斯市	黑龙江省	134.15	48.33	东北地区
FYN	富蕴可可托海机场	阿勒泰地区	新疆维吾尔自治区	89.53	46.99	西北地区
GOQ	格尔木机场	海西蒙古族藏族自治州	青海省	94.79	36.40	西北地区
GXH	甘南夏河机场	甘南藏族自治州	甘肃省	102.52	35.20	西北地区
GYS	广元盘龙机场	广元市	四川省	105.69	32.39	西南地区
GYU	固原六盘山机场	固原市	宁夏回族自治区	106.24	36.02	西北地区
HAK	海口美兰机场	海口市	海南省	110.46	19.94	华南地区
HCJ	河池金城江机场	河池市	广西壮族自治区	108.60	27.40	华南地区
HDG	邯郸机场	邯郸市	河北省	114.42	36.52	华北地区
HEK	黑河机场	黑河市	黑龙江省	127.31	50.18	东北地区
HET	呼和浩特白塔机场	呼和浩特市	内蒙古自治区	111.83	40.85	华北地区
HFE	合肥新桥机场	合肥市	安徽省	117.30	31.78	华东地区
HGH	杭州萧山机场	杭州市	浙江省	120.43	30.23	华东地区
HIA	淮安涟水机场	淮安市	江苏省	119.02	33.61	华东地区
HJJ	怀化芷江机场	怀化市	湖南省	109.70	27.43	华中地区
HLD	海拉尔东山机场	呼伦贝尔市	内蒙古自治区	119.82	49.21	华北地区
HLH	乌兰浩特依勒力特机场	兴安盟	内蒙古自治区	122.00	46.20	华北地区
HMI	哈密机场	哈密地区	新疆维吾尔自治区	93.64	42.85	西北地区
HNY	衡阳南岳机场	衡阳市	湖南省	112.62	26.91	华中地区
HPG	神农架红坪机场	十堰市	湖北省	110.65	31.76	华中地区
HRB	哈尔滨太平机场	哈尔滨市	黑龙江省	126.24	45.63	东北地区
HSN	舟山普陀山机场	舟山市	浙江省	122.36	29.94	华东地区
HTN	和田机场	和田地区	新疆维吾尔自治区	79.87	37.04	西北地区
HTT	花土沟机场	海西蒙古族藏族自治州	青海省	90.85	38.25	西北地区
HUZ	惠州平潭机场	惠州市	广东省	114.42	23.11	华南地区
HXD	德令哈机场	海西蒙古族藏族自治州	青海省	97.23	37.22	西北地区
HYN	台州路桥机场	台州市	浙江省	121.43	28.56	华东地区
HZG	汉中城固机场	汉中市	陕西省	107.01	33.06	西北地区
HZH	黎平机场	黔东南苗族侗族自治州	贵州省	109.17	26.36	西南地区
INC	银川河东机场	银川市	宁夏回族自治区	106.39	38.32	西北地区
IQM	且末机场	巴音郭楞蒙古自治州	新疆维吾尔自治区	85.53	38.15	西北地区
IQN	庆阳西峰机场	庆阳市	甘肃省	107.60	35.80	西北地区

三字码	机场中文名	所在城市	所在省	经度	纬度	地区名称
JDZ	景德镇罗家机场	景德镇市	江西省	117.19	29.35	华东地区
JGD	加格达奇嘎仙机场	大兴安岭地区	黑龙江省	124.07	50.42	东北地区
JGN	嘉峪关机场	嘉峪关市	甘肃省	98.34	39.86	西北地区
JGS	井冈山机场	吉安市	江西省	114.97	27.09	华东地区
JHG	西双版纳嘎洒机场	西双版纳傣族自治州	云南省	100.76	21.97	西南地区
JIC	金昌金川机场	金昌市	甘肃省	102.18	38.50	西北地区
JIQ	黔江武陵山机场	重庆市	重庆市	108.77	29.53	西南地区
JIU	九江庐山机场	九江市	江西省	115.81	29.51	华东地区
JJN	泉州晋江国际机场	泉州市	福建省	118.59	24.80	华东地区
JMU	佳木斯东郊机场	佳木斯市	黑龙江省	130.46	46.84	东北地区
JNG	济宁曲阜机场	济宁市	山东省	116.35	35.29	华东地区
JNZ	锦州小岭子机场	锦州市	辽宁省	121.06	41.10	东北地区
JUH	池州九华山机场	池州市	安徽省	117.68	30.65	华东地区
JUZ	衢州机场	衢州市	浙江省	118.90	28.97	华东地区
JXA	鸡西兴凯湖机场	鸡西市	黑龙江省	130.97	45.30	东北地区
JZH	九寨黄龙机场	阿坝藏族羌族自治州	四川省	103.68	32.85	西南地区
KCA	库车龟兹机场	阿克苏地区	新疆维吾尔自治区	82.99	41.72	西北地区
KGT	康定机场	甘孜藏族自治州	四川省	101.40	30.00	西南地区
KHG	喀什机场	喀什地区	新疆维吾尔自治区	76.02	39.54	西北地区
KHN	南昌昌北机场	南昌市	江西省	115.90	28.86	华东地区
KJH	凯里黄平机场	黔东南苗族侗族自治州	贵州省	107.89	26.89	西南地区
KJI	喀纳斯机场	阿勒泰地区	新疆维吾尔自治区	88.12	47.84	西北地区
KMG	昆明长水机场	昆明市	云南省	102.74	24.99	西南地区
KOW	赣州黄金机场	赣州市	江西省	114.91	25.83	华东地区
KRL	库尔勒机场	巴音郭楞蒙古自治州	新疆维吾尔自治区	86.14	41.71	西北地区
KRY	克拉玛依机场	克拉玛依市	新疆维吾尔自治区	84.89	45.57	西北地区
KWE	贵阳龙洞堡机场	贵阳市	贵州省	106.80	26.54	西南地区
KWL	桂林两江机场	桂林市	广西壮族自治区	110.04	25.22	华南地区
LCX	福建龙岩冠豸山机场	龙岩市	福建省	116.75	25.71	华东地区
LDS	伊春林都机场	伊春市	黑龙江省	128.83	47.71	东北地区
LFQ	临汾乔李机场	临汾市	山西省	111.30	36.40	华北地区
LHW	兰州中川机场	兰州市	甘肃省	103.62	36.52	西北地区

三字码	机场中文名	所在城市	所在省	经度	纬度	地区名称
LJG	丽江三义机场	丽江市	云南省	100.25	26.68	西南地区
LLB	荔波机场	黔南布依族苗族自治州	贵州省	107.89	25.41	西南地区
LLF	永州零陵机场	永州市	湖南省	111.61	26.34	华中地区
LLV	吕梁大武机场	吕梁市	山西省	111.23	37.88	华北地区
LNJ	临沧博尚机场	临沧市	云南省	100.02	23.74	西南地区
LPF	六盘水月照机场	六盘水市	贵州省	104.82	26.58	西南地区
LUM	芒市机场	德宏傣族景颇族自治州	云南省	98.53	24.40	西南地区
LXA	拉萨贡嘎机场	拉萨市	西藏自治区	90.91	29.30	西南地区
LYA	洛阳北郊机场	洛阳市	河南省	112.39	34.74	华中地区
LYG	连云港白塔埠机场	连云港市	江苏省	118.88	34.57	华东地区
LYI	临沂沭埠岭机场	临沂市	山东省	118.41	35.05	华东地区
LZH	柳州白莲机场	柳州市	广西壮族自治区	109.39	24.21	华南地区
LZO	泸州蓝田机场	泸州市	四川省	105.38	28.85	西南地区
LZY	林芝米林机场	林芝地区	西藏自治区	94.34	29.31	西南地区
MDG	牡丹江海浪机场	牡丹江市	黑龙江省	129.57	44.53	东北地区
MIG	绵阳南郊机场	绵阳市	四川省	104.74	31.43	西南地区
MXZ	梅县长岗岌机场	梅州市	广东省	116.10	24.27	华南地区
NAO	南充高坪机场	南充市	四川省	106.07	30.76	西南地区
NAY	南苑机场	北京市	北京市	116.39	39.78	华北地区
NBS	长白山机场	白山市	吉林省	127.55	42.09	东北地区
NDG	齐齐哈尔三家子机场	齐齐哈尔市	黑龙江省	123.92	47.24	东北地区
NGB	宁波栎社机场	宁波市	浙江省	121.46	29.83	华东地区
NGQ	阿里昆莎机场	阿里地区	西藏自治区	80.11	32.50	西南地区
NKG	南京禄口机场	南京市	江苏省	118.87	31.74	华东地区
NLH	宁蒗泸沽湖机场	丽江市	云南省	100.82	27.29	西南地区
NLT	那拉提机场	伊犁哈萨克自治州	新疆维吾尔自治区	83.37	43.43	西北地区
NNG	南宁吴圩机场	南宁市	广西壮族自治区	108.17	22.61	华南地区
NNY	南阳姜营机场	南阳市	河南省	112.62	32.98	华中地区
NTG	南通兴东机场	南通市	江苏省	120.97	32.07	华东地区
NZH	满洲里西郊机场	呼伦贝尔市	内蒙古自治区	117.33	49.57	华北地区
OHE	漠河古莲机场	大兴安岭地区	黑龙江省	122.54	52.97	东北地区
PEK	首都国际机场	北京市	北京市	116.59	40.08	华北地区

三字码	机场中文名	所在城市	所在省	经度	纬度	地区名称
PVG	上海浦东机场	上海市	上海市	121.80	31.14	华东地区
PZI	攀枝花保安营机场	攀枝花市	四川省	101.80	26.54	西南地区
RHT	右旗巴丹吉林机场	阿拉善盟	内蒙古自治区	101.68	39.20	华北地区
RIZ	日照山字河机场	日照市	山东省	119.00	35.50	华东地区
RKZ	日喀则和平机场	日喀则地区	西藏自治区	88.82	29.28	西南地区
RLK	巴彦淖尔天吉泰机场	巴彦淖尔市	内蒙古自治区	108.00	41.00	华北地区
SHA	上海虹桥机场	上海市	上海市	121.34	31.20	华东地区
SHE	沈阳桃仙机场	沈阳市	辽宁省	123.49	41.64	东北地区
SHF	石河子花园机场	石河子	新疆维吾尔自治区	85.94	45.27	西北地区
SJW	石家庄正定国际机场	石家庄市	河北省	114.70	38.28	华北地区
SQJ	三明沙县机场	三明市	福建省	117.78	26.40	华东地区
SWA	揭阳潮汕机场	揭阳市	广东省	116.76	23.43	华南地区
SYM	普洱思茅机场	普洱市	云南省	100.96	22.79	西南地区
SYX	三亚凤凰机场	三亚市	海南省	109.41	18.31	华南地区
SZX	深圳宝安机场	深圳市	广东省	113.81	22.64	华南地区
SHP	秦皇岛山海关机场	秦皇岛市	河北省	119.73	39.97	华北地区
TAO	青岛流亭机场	青岛市	山东省	120.38	36.26	华东地区
TCG	塔城机场	塔城地区	新疆维吾尔自治区	83.34	46.67	西北地区
TCZ	腾冲驼峰机场	保山市	云南省	98.48	24.94	西南地区
TEN	铜仁凤凰机场	铜仁地区	贵州省	109.31	27.88	西南地区
TGO	通辽机场	通辽市	内蒙古自治区	122.20	43.56	华北地区
THQ	天水麦积山机场	天水市	甘肃省	105.86	34.56	西北地区
TLQ	吐鲁番交河机场	吐鲁番地区	新疆维吾尔自治区	89.10	43.00	西北地区
TNA	济南遥墙机场	济南市	山东省	117.21	36.86	华东地区
TNH	通化机场	通化市	吉林省	125.70	42.26	东北地区
TSN	天津滨海机场	天津市	天津市	117.34	39.12	华北地区
TVS	唐山三女河机场	唐山市	河北省	118.18	39.63	华北地区
TXN	黄山屯溪机场	黄山市	安徽省	118.26	29.73	华东地区
TYN	太原武宿机场	太原市	山西省	112.63	37.75	华北地区
UCB	乌兰察布集宁机场	乌兰察布市	内蒙古自治区	113.13	48.15	华北地区
URC	乌鲁木齐地窝堡国际机场	乌鲁木齐市	新疆维吾尔自治区	87.48	43.91	西北地区
UYN	榆林榆阳机场	榆林市	陕西省	109.73	38.27	西北地区

三字码	机场中文名	所在城市	所在省	经度	纬度	地区名称
WDS	十堰武当山机场	十堰市	湖北省	111.00	32.00	华中地区
WEF	潍坊机场	潍坊市	山东省	119.12	36.65	华东地区
WEH	威海大水泊机场	威海市	山东省	122.23	37.19	华东地区
WNH	文山普者黑机场	文山壮族苗族自治州	云南省	103.84	23.72	西南地区
WNZ	温州龙湾国际机场	温州市	浙江省	120.85	27.91	华东地区
WUA	乌海机场	乌海市	内蒙古自治区	106.80	39.79	华北地区
WUH	武汉天河机场	武汉市	湖北省	114.21	30.78	华中地区
WUS	武夷山机场	南平市	福建省	118.00	27.70	华东地区
WUT	忻州五台山机场	忻州市	山西省	113.60	38.98	华北地区
WUX	无锡硕放机场	无锡市	江苏省	120.43	31.50	华东地区
WUZ	梧州长洲岛机场	梧州市	广西壮族自治区	111.25	23.46	华南地区
WXN	万州五桥机场	重庆市	重庆市	108.43	30.80	西南地区
XFN	襄阳刘集机场	襄樊市	湖北省	112.29	32.15	华中地区
XIC	西昌青山机场	凉山彝族自治州	四川省	102.18	27.99	西南地区
XIL	锡林浩特机场	锡林郭勒盟	内蒙古自治区	115.97	43.92	华北地区
XIY	西安咸阳机场	西安市	陕西省	108.75	34.45	西北地区
XMN	厦门高崎机场	厦门市	福建省	118.13	24.55	华东地区
XNN	西宁曹家堡机场	西宁市	青海省	102.04	36.53	西北地区
XUZ	徐州观音机场	徐州市	江苏省	117.56	34.06	华东地区
YBP	宜宾菜坝机场	宜宾市	四川省	104.54	28.80	西南地区
YCU	运城关公机场	运城市	山西省	110.95	35.05	华北地区
YIC	宜春明月山机场	宜春市	江西省	114.23	27.48	华东地区
YIE	阿尔山伊尔施机场	兴安盟	内蒙古自治区	119.84	47.29	华北地区
YIH	宜昌三峡机场	宜昌市	湖北省	111.48	30.55	华中地区
YIN	伊宁机场	伊犁哈萨克自治州	新疆维吾尔自治区	81.33	43.96	西北地区
YIW	义乌机场	金华市	浙江省	120.03	29.34	华东地区
YKH	营口兰旗机场	营口市	辽宁省	122.24	40.67	东北地区
YNJ	延吉朝阳川机场	延边朝鲜族自治州	吉林省	129.45	42.88	东北地区
YNT	烟台蓬莱机场	烟台市	山东省	121.37	37.40	华东地区
YNZ	盐城南洋机场	盐城市	江苏省	120.22	33.43	华东地区
YTY	扬州泰州机场	扬州市	江苏省	119.72	32.56	华东地区
YUS	玉树巴塘机场	玉树藏族自治州	青海省	97.12	32.83	西北地区

三字码	机场中文名	所在城市	所在省	经度	纬度	地区名称
YZY	张掖甘州机场	张掖市	甘肃省	100.45	38.93	西北地区
ZAT	昭通机场	昭通市	云南省	103.75	27.32	西南地区
ZHA	湛江机场	湛江市	广东省	110.36	21.21	华南地区
ZHY	中卫沙坡头机场	中卫市	宁夏回族自治区	105.12	37.57	西北地区
ZQZ	张家口宁远机场	张家口市	河北省	114.93	40.73	华北地区
ZUH	珠海金湾机场	珠海市	广东省	113.38	22.01	华南地区
ZYI	遵义新舟机场	遵义市	贵州省	106.93	27.73	西南地区

附录 B　2017 年全国各省份部分经济规模指标

省份	人均地区生产总值（元/人）	总人口（万人）	城镇登记失业率（%）	城镇单位就业人员平均工资（元）
北京市	128994	2171	1.4	131700
天津市	118944	1557	3.5	94534
河北省	45387	7520	3.7	63036
山西省	42060	3702	3.4	60061
内蒙古自治区	63764	2529	3.6	66679
辽宁省	53527	4369	3.8	61153
吉林省	54838	2717	3.5	61451
黑龙江省	41916	3789	4.2	56067
上海市	126634	2418	3.9	129795
江苏省	107150	8029	3	78267
浙江省	92057	5657	2.7	80750
安徽省	43401	6255	2.9	65150
福建省	82677	3911	3.9	67420
江西省	43424	4622	3.3	61429
山东省	72807	10006	3.4	68081
河南省	46674	9559	2.8	55495

续表

省份	人均地区生产总值（元/人）	总人口（万人）	城镇登记失业率（%）	城镇单位就业人员平均工资（元）
湖北省	60199	5902	2.6	65912
湖南省	49558	6860	4	63690
广东省	80932	11169	2.5	79183
广西壮族自治区	38102	4885	2.2	63821
海南省	48430	926	2.3	67727
重庆市	63442	3075	3.4	70889
四川省	44651	8302	4	69419
贵州省	37956	3580	3.2	71795
云南省	34221	4801	3.2	69106
西藏自治区	39267	337	2.7	108817
陕西省	57266	3835	3.3	65181
甘肃省	28497	2626	2.7	63374
青海省	44047	598	3.1	75701
宁夏回族自治区	50765	682	3.9	70298
新疆维吾尔自治区	44941	2445	2.6	67932